FRANCE ET CHINE

PARIS. TYPOGRAPHIE DE HENRI PLON
IMPRIMEUR DE L'EMPEREUR
RUE GARANCIÈRE, 8

FRANCE ET CHINE

VIE PUBLIQUE ET PRIVÉE

DES

CHINOIS ANCIENS ET MODERNES

PASSÉ ET AVENIR

DE

LA FRANCE DANS L'EXTRÊME ORIENT

INSTITUTIONS POLITIQUES, SOCIALES, CIVILES, RELIGIEUSES ET MILITAIRES
DE LA CHINE, MOEURS ET COUTUMES
PHILOSOPHIE ET LITTÉRATURE, SCIENCES ET ARTS, INDUSTRIE ET COMMERCE
AGRICULTURE ET PRODUCTIONS NATURELLES
ACTION RELIGIEUSE, DIPLOMATIQUE ET MILITAIRE DE LA FRANCE EN CHINE
SON INFLUENCE CIVILISATRICE
SON AVENIR POLITIQUE ET COMMERCIAL DANS L'EXTRÊME ORIENT

Par M. O. GIRARD

ANCIEN CURÉ ET TÉMOIN SYNODAL DE SAINT-PAUL
AUX ÎLES MASCAREIGNES

TOME PREMIER

PARIS
LIBRAIRIE DE L. HACHETTE ET Cie
BOULEVARD SAINT-GERMAIN, 77

1869

Droits de reproduction et de traduction réservés.

PRÉFACE.

La première observation qui frappe, dans les lointains voyages, un esprit réfléchi, c'est la vaste étendue de la terre, comparée au petit nombre de ses habitants. Que de solitudes dans les deux mondes! Steppes en Europe, savanes en Amérique, déserts en Afrique, plaines incultes en Asie et partout! Les États, les provinces, les villes, bourgs et villages, ne couvrent pas la surface du globe. Que de superficies sans possesseurs! Et parmi celles qu'un maître revendique, que d'improductives aridités, et, ce qui est plus triste, de splendides moissons sans moissonneurs!

Cependant les hommes s'égorgent pour s'arracher mutuellement, ici et là, quelques parcelles de cette terre qu'ailleurs ils laissent en friche et solitaire. C'est la plus navrante des folies humaines. La faire cesser, c'est le dessein le plus sage, le plus utile à concevoir par un cœur intelligent.

Le moyen? Il y en a mille. Le meilleur, c'est de faire connaître l'état vrai de la terre, à ce point de vue de l'occupation et de l'exploitation. On le pressent aujourd'hui. De là sans doute la vogue heureuse des récits de voyages, des explorations géographiques. De là la faveur accordée par le public aux livres qui lui parlent des pays lointains et inconnus, des continents non décrits encore, ou jusqu'à présent décrits d'une manière insuffisante.

Ces ouvrages sont de deux sortes. Les uns s'occupent plus spécialement de la terre, les autres, des hommes qui la détiennent et en vivent.

Ces derniers livres ne sont pas les moins utiles. L'extension du genre humain sur le globe ne se fait guère par l'invasion directe de foules émigrantes dans la solitude. Elle se fait par l'extension lente et progressive d'un peuple à ses frontières, à mesure qu'il se multiplie au centre. La densité le gêne ou ne le gêne pas. Toujours est-il qu'elle le pousse à se dilater. Des capitales ce mouvement passe aux villes secondaires, de ces villes aux bourgades des limites; et peu à peu les zones immenses et solitaires qui séparent entre elles les nations grandes et florissantes, s'animent et se réjouissent, comme parle l'Écriture.

Il est donc utile que les peuples civilisés et prospères se portent de l'un chez l'autre : celui-ci se décharge, celui-là s'enrichit. Mais il y a un grand obstacle à ce mouvement. L'homme ne redoute pas seulement l'inconnu; il redoute le connu même, quand il le juge étrange. Il n'aime que ses habitudes, n'approuve que ses goûts, ne se plaît qu'à ses propres manières et coutumes.

Pour lui faire accepter la pensée d'aller vivre au loin, dans un milieu différent de celui où il est né, a grandi, s'est façonné l'âme et le corps, il faut que des récits ou des lectures l'aient au moins familiarisé avec la pensée de ces nouveautés et étrangetés des lointains pays. Alors seulement l'émigration lui paraît une aventure à tenter; alors seulement il en calcule les chances et finit par s'y résoudre.

On reproche aux Français de n'aimer pas, si éprouvés qu'ils soient sur le sol natal, aller demander à une autre patrie le travail, l'aisance et même la fortune. C'est une méprise que ce reproche. En réalité, tous les peuples le méritent autant que nous. Ils n'émigreraient pas plus, s'ils ne savaient pas mieux où ils vont. Tout aussi bien qu'eux, nous irions coloniser, si nous connaissions aussi bien les éventualités du départ. Les Anglais vont aux Indes parce que les notions sur les Indes sont familières à tous au delà de la Manche. Le Chinois, le Japonais ne viennent pas en Europe, parce que l'Europe est pour eux un livre fermé.

Ces considérations générales me mènent droit à mon sujet. Les civilisations les plus dissemblables, les plus opposées, ce sont la civilisation européenne et celle de l'extrême Orient. Le courant d'émigration, d'autre part, le plus favorable à l'extension de la race humaine dans toutes les parties encore inhabitées de son domaine terrestre, ce serait un va-et-vient actif et nombreux d'Asiatiques vers nos contrées, d'Européens vers les contrées de l'Asie.

Comment faire sourdre ce courant? En Occident par des écrits instructifs sur la Chine, le Japon et les divers pays circonvoisins; au Japon, en Chine et dans tout l'extrême Orient, par des peintures et des appréciations exactes du monde occidental. Vaste tâche. Elle commence à peine à s'entreprendre. Elle se développera; les résultats en seront incalculables.

Pour ma part, la Providence m'ayant mis à même de parler de la Chine avec connaissance de cause, j'ai cru le devoir faire. Le lecteur jugera si je l'intéresse et l'instruis. Je ne puis lui garantir qu'une chose, le scrupule de mes études, la sincérité de mes observations, la bonne foi sans limites de mes jugements.

Puissent de ce livre résulter, dans une mesure quelconque, maintenant ou plus tard, de quelque manière que ce soit, trois choses : la diffusion du christianisme dans l'extrême Orient; l'influence traditionnellement civilisatrice et chrétienne de la France dans l'Empire du Milieu et les pays qui l'avoisinent; l'estime mutuelle et réciproque de ces grandes fractions de la famille humaine; et, par suite, les conquêtes de plus en plus rapides de l'homme sur la solitude.

FRANCE ET CHINE

VIE PUBLIQUE ET PRIVÉE

DES

CHINOIS ANCIENS ET MODERNES

PASSÉ ET AVENIR

DE

LA FRANCE DANS L'EXTRÊME ORIENT

CHAPITRE PRÉLIMINAIRE.

CONSIDÉRATIONS GÉNÉRALES SUR LA CHINE.

I. Grandeur et ancienneté de l'empire chinois; obscurité de ses premières origines; civilisation précoce de la Chine; certitude de son histoire. — II. La Chine inconnue des anciens; ses premiers explorateurs; voyageurs arabes; voyageurs européens; Marco Polo; véracité de ses récits; incrédulité de ses contemporains. — III. Existence de la Chine définitivement connue de l'Europe; les missionnaires catholiques, véritables explorateurs de cet empire; leurs travaux; services rendus à la science, surtout par les missionnaires français; gloire qui en revient à la France; reconnaissance due à ces hommes apostoliques. — IV. Expédition militaire de la France en Chine; légitimité de son but; ses avantages politiques et ses résultats civilisateurs; glorieuse mission de la France en Chine; sujet de cet ouvrage.

I. La Chine est le plus ancien et un des plus grands empires qui aient jamais existé. Sa vaste étendue, son immense population, l'antiquité de son origine, la stabilité de ses institutions, les coutumes, les mœurs, les sciences, les arts, la civilisation particulière de ses habitants : tout concourt à faire du peuple extraordinaire qui l'a fondé un peuple unique au monde et formant à lui seul comme un autre monde au milieu des nations.

Debout depuis des siècles et des siècles, la Chine a vu, dans le long cours des âges qu'elle a vécu, commencer et finir l'histoire des plus grands empires; et, si, dans un jour de glorieuse victoire, le grand capitaine des temps modernes, debout au pied des Pyramides, mesurant tour à tour de son regard d'aigle la vaste plaine où ses légions s'apprêtaient à combattre, et les gigantesques monuments bâtis par les Pharaons, a pu dire aux fils de la France que du haut de ces sommets antiques quarante siècles écoulés allaient contempler les hauts faits de leur valeur guerrière, on peut aussi, à l'aide de l'histoire, appliquer ces mémorables paroles au vieil édifice de la monarchie chinoise : depuis un temps égal, immobile à travers tant de révolutions qui ont bouleversé le reste du monde, il a vu naître et mourir autour de lui des peuples sans nombre.

A cause même des lointains commencements de cet extraordinaire empire, il plane sur les temps primitifs de son existence et sur l'origine de ses peuples une obscurité profonde. Vainement, pour en dissiper les ténèbres, les érudits de l'Europe se sont fatigués à tous les calculs d'une impossible chronologie : après comme avant leurs efforts, les mêmes ombres sont demeurées tout aussi impénétrables à leur inutile savoir qu'inaccessibles à la pénétrante sagacité des historiens les plus clairvoyants.

De semblables ténèbres pèsent, au surplus, sur le berceau de tous les peuples. Si l'on en excepte la nation choisie de Dieu, on ne voit l'histoire d'aucune autre échapper, dans ses commencements, aux ombres épaisses de cette nuit des temps. Sans remonter trop en arrière dans le cours des âges, quoi donc, en effet, de plus ignoré encore, en nos jours de lumières, que l'origine même des peuples modernes de l'Europe? Qui nous dira, seulement, d'où sont parties et venues les races qui les premières ont peuplé le sol de la France? Que savons-nous, en vérité, sur les plus anciens habitants de la Gaule? A peine quelques faits antérieurs à ce que César a pu ou voulu nous en dire : plus grand peut-être que le silence des forêts dont s'enveloppaient les mystères de leurs druides, le silence des temps se fait sur l'histoire des vieux Gaulois.

Chose vraiment étrange! c'est presque le mutisme du tombeau qui règne ainsi au berceau de tous les peuples, et là apparaît comme la mort où pourtant la vie commence. Mais ne nous alarmons pas! ce peuple qui s'ignore lui-même encore, c'est l'enfant qui sommeille; il se développe lentement, sûrement; le temps marche avec lui, et bientôt et déjà voici l'heure du lever qui le verra grand, fort et puissant.

Ainsi ont commencé tous les grands empires, et l'histoire de leurs premiers peuples est partout enveloppée d'ombres telles, que cette obscurité même apparaît comme la loi suprême de tout ce qui prend vie : de la plante comme de l'animal, de l'animal comme de l'homme, et des nations comme des individus. Des besoins plus pressants que celui d'écrire leur histoire préoccupent les sociétés naissantes, et, en ces temps de leur existence première, d'autres soucis incombent à leurs chefs : il leur suffit bien alors d'être, comme dit Homère, « les pasteurs des peuples », mission primordiale et suprême des hommes choisis que Dieu envoie tout les premiers régir les nations : faire des lois, c'est leur génie ; donner des exemples, leur devoir.

Il faut donc s'attendre à voir des générations succéder à des générations avant qu'un peuple songe à rédiger ses fastes : pour l'ordinaire, ce n'est qu'après avoir atteint un plus grand développement de sa vie, trouvé sa forme, fixé en quelque sorte le tempérament de sa constitution, qu'il demande à ses annalistes de raconter son histoire, d'écrire ses traditions, et se met en devoir d'ajouter cette gloire nouvelle aux gloires de ses premiers labeurs.

Malgré le lointain de ses antiques origines, la Chine a eu, plus qu'aucun autre peuple, l'avantage de se connaître de bonne heure ; et ce n'est pas sans étonnement ni sans admiration que nous voyons l'histoire non-seulement fleurir chez elle à une époque des plus reculées, comme un épanouissement de son propre génie, mais encore y prendre (chose unique au monde) tous les caractères d'une institution publique. Grâce à l'authenticité de ses « Grandes Annales » et à la véracité constatée de ses principaux historiens, le vieil empire chinois peut être aujourd'hui étudié à fond et connu avec une certitude vraiment exceptionnelle dans toute la longue période proprement dite historique de son antique existence.

Les Chinois, plus heureux que tant d'autres peuples, ont donc eu le rare privilége d'être mis, presque dès les premiers temps de leur origine, en possession de leur propre histoire; mais, isolés dans leur vaste « Empire du Milieu », aux plus lointaines extrémités de l'Orient, ils ont, par contre, ignoré pendant des siècles l'existence réelle et l'importance des autres peuples de la terre. Très-tard, du reste, l'Europe aussi, par la même raison, eut connaissance de ce grand peuple et du colossal empire qu'il avait fondé.

II. Probablement ignorée des Grecs et des Romains, la Chine, visitée tout d'abord, dit-on, au sixième siècle par des missionnaires chrétiens, fut plus tard connue des Arabes : leurs vastes conquêtes en Asie les avaient conduits jusqu'aux frontières de cet empire lointain. Les lumières de la science et de la littérature les éclairaient déjà à un assez haut degré; autant peut-être que les entraînements du génie commercial, elles portèrent, durant le huitième et le neuvième siècle, plusieurs d'entre eux à explorer et à décrire ces régions inconnues. Mais leurs relations ne profitèrent point à l'Europe. A peine soupçonnée en Occident sur les rapports des missionnaires et des ambassadeurs successivement envoyés par le pape Innocent IV et saint Louis au khan des Tartares, l'existence réelle de ce grand empire de l'extrême Orient n'y fut clairement affirmée que vers la fin du treizième siècle par les récits de Marco Polo.

Ce célèbre voyageur, dont le père et un oncle avaient déjà visité la Chine, y fut conduit par eux dès son enfance; il y fit un long séjour; mais quand de retour dans sa patrie, après une absence de trente-cinq ans, il annonça qu'il y avait à l'extrémité de l'Asie un immense empire, soumis à des lois et à une administration régulières, couvert de cités florissantes et offrant partout le spectacle d'un peuple nombreux, actif, instruit dans la connaissance des arts et livré sans cesse aux divers travaux qu'ils exigent, il ne trouva guère que des contradicteurs en Europe. Cette annonce soudaine et inattendue fit même suspecter la véracité du relateur vénitien : on crut ses descriptions exagérées, et comme il ne s'exprimait que par millions lorsqu'il parlait des richesses, des villes, des habitants de la Chine, ses concitoyens railleurs ne le désignaient plus que sous le nom de « messer Marco Millione ».

L'orgueil séculaire des Chinois, qui se sont obstinés, durant un si long temps, à ne pas vouloir croire à l'existence de quelque autre grand peuple en dehors de leurs frontières, eut, à cette époque, son pendant en Europe dans l'ignorante incrédulité avec laquelle on accueillit en Occident la relation du célèbre voyageur. C'est ainsi que trop souvent, chez les peuples comme chez les individus, l'orgueil et l'ignorance ont d'étranges points de contact et de singulières similitudes. Mais quelque tardif que soit pour ses premiers apôtres le triomphe de la vérité, il finit cependant toujours par arriver, tôt ou tard, fécond en utiles résultats pour cette reconnaissante héritière qui a nom « postérité ».

III. Le temps vint donc où le « cap des Tempêtes », devenu le « cap de Bonne-Espérance », fut doublé par les hardis navigateurs du Portugal. A partir de cette époque mémorable une route nouvelle fut ouverte aux peuples de l'Occident vers des plages jusqu'alors inexplorées : l'Inde et la Chine étaient désormais abordables, et l'on vit de tous les points de l'Europe maritime des navires enfler leurs voiles et cingler vers ces lointains rivages.

Le mouvement était donné et ne devait plus se ralentir ; mais en ces premiers temps de la découverte de la Chine comme en nos jours, le mobile qui poussait vers elle les hommes de l'Occident n'était pas le même chez tous : la soif de l'or y conduisit en grand nombre les hommes de trafic. La convoitise ou de légitimes besoins engendrent le négoce ; le négoce est le mode effectif des échanges ; ceux-ci sont une conséquence des labeurs de l'homme. Quel que soit, du reste, le motif déterminant de la volonté individuelle, le commerce, trait d'union aussi utile qu'indispensable, fait tous les peuples de la terre se partager les produits de leur sol et de leur industrie.

Mais les besoins de l'humanité ne se scindent pas. Les nations, comme l'homme en tant que simple individu, « ne vivent pas seulement de pain » : à côté des besoins matériels du corps et des nécessités passagères du temps, il y a les besoins supérieurs des âmes, besoins religieux et moraux sans lesquels le plus vaste empire du monde ou le peuple le plus puissant de la terre ne serait jamais qu'un tout inachevé, incomplet et privé de la vraie vie des nations.

Le commandement du Christ fait aux premiers apôtres de son Évangile d'aller « enseigner et baptiser toutes les nations », cet ordre divin, jamais rapporté et toujours obéi dans l'Église catholique, se fit entendre de nouveau, et, depuis lors jusqu'à nos jours, le monde n'a cessé de voir partir pour les lointaines contrées de la Chine et accourir vers ses peuples nombreux, encore « assis à l'ombre de la mort », les apostoliques légions de ces hommes « qui évangélisent la paix ». Véritables successeurs des « douze », ils se succèdent dans les temps modernes sans trêve et sans fin; ils vont, comme autrefois les premiers envoyés du Christ, porter, au prix de leurs sueurs et de leur sang, la « bonne nouvelle » en tous lieux, et donner ainsi aux peuples du monde entier, avec la foi en Celui qui est « la voie, la vérité et la vie », toutes les lumières de la vraie civilisation.

Trois siècles et plus se sont écoulés déjà depuis que ces hommes apostoliques, laissant bien loin derrière eux l'impatiente ardeur de l'esprit commercial, devançant même la noble curiosité de la science, se sont frayé, l'Évangile sur les lèvres et la croix à la main, une route à travers ce vaste empire de la Chine ; objet tour à tour de la faveur ou de la fureur capricieuse de ses maîtres, mais bravant les menaces, la torture et la mort, ils ont pénétré là où jamais ni voyageur ni marchand n'avait mis le pied avant eux, parcouru les provinces les plus reculées de cette grande monarchie et traversé son immense étendue, depuis la mer de Chine jusqu'aux plaines de la Tartarie, depuis la Tartarie jusqu'au Thibet, depuis le golfe de Siam jusqu'à la mer d'Okhotsk. Travailleurs infatigables de la science en même temps qu'ouvriers invincibles de l'Évangile, ces valeureux athlètes du christianisme ont étudié les institutions, observé les coutumes, les mœurs, les sciences, les arts des Chinois, approfondi les livres et les manuscrits dont ce peuple est dépositaire, et, grâce aux immenses travaux scientifiques de toutes sortes dont ces envoyés de l'Église ont enrichi nos académies, c'est par eux tout les premiers que l'Europe a eu la seule connaissance exacte qu'elle possède de la Chine.

Hâtons-nous de revendiquer ici, à l'honneur de la France, l'immense part de gloire qui lui revient pour les savantes études et les nombreux écrits sur la Chine de nos missionnaires, ses fils : une juste impartialité plus encore que notre légitime admiration nous oblige à les placer au premier rang. Les PP. Gerbillon, Régis, d'Entrecolles, le Comte, Cibot, Gaubil, Prémare, Parrenin, Amiot, de Mailla, et tant d'autres missionnaires de la Compagnie de Jésus, tous Français, étaient des hommes que leurs talents seuls eussent rendus célèbres même en Europe; et il est incontestable que ce n'est ni aux Anglais ni aux Russes, pas plus qu'aux Hollandais, malgré la pompe et les dépenses de leurs ambassades envoyées en Chine au siècle dernier et depuis, mais aux seuls missionnaires catholiques français, que sont dues les connaissances les plus précises et les plus exactes sur l'état de la Chine, ses sciences, ses arts, son histoire. Malgré les atroces persécutions qui depuis ont dispersé ou martyrisé ces vaillants missionnaires, cette œuvre de science et de foi a été reprise, et est continuée de nos jours avec une égale et incontestable supériorité de savoir et de mérite par les Pères de la même Compagnie de Jésus et par les membres des deux congrégations éminemment françaises des Missions étrangères et des fils de saint Vincent de Paul.

Loin de nous toutefois la pensée d'enlever la part de mérite qui doit revenir à chacun, ou de méconnaître les services rendus à la science par les quelques explorateurs modernes non missionnaires qui ont visité la Chine; mais ce ne sera faire injure à aucun d'entre eux de constater qu'ils n'ont à peu près rien ajouté à ce que l'Europe savait déjà sur ce lointain pays, grâce aux savantes recherches antérieures des missionnaires catholiques : c'est une vérité, du reste, que les meilleurs esprits parmi les sinologues distingués de notre époque se plaisent, tout les premiers, à reconnaître et à proclamer. Certes, il n'est que temps qu'un terme soit mis à cette conspiration d'ingratitude et de silence qui s'est faite trop souvent déjà lorsqu'il s'est agi de rendre justice à ces hommes apostoliques, que leurs travaux scientifiques de toutes sortes ont placés, depuis longtemps et quand même, en tête des meilleurs explorateurs de la Chine. En ce point comme en tant d'autres touchant la gloire de l'Église, la lumière est faite désormais : l'amour de la vérité a prévalu sur l'esprit de système. Du reste, quand cette gloire propre de la religion rejaillit, comme dans le cas présent, sur la France elle-même, qui donc parmi les vrais fils de la patrie oserait refuser de l'ajouter au faisceau de nos splendeurs?

IV. Grâces à Dieu donc! Si notre siècle a ses défauts, il est aussi tout plein de grandes pensées et de généreuses aspirations, et la France a reçu pour une large part (son histoire tout entière l'atteste) la mission particulière et glorieuse d'y faire participer les autres nations. Or, ce n'est pas en nos temps où la distance n'est plus qu'un mot, et pendant que tous les peuples maritimes du monde entier sans exception rivalisent d'efforts pour prendre pied sur tous les points du globe, qu'elle pourrait oublier sa tâche civilisatrice ou méconnaître les grands intérêts qui de toutes parts sollicitent l'activité de son génie et l'extension de son influence. Et certes, c'est une des grandes gloires de l'ère impériale de l'avoir aussi sagement que politiquement compris, lorsque, pour l'honneur de notre drapeau et les sérieux intérêts de la civilisation, inséparables en cette circonstance, plus qu'en aucune autre peut-être, de nos intérêts nationaux les plus incontestables, fut décidée notre récente et mémorable expédition militaire en Chine. Il fallait venger la foi des traités, assurer et étendre notre influence, faible encore dans tout l'extrême Orient, protéger enfin la liberté de l'Évangile et des peuples ; la France ne pouvait pas hésiter : ses vaisseaux partirent, emportant vers les lointains rivages de la Chine quelques valeureux bataillons ; bientôt une page glorieuse s'ajoutait à l'histoire de nos fastes militaires.

A partir de ce jour la Chine fut forcée de compter avec ces races que depuis tant de siècles elle refusait de connaître ; les portes de ce colossal empire sont désormais ouvertes à l'Europe, et il n'est pas téméraire de penser que les temps viendront où ce vieux monde oriental, étonné de se voir en retard à côté de tant de nations plus jeunes que lui, finira par consentir à recevoir de l'Occident la divine philosophie de l'Évangile si longtemps rejetée avec un ignorant dédain, et à désapprendre les illusions religieuses et scientifiques qui ont fait ses peuples presque athées et ses sages orgueilleux.

Dans cette œuvre de régénération des peuples de la Chine, commencée d'abord et depuis longtemps déjà par les seuls missionnaires catholiques et consacrée par le sang des martyrs, toutes les nations du monde chrétien, mues par des motifs ou des intérêts divers, s'apprêtent aujourd'hui à peser chacune du poids de son influence particulière. Mais il nous suffit d'interroger le passé de la France, à laquelle Dieu a dit plus qu'à toute autre nation : « Allez et enseignez », pour prévoir la part glorieuse que la Providence réserve à son génie civilisateur dans ces lointaines contrées de l'Orient. L'histoire est en effet toute pleine du récit des grandes choses voulues de Dieu et accomplies par la généreuse nation des Francs, qui, toujours armée du glaive de saint Paul et de la vaillante épée de Clovis et de Charlemagne, prête une oreille attentive à l'appel des peuples. C'est ainsi que partout et toujours, en quelque lieu du monde que nous jetions les yeux, nous la trouvons représentée par ses missionnaires : elle les envoie, du couchant à l'orient, du septentrion au midi, planter avec l'étendard de la Croix les jalons de la civilisation chrétienne et française; et quand une noble cause a besoin de son bras, ne la voit-on pas, sans peur et sans reproches, s'empresser d'accourir, partout encore, avec ses intrépides guerriers? Or l'histoire atteste que la civilisation gagne toujours aux grandes expéditions militaires de la France. C'est à ce titre, sans compter même tous les immenses avantages qui doivent résulter de notre campagne de Chine au profit de notre influence politique et commerciale dans tout l'extrême Orient, que cette mémorable expédition, si vaillamment accomplie par nos armées de terre et de mer, sera enregistrée à l'honneur de la France contemporaine comme une page des plus glorieuses de notre histoire nationale.

Au moment donc où la Chine est appelée à se transformer au contact des influences qui la pressent du dehors, un puissant attrait d'intérêt social et de curiosité attire sur ce vieil empire l'attention de l'Europe. Or, pendant que le colosse est encore debout, et avant que la désorganisation dont souffrent ses institutions sous la domination actuelle des Tartares achève peut-être de lui enlever l'antique et surprenante physionomie que les siècles lui ont faite, il ne sera, pensons-nous, ni inutile ni téméraire d'explorer ce vaste champ. La France catholique, diplomatique et militaire y est illustre déjà; elle y fera de plus grandes choses encore dans l'avenir.

Faire connaître les institutions politiques, sociales, civiles, religieuses et militaires de la Chine, sa littérature, ses sciences, ses arts, les coutumes et les mœurs de ses habitants, nos voyages nous ont mis à même d'entreprendre cette tâche. Nous ne manquerons pas de signaler, chaque fois que l'occasion s'en offrira, l'action civilisatrice exercée sur la Chine par ses relations avec la France.

CHAPITRE PREMIER.

LA CHINE ET SA CAPITALE.

§ Ier.

Noms divers donnés à la Chine par les peuples voisins de cet empire. — Véritable origine du mot *Chine*. — Noms que les Chinois donnent eux-mêmes à leur empire. — Explication de la dénomination d' « Empire du Milieu ». — Esquisse géographique de la Chine : son étendue, ses limites, sa division territoriale actuelle. — Les dix-huit provinces de l'empire chinois, d'après le *Recueil des statuts administratifs* de la dynastie régnante.

La Chine a été, selon les temps, désignée par ses propres habitants et par les peuples qui avoisinent ou fréquentent ce vaste pays, sous les noms les plus divers : les Mongols occidentaux l'appellent le pays de *Kataï* ou *Cathay;* les Tartares Mantchoux, *Tulimpa-koron;* les Japonais, *Thau;* et les peuples de la Cochinchine, de Siam et de toute l'Asie orientale, *Thsin*, mot que les Malais et les Hindous ont prononcé *Tchin*, et, par euphémisme, *Tchina*. C'est le nom que les Portugais, tout d'abord, puis les autres peuples de l'Europe, venus après eux dans les mers de l'extrême Orient, ont connu le premier, et conséquemment adopté, en le modifiant chacun selon le génie de sa langue, pour désigner l'empire chinois.

Cette dénomination de « Thsin », la plus répandue de toutes celles données à la Chine, est connue en Orient depuis les célèbres conquêtes par lesquelles l'empereur Thsing-che-houang-ti rendit, vers la seconde moitié du troisième siècle avant notre ère, le nom de sa dynastie et celui de son peuple fameux en Asie. Les Chinois, d'après l'usage adopté chez eux depuis les temps les plus anciens de donner à leur empire le nom de la dynastie régnante, s'appelaient alors les *Tsin-jin*, « hommes des Tsin », comme ils s'étaient précédemment appelés *Thang-jin*, « hommes des Thang », *Han-jin*, « hommes des Han », etc., et comme ils s'appelèrent depuis *Ming-jin*, « hommes des Ming »; ils sont présentement connus sous le nom de *Thsing-jin*, « hommes des Thsing », d'après la dénomination qualificative *Thsing*, « pur », adoptée par la dynastie mantchoue, maîtresse actuelle de la Chine.

En dehors de ces appellations particulières et variables que les Chinois se donnent à eux-mêmes, il en est d'autres plus générales et permanentes usitées chez eux pour désigner leur empire : ils l'appellent, par exemple, *Tchoung-hoa* ou « fleur du Milieu », *Tien-tchao*, « Empire céleste », et *Tien-hia*, « le dessous du ciel ou le monde », expression qui rappelle tout à fait celle d'*orbis* ou d'« univers » dont se servaient les Romains quand ils parlaient de leur propre empire. Mais parmi tous les noms que les Chinois aiment à donner à leur vaste monarchie, le plus ancien et le plus usité est celui de *Tchoung-kouo*, c'est-à-dire « Royaume ou Empire du Milieu. »

Cette dénomination, dans laquelle on a voulu

voir en Europe une expression manifeste de l'orgueilleuse ignorance des Chinois, qui, d'après un trop grand nombre d'écrivains, sont censés croire que leur pays occupe le milieu du monde, est expliquée historiquement par eux-mêmes d'une manière d'autant plus simple que seule elle est la véritable. On lit, en effet, dans leurs annales, que du temps de Tching-wang, second empereur de la dynastie des Tcheou, lequel régnait vers la fin du douzième siècle avant notre ère, la Chine était divisée en plusieurs principautés, qui prenaient toutes le titre de royaumes, et qu'à cette époque Tcheou-koung, oncle de l'empereur, donna à la ville de Lo-yang, dans la province actuelle du Honan, où était la résidence du monarque chinois, le nom de « Royaume du Milieu », parce que le royaume dont cette ville était la capitale, outre les droits de suzeraineté qu'il exerçait sur toutes les autres principautés dont la Chine était alors politiquement formée, occupait géographiquement au milieu d'elles un point central, d'où il est résulté que, depuis ce temps, la portion de l'empire ou sa totalité, directement gouvernée par les empereurs, a toujours porté ce titre. Telle est, d'après les documents les plus authentiques de l'histoire, la seule et véritable origine de la fameuse dénomination d'« Empire du Milieu » donnée à la Chine, et qui s'est conservée jusqu'à ce jour.

La Chine, proprement dite, est un grand pays continental, situé dans la partie orientale et moyenne de l'Asie, et formant une portion considérable de cet immense versant qui part du côté oriental des montagnes du Thibet, et qui est contigu, au sud et à l'est, avec les plages du grand Océan oriental; la Chine est donc bornée au sud et à l'est par la mer Pacifique, au nord par la chaîne des monts Yn et par le grand désert de Gobi, appelé en chinois *Cha-mo*, « mer de sable », à l'ouest par les hautes chaînes du Thibet, et au sud-ouest par des chaînes moins élevées qui la séparent de l'empire Birman et du Tonquin.

Abstraction faite de deux prolongements, dont l'un s'avance jusqu'au 56° degré de latitude nord, et l'autre jusqu'au 44° seulement, la Chine est comprise entre le 20° et le 41° de latitude nord, et le 140° et le 95° de longitude, ce qui lui donne une étendue de cinq cent vingt-cinq lieues du nord au sud, et de six cents lieues de l'est à l'ouest, à partir des points les plus éloignés; sa superficie équivaut donc à peu près à trois cent mille lieues carrées, c'est-à-dire à plus de six fois la surface de la France; et si on tient compte des pays adjacents soumis à la domination chinoise, tels que les îles de Hai-nan, le Thibet et la Tartarie, le vaste Empire du Milieu se développe du nord au sud avec une étendue de plus de neuf cents lieues et d'environ mille à douze cents de l'est à l'ouest. Telle est l'immense région dont la nation la plus ancienne du monde, et, entre tous les peuples de la terre, la plus considérable par le nombre, a fait son empire.

La Chine, avant d'avoir l'unité territoriale et politique que nous lui connaissons aujourd'hui, et qu'elle possède depuis longtemps déjà, se composait de différentes principautés ou royaumes particuliers plus ou moins indépendants, dont la communauté d'origine, les coutumes, les mœurs des habitants, autant et plus peut-être que le lien de vassalité par lequel ces divers États feudataires étaient de droit, sinon toujours de fait, rattachés à une même et souveraine direction, faisaient comme un seul et même empire. L'histoire des révolutions et des événements successifs par lesquels la grande unité de la nation chinoise est arrivée à se constituer d'une manière définitive et durable, n'entrant pas dans le cadre que nous nous sommes tracé, nous nous bornons à donner ici cette simple indication générale que nous croyons nécessaire pour l'intelligence de certains faits ou de certaines époques historiques dont il sera question dans le cours de cet ouvrage.

. Nous n'ajouterons pas non plus d'autres détails géographiques à ceux qui précèdent, et qui se compléteront également par tout ce qui sera dit en plusieurs endroits de notre travail sur le climat, les fleuves, les lacs, les montagnes de la Chine. Cependant, afin de mieux faire connaître de suite le vaste et lointain théâtre où s'accomplissent depuis si longtemps les destinées du grand peuple que nous nous proposons d'étudier dans sa vie politique, sociale et privée, nous donnerons ici, et pour en finir au plus vite avec des détails trop arides, la nomenclature des provinces dont se compose présentement le vaste Empire du Milieu; le nom de la plupart d'entre elles devant revenir plus d'une fois sous les yeux du lecteur.

La Chine actuelle, comprise dans les limites que nous avons indiquées, est divisée en dix-huit provinces, dont plusieurs offrent une étendue et une population égales à celles de la France tout entière. Voici, d'après M. G. Pauthier[1], comment les géographes officiels chinois, qui ont publié en 1818 le grand *Recueil des statuts administratifs* de la dynastie régnante, avec cartes et plans, décrivent ces principales divisions politiques et administratives du grand empire chinois :

« ... A l'occident (de la capitale) est la province que l'on nomme *Tchi-li* (*Pé-tché-li*) : c'est le territoire impérial, *Ki-fou*. A l'orient est *Ching-king* ou *Moukden*, « la ville pleine d'abondance ».

« Au nord de Ching-king est *Ki-lin* ou *Ki-rin*, « forêts du bonheur », et encore au nord, *He-loung-kiang*, « le fleuve du dragon noir » : ce sont les trois provinces les plus orientales de l'empire.

« Au midi du territoire impérial il y a trois provinces, ce sont : *Chan-toung*, « orient de la montagne », *Chan-si*, « occident de la montagne », et *Ho-nan*, « midi du fleuve ». Au midi de la province de Chan-toung sont les deux *Kiang*, « les deux grands fleuves », qui forment trois provinces, ce sont : *Kiang-sou* du *Kiang-nan*; *Ngan-hoeï* du *Kiang-nan*, et *Kiang-si*, « occident du Kiang ». Au sud-est des deux Kiang est le *Min-tche*, qui forme

---

[1] Voy. *la Chine moderne*, page 2.

deux provinces; ce sont : *Fou-kien,* « heureux établissement », et *Tché-kiang,* « fleuve Tché ».

« Au sud-ouest de la province de Ho-nan est le *Hou-kouang,* « le vaste territoire des lacs », qui forme deux provinces; ce sont : *Hou-pé,* « partie nord des lacs », et *Hou-nan,* « partie méridionale des lacs ».

« A l'ouest de la province de Chan-si est le *Chen-kan,* qui forme deux provinces : le *Chen-si,* « ouest du passage », et *Kan-sou,* « crainte salutaire ».

« Au midi du Chen-si est une province que l'on nomme *Sse-tchouan,* « les quatre fleuves ». Au midi des provinces de Kiang-si et de Hou-nan est le double *Kouang,* qui forme deux provinces : l'une est *Kouang-toung,* « l'orient du Kouang », et l'autre, *Kouang-si,* « l'occident du Kouang ».

« Au midi de la province de Sse-tchouan est le *Yun-kouei,* qui forme deux provinces : l'une est *Yun-nan,* « le midi nuageux », et l'autre, *Kouei-tcheou,* « l'arrondissement distingué ».

« A l'occident de la province de Kan-sou est le *Thsin-haï* ou la « mer Verte », en mongol *Kokonoor.* A l'occident de la province de Sse-tchouan est le *Si-thsang,* « le secret trésor occidental », c'est-à-dire le Thibet, situé en dehors de la grande muraille.

« Ching-king ou Moukden, avec le nord des provinces de Tchi-li, de Chan-si et de Chen-si, forme les quarante-neuf bannières, « distinguées par six serments de fidélité », des *Mong-kou* ou Mongols intérieurs; et les bergers nomades, divisés en huit bannières *Tcha-ho-eurh* (*Tchakhar* ou *Tsakhar*), avec la partie nord du pays qui est situé au-delà de la mer de Sable (*Han-haï*, désert de la Tartarie), forment les bergers nomades divisés en quatre-vingt-six bannières et quatre commandements des *Khe-eurh-khe* (*Khalka*) des Mongols extérieurs. A l'ouest de ces derniers sont les *Ko-pou-to* (*Kopto* ou *Kobto*), et au nord de ceux-ci sont les *Thang-nou-ou-liang-haï* (tribus samoyèdes et turques).

« Au nord de la province de Kan-sou sont les bergers nomades formant deux bannières, les *O-la-chen* et les *Khe-thsi-na*. Au-delà de la mer de Sable (désert de *Kobi* ou *Gobi*) et à l'occident est *I-li* [1] ».

Telles sont les grandes divisions de l'empire chinois, qu'administrent des gouverneurs particuliers, véritables vice-rois, sous la dépendance et la direction du gouvernement général et central de l'empire, dont le siége est à Péking. Cette célèbre capitale, demeurée si longtemps impénétrable aux étrangers, a cessé d'être pour l'Europe une cité mystérieuse et cachée depuis que notre armée a pénétré dans ses murs, et arboré sur ses bastions réputés imprenables le drapeau victorieux de la France. Cette grande cité orientale, capitale du vaste Empire du Milieu, et résidence du « Fils du Ciel », diffère tellement de nos villes européennes par son aspect général et les particularités qui la distinguent, qu'elle mérite une description tout à part.

[1] *Ta-thsing-hoeï-tien-thou*, l. LXXXVII, fol. 2-3, d'après M. G. Pauthier.

§ II.

Description de Péking, capitale de l'empire chinois. — Situation géographique de Péking, ses diverses dénominations, sa forme et son étendue. — La ville tartare ou « ville intérieure », la ville chinoise ou « ville extérieure », la ville impériale ou « ville jaune », et la ville interdite ou « ville rouge ». — Portes et remparts de Péking. — Rues et faubourgs. — Les rues marchandes, leur encombrement. — Boutiques chinoises, étalages et enseignes. — Les marchands ambulants. — Un barbier en plein vent. — Charlatans chinois. — Les commissionnaires et l'« Indicateur de Péking ». — Les hôtelleries. — La police chinoise, sa parfaite organisation. — Le « général des neuf portes ». — Les corps de garde, les dizainiers. — Annonce des veilles. — Tranquillité et sécurité nocturnes de Péking. — Habitudes matinales des fonctionnaires et des habitants.

Péking, que les écrivains chinois appellent le plus ordinairement *King-sse*, « capitale », est situé au nord de la province de Tchi-li, à quarante lieues de la grande muraille et à dix-sept lieues environ du golfe de *Pe-tché-li*, dans une vaste plaine sablonneuse que la persévérante industrie des Chinois a su rendre fertile. La latitude de cette ville est déterminée à 39° 42′ 15″ nord, et sa longitude à 114° est du méridien de Paris.

Pe-king signifie « Cour du Nord », en opposition à *Nan-king* ou « Cour du Midi ». C'était dans cette dernière ville que les monarques chinois avaient autrefois leur résidence ; mais les Tartares, peuples inquiets et belliqueux, qui faisaient de continuelles irruptions sur les terres de l'empire, forcèrent ces souverains à transporter leur cour dans les provinces septentrionales, pour être plus à portée de s'opposer aux envahissements de ces tribus nomades. Ce fut en 1403 que l'empereur Ioung-lo, cédant à cette impérieuse nécessité, quitta le sud pour le nord, et choisit pour nouvelle capitale la ville de *Chien-tien-fou*, « ville principale obéissant au Ciel », que son élévation au rang de capitale a fait dès lors appeler tout naturellement la « Cour du Nord » ou *Pé-king*.

Péking, comme presque toutes les villes chinoises, forme un vaste carré; son pourtour mesure trente-trois kilomètres, et sa superficie est évaluée à six mille hectares. Cette vaste enceinte comprend deux villes tout à fait distinctes, mais reliées entre elles, et entourées chacune de remparts et de fossés : la première, située au nord, est habitée par les Tartares, dominateurs actuels de la Chine; on l'appelle *Neï-tching* ou « ville intérieure », c'est la ville officielle et militaire; l'autre, *Ouei-tching* ou « ville extérieure », est la ville chinoise ou marchande, au sud, plus large de cinq cents mètres environ, à l'est et à l'ouest, que la ville tartare. Celle-ci contient encore une autre ville également entourée de murailles, et qu'on appelle *Hoang-tching*, « ville impériale ou ville jaune ». C'est au sein de cette troisième ville que se trouve la résidence impériale, connue sous le nom de *Tseu-kin-tching*, « ville interdite ou ville rouge », véritable « Kremlin » de Péking, tout entourée, comme les deux villes qui l'enferment, de remparts fortifiés. Cette triple enceinte, dont chaque enclave affecte la forme carrée, constitue un ensemble de fortifications parallèles qu'il serait possible, en cas d'attaque, de défendre l'une après l'autre. Les côtés de ces diverses enceintes sont dirigés vers les quatre points cardinaux auxquels ils correspondent exactement. Il n'y a que l'angle nord-ouest de l'enceinte extérieure qui est abattu pour laisser place à un lac qui avoisine de ce côté les murailles de la ville.

La ville tartare compte neuf portes, savoir :

Au nord, la « porte de la Paix », *Ngan-ting-men*, qui est celle par où les alliés entrèrent à Péking ; la « porte de la Victoire », *Toa-chang-men*.

A l'ouest, la « porte de l'Ouest », *Si-tche-men ;* la « porte de la Soumission », *Pin-tse-men*.

A l'est, la « porte de l'Est », *Tong-tche-men*, et la « porte du Peuple », *Tchi-koua-men*.

Au sud, la « porte de l'Aurore ou du Ciel », *Tien-men*, et les deux portes impériales, *Hai-tai-men* et *Tchouen-tche-men*, ainsi nommées du nom de deux empereurs.

C'est par chacune de ces trois dernières portes que l'on communique de la ville mantchoue dans la ville chinoise ; on pénètre dans celle-ci par sept portes extérieures, savoir :

Au nord, *Si-pien-men* et *Tong-pien-men*, ou « petites portes de l'Est et de l'Ouest », placées aux deux extrémités de la muraille septentrionale de la ville chinoise, plus longue à l'est et à l'ouest que la muraille méridionale de la ville tartare.

A l'est, *Cha-coua-men* (nom propre).

A l'ouest, *Couanza-men* (nom propre encore).

Au sud, *Ioung-ting-men*, ou la « porte Sacrée »; *Tiang-tse-men* et *Nan-si-men* ou « portes de droite et de gauche du Sud ».

Chacune de ces portes forme une redoutable forteresse, consistant en deux pavillons, dont l'un regarde la ville et l'autre la campagne. Le pavillon intérieur a deux étages et sert de magasin et de caserne; le pavillon extérieur forme une batterie à quatre étages de feux, percés chacun de douze embrasures de face et de quatre de flanc, mais qu'il serait impossible d'armer aujourd'hui à cause du mauvais état des planchers. Les abords en sont défendus par des espèces de demi-lunes rectangulaires, dont les murailles ont la hauteur et l'épaisseur des autres remparts d'enceinte. On pénètre à l'intérieur de la place par une ouverture pratiquée sur une des faces de ces demi-lunes et donnant accès sous des voûtes de six mètres, qui communiquent elles-mêmes par une chaussée de grandes dalles à d'autres voûtes percées à travers l'épaisseur des murailles. Ce sombre labyrinthe est fermé d'espace en espace par de fortes portes de bois garnies de gros clous de fer. L'espace vide, qui s'étend entre la demi-lune et les deux énormes pavillons qui la dominent, forme une sorte de place d'armes couverte, où cinq cents hommes peuvent aisément se ranger de bataille. Ces portes, avec leurs casernements et leurs batteries, ne sont pas, au reste, les seules fortifications des remparts de Péking; chaque angle de la muraille est aussi défendu par une tour ayant quatre étages de feux. Ces tours angulaires sont reliées entre elles par d'autres bastions très-spacieux, placés de distance en distance, et à la portée de la flèche. La muraille proprement dite est munie d'un parapet crénelé ; on arrive à son sommet par des talus à pente assez douce pour en permettre l'ascension à des cavaliers ; la muraille de la ville tartare est même assez large pour que douze chevaux puissent y passer de front.

La maçonnerie de ces immenses remparts, dont la construction a dû exiger le travail de plusieurs générations, est faite de couches de chaux grasse éteinte et de terre végétale soutenues par deux murs épais espacés de douze à quinze mètres. Ces murailles, ces bastions, ces tours, ces pavillons, forment ensemble un si prodigieux entassement de fortifications, que leur seul aspect déroute toutes les idées qu'on peut avoir de nos jours sur l'art de défendre les places ; le voyageur qui contemple ces gigantesques constructions est obligé de remonter par la pensée le cours des âges pour retrouver dans l'histoire de la vieille Europe quelque chose de semblable.

Douze faubourgs entourent cette curieuse capitale ; leur longueur varie de deux à trois kilomètres ; on y voit un grand nombre de briqueteries et des établissements de maraîchers et de fleuristes. L'avenue qui se trouve à l'est mérite d'être remarquée, malgré son état actuel de détérioration ; elle ne mesure pas moins de huit kilomètres. Un pavé de larges pierres, qui se prolonge sur toute la longueur, occupe un espace en largeur de dix mètres; mais l'incurie des Tartares l'a laissé s'endommager en plusieurs endroits. L'entrée de cette avenue est ornée d'un grand arc de triomphe, à triple passage, construit en pierre, et d'une architecture remarquable. Plus loin, on rencontre deux pavillons égaux et de forme carrée; l'un et l'autre sont surmontés d'un double toit orné de tuiles jaunes vernissées et d'un grand nombre de figures sculptées et dorées. L'intérieur de ce pavillon offre plusieurs inscriptions en l'honneur de celui qui a dirigé les travaux de ce chemin. On a peine à imaginer la foule de gens de pied, de porteurs, de chevaux, de mulets, de chariots et de voitures de toute espèce qui passent, vont et viennent, et se renouvellent sans cesse sur cette vaste voie.

Les rues principales de Péking, celles de la ville tartare surtout, qui correspondent d'une porte à l'autre ou bien aboutissent aux murs d'enceinte du palais impérial, toutes tracées en ligne droite, divisent la ville en grands carrés; elles n'ont pas moins de trente à quarante mètres de largeur; le milieu formait autrefois une solide chaussée parfaitement pavée, s'élevant au-dessus des accotements; ces larges boulevards sont partagés à leur tour, par des rues parallèles en terre de dix mètres de largeur, en carrés plus petits, que relient et sillonnent une foule de ruelles étroites, orientées de toutes les façons.

Les maisons qui bordent les côtés des plus larges

rues n'ont précisément rien qui les distingue ; leur aspect est souvent même tout à fait misérable ; elles n'ont pas d'étages, sauf quelques-unes qui possèdent un entre-sol servant de magasin ; on y rencontre cependant des établissements impériaux et des temples, reconnaissables à leurs toits jaunes ou verts ; les palais ou les *fou* et les hôtels des mandarins ont tous leur entrée dans des ruelles, les grands arbres de leurs parcs font seuls soupçonner leur voisinage.

La « ville jaune » (*Houang-tching*) contient beaucoup de pagodes et de *fou* appartenant aux grands dignitaires de l'empire : la partie occidentale est occupée par des jardins impériaux, qui sont groupés autour de deux lacs artificiels alimentés par une petite rivière ou canal, seul cours d'eau qui traverse la ville ; au centre est la « Montagne de charbon », qui a quatre-vingts mètres de hauteur, et qui est le point le plus élevé de Péking. Cette colline touche à la face septentrionale de l'enceinte qui entoure le palais impérial [1].

La ville chinoise, qu'une large chaussée dallée, bordée d'un côté par les hautes murailles des remparts, de l'autre par des fossés pleins d'eau, sépare de la ville tartare, est loin d'avoir la même régularité que celle-ci dans le percement de ses rues. Si on excepte la grande avenue du Centre qui part de la « porte du Ciel » de la ville tartare et aboutit

---

[1] Voyez le *Tour du monde*, n° 216, 1864, d'après M. le capitaine Bouvier.

à celle de « Ioung-ting » ou « porte Sacrée » au sud, et les deux autres rues qui conduisent des portes impériales de « Hai-tai-men » et « Tchouen-tche-men » à la rue assez large et presque droite qui relie de l'est à l'ouest la porte « Couanza-men » et la porte « Cha-coua-men », le reste n'est qu'un amas inextricable de ruelles tortueuses et malpropres que bordent des masures à un seul rez-de-chaussée avec des murs en torchis et des toits couverts de tuiles rougeâtres; puis çà et là se trouvent des terrains vagues, et quelques autres qu'on utilise pour fournir des légumes à la consommation de la ville; on n'y trouve guère, en fait d'édifices remarquables, que les deux célèbres temples du Ciel et de l'Agriculture, dont les vastes coupoles bleues s'élèvent à l'extrémité sud de la ville, à droite et à gauche de la grande avenue centrale, au-dessus de la masse sombre de la forêt dont les parcs qui les enferment sont ombragés. C'est, en un mot, la ville des marchands, des revendeurs, des histrions, de la populace, des mendiants.

Les rues marchandes de Péking présentent journellement un spectacle aussi étrange que bruyant. C'est là que la foule accourt pour acheter et vendre ou bien exercer les plus bizarres industries. Ce qui frappe tout d'abord le regard et attire l'attention du touriste étranger, c'est la vue d'une longue suite de pilastres ornés à leur sommet de drapeaux, de pavillons, de banderoles aux couleurs les plus éclatantes; ces espèces de mâts de cocagne sont de larges planches, hautes de trois à quatre mètres, peintes, vernies, et souvent chargées de dorures, sur lesquelles sont indiquées en gros caractères les différentes marchandises à vendre ; chaque marchand place une de ces singulières enseignes devant sa boutique ; on y lit son nom, son éloge, ses titres à la confiance du public, et souvent sa généalogie ; quelques-uns, désireux d'allécher tout à fait les acheteurs, y ajoutent d'autres mots séducteurs, tels que ceux-ci, par exemple : *Ici on ne trompe pas*, ce qui vaut bien notre *Maison de confiance* ; il paraît, du reste, que ces honnêtes trafiquants de Péking n'ont pas précisément de sublimes efforts à faire pour ressembler, en fait de probité, à leurs honorables confrères de Paris. On trouve chez eux tous les produits de l'industrie nationale : des porcelaines, des pièces de vernis et des soieries en profusion. Quelques-unes des boutiques de Péking se font remarquer par leur devanture en bois sculpté, découpé à jour ou arrondi en bosse avec assez d'art, et souvent recouvert d'une riche dorure. Ce goût pour les brillants étalages est commun à toutes les grandes villes de l'empire ; en Chine comme en France, la province se plaît à imiter la capitale, on y vend et on y achète *à l'instar de Péking*, comme chez nous *à l'instar de Paris*.

On a peine à se figurer, si on ne l'a pas vu, quelle foule immense, compacte, affairée, va, vient, se pousse, se presse chaque jour dans les rues commerciales de Péking ; une quantité prodigieuse de chevaux, de mulets, de chameaux, de voitures, de chariots, de brouettes à bras, de chaises à porteurs qui se croisent ou se rencontrent, ajoute tout ce qu'on peut imaginer à cette indescriptible confusion. A travers tout ce pêle-mêle de gens, de bêtes et de véhicules, on voit aller, venir, circuler en tout sens une foule de marchands ambulants et de revendeurs; les uns portent leurs denrées dans des mannes suspendues à leur cou, les autres sur les plateaux d'une immense balance dont le fléau s'appuie sur leurs épaules : ici ce sont des marchands de comestibles avec leur cuisine portative, là des marchands de fruits, puis à côté et partout, tant et plus, d'autres petits industriels de tous les genres, tantôt marchant, tantôt s'arrêtant pour débiter aux passants leurs menues marchandises. Afin de mieux attirer l'attention des chalands, ils poussent à l'envi des cris particuliers, capables de rompre les oreilles d'un sourd, offrant à chacun, au gré de ses besoins ou de sa convoitise, les objets de leur petit commerce, et ne manquant jamais de débattre avec feu le prix de chaque chose. De son côté, le barbier en plein vent (il vaudrait mieux dire ici « l'artiste capillaire », puisqu'en Chine c'est le crâne et non le menton qu'on rase) appelle avec sa clochette bruyamment agitée tous les gens qui n'ont pu le matin parfaire leur toilette ; oncques Figaro d'aucun pays ne connut mieux son métier : d'un geste le frater chinois fait asseoir son client sur un petit escabeau, d'un tour de main il lui savonne la tête et y passe avec une dextérité sans pareille son rasoir triangulaire ; puis il lui nettoie les oreilles, peint ses sourcils, brosse ses épaules, ajuste sa queue, et, moyennant quelques sapèques, le renvoie satisfait. Ailleurs, la foule stationne nombreuse, et à des espaces rapprochés, pour écouter les diseurs de bonne aventure, les joueurs de gobelets, les chanteurs, et mille autres charlatans (il y en a partout) qui lisent et racontent des histoires propres à faire rire, ou qui distribuent des remèdes dont ils exposent éloquemment les effets merveilleux. Il arrive souvent que cette foule est obligée de se serrer ou de se mettre à l'écart pour laisser la voie libre à quelque personnage de haut rang qui vient à passer, porté dans sa chaise mandarine, et accompagné d'un nombreux cortége. Un mandarin du premier ordre ne sort jamais sans traîner à sa suite tous les mandarins subalternes de son tribunal, qui de leur côté sont suivis de nombreux domestiques. Les seigneurs de la cour et les princes du sang ne paraissent en public qu'environnés d'un gros de cavalerie ; leur train suffirait seul à embarrasser la ville. Mais il faut observer que dans ce concours prodigieux de gens de tout rang et de toute condition qui se fait dans les rues de Péking, on ne rencontre presque jamais de femmes ; autrement, la confusion qui s'ensuivrait dépasserait toute description.

L'immense population de Péking, qu'on évalue à près de trois millions d'habitants, suffirait seule à fournir ces masses tumultueuses qui encombrent les rues ; mais comme cette grande capitale est le centre où viennent se déverser, de tous les points de l'empire, des richesses et des produits de toute nature, l'affluence des étrangers qu'y appellent leurs affaires est prodigieuse; ils vont, viennent, parcourent la ville en tous sens, qui à pied, qui à cheval, qui en chaise à porteurs, ou bien dans des espèces de fiacres cahotants dont on ne sait plus quelle compagnie « des petites voitures » a doté Péking. On trouve aussi des conducteurs qui, au lieu de se contenter, comme les honnêtes commissionnaires que l'Auvergne et la Savoie délèguent à Paris, de porter tout simplement à destination les paquets qu'on leur confie, accompagnent les étrangers pour leur indiquer les rues et les divers quartiers où ils ont affaire. On peut, à défaut de ces guides, se procurer chez les libraires l'« Indicateur de Péking », livre aussi utile que commode, où sont clairement désignés, avec la demeure des personnages publics, les quartiers, les rues, les places, et tous les lieux remarquables de la capitale. Sur tous les points le piéton fatigué trouve des lieux pour se rafraîchir ou se restaurer : ici, ce sont des hôtelleries où l'on sert à manger, là, des maisons ou de simples cabanes où l'on vend des fruits, du thé, ou de l'eau à la glace.

Malgré cette multitude presque infinie de gens de toutes sortes, Tartares et Chinois, dont Péking est comme encombré, il est peu de villes au monde où la police soit mieux faite, mieux réglée et aussi efficace. Le soin général de l'ordre public incombe au gouverneur de Péking, qui est toujours un Tartare : on le désigne sous le titre de « général des neuf portes »; sa juridiction s'étend non-seulement sur les soldats des quartiers militaires qui se partagent la ville, mais encore sur les habitants, chargés eux-mêmes, dans une certaine mesure, de veiller à la tranquillité publique. Toutes les grandes rues sont garnies de corps de garde, dont les soldats rôdent jour et nuit, portant un sabre pendu à la ceinture, et tenant un fouet à la main pour en frapper, sans distinction, ceux qui causent du désordre ou qui excitent des querelles. Les petites rues, qui sont également gardées par des soldats, ont toutes à chacun de leurs bouts une barrière qui se ferme pendant la nuit. Chaque rue est divisée en quartiers de dix maisons, dont la surveillance et la sécurité sont confiées à la vigilance de quelques-uns des habitants, qu'on appelle « chefs de dix maisons ». Ces décurions de la police chinoise veillent à tour de rôle ; au moindre trouble survenu dans sa circonscription, celui qui est de garde s'empresse d'avertir le poste militaire.

Dès que le soir est venu, tout habitant de Péking doit allumer la lanterne appendue devant sa maison; pauvre ou riche, négociants ou mandarins, personne n'est excepté. Tous ces falots lumineux, aux formes les plus variées, aux couleurs les plus éclatantes, produisent une illumination dont l'originalité même fait la magnificence. On annonce les veilles de nuit par des coups frappés sur des cloches dont Péking possède un certain nombre ; on fait usage, dans quelques quartiers, d'un énorme tambour ou « gong », au son retentissant. La première veille s'annonce en frappant un seul coup, qu'on répète d'intervalle en intervalle durant deux heures. On frappe deux coups pendant la seconde, trois pendant la troisième, et ainsi des autres. Aussitôt qu'on a commencé de donner la première veille, deux ou plusieurs soldats se détachent de chaque poste, vont et viennent de l'un à l'autre, en agitant une cliquette attachée à leur bras; les gardiens des portes leur répondent en frappant sur un tube de bambou, dont les vibrations répétées annoncent qu'ils ne sont pas endormis. Toute circulation nocturne est interdite dans les rues de la ville; on n'ouvre les barrières qui en ferment les extrémités que rarement, et seulement à des personnes connues, et encore faut-il, bien plus rigoureusement qu'autrefois à Falaise, que ces personnes aient une lanterne à la main, et qu'elles sortent pour une bonne raison, comme celle d'appeler un médecin. Les sentinelles ambulantes interrogent tous les passants, même les officiers que l'empereur envoie pour quelques affaires, et si, par hasard, leur réponse donne lieu au moindre soupçon, on les met aux arrêts dans le corps de garde le plus voisin. Grâce à cette sévère vigilance, la paix, le silence et la sécurité règnent dans toute la ville.

On se soumettrait difficilement en Europe à toutes ces mesures de la police chinoise, qui met, pour ainsi dire chaque soir jusqu'au lendemain, tout le monde au violon, chacun chez soi. Mais les Chinois pensent tout bonnement que la nuit est faite pour dormir et le jour pour vaquer aux affaires, et ils croient que les magistrats d'une ville doivent préférer le bon ordre et la tranquillité publique à de vains divertissements, qui entraînent ordinairement un grand nombre d'attentats contre les biens, la vie même des citoyens ou l'honneur des familles. Il en est résulté pour toute la population de Péking, et dans toutes les classes de la société, des habitudes matinales inconnues ailleurs : dès la pointe du jour toutes les administrations publiques sont ouvertes, et chaque fonctionnaire, quel que soit son rang, est à son poste pour l'expédition des affaires. Beaucoup de temps s'écoulera sans doute encore avant que nous voyions chez nous pareille diligence.

§ III.

Suite du précédent. — Le palais impérial ou la « ville interdite », son étendue, sa splendeur. — Plan général de la résidence impériale. — La « salle de la grande Union », la « salle de la moyenne Concorde », la « salle de la Concorde protectrice », de « la Concorde occidentale, etc. — Édifices européens de Péking : l'« Observatoire impérial » ou des Jésuites missionnaires; le *Peh-tang* ou « Mission du Nord ». — Le P. Verbiest. — Le *Nam-tang* ou « Mission du Sud ». — Ancienne chapelle du *Peh-tang* et ancienne cathédrale de Péking dans le *Nam-tang*. — Sa restauration par l'armée française. — Un premier *Te Deum* à Péking. — La nouvelle cathédrale.

Le palais impérial ou « la ville interdite » s'élève au milieu de la « ville jaune », entouré de hautes murailles et défendu par de larges fossés. Quatre portes à l'aspect imposant y donnent entrée sur les quatre faces principales; les nombreux bâtiments de tout genre qu'on y a construits couvrent une superficie de quatre-vingts hectares. A la vue de cette immense cité de palais, l'œil et l'imagination, surpris tout à la fois de la beauté, de la grandeur et du nombre considérable des édifices symétriquement isolés qu'elle renferme, demeurent comme frappés d'un indescriptible étonnement. Il n'est aucune ville au monde, aucune capitale d'empire qui présente un ensemble aussi vaste, aussi imposant, aussi merveilleux d'édifices royaux et d'un aspect aussi pittoresque. Les jardins qui entourent ces palais, les immenses parcs qui en dépendent et s'étendent au loin, en dehors même de l'enceinte fortifiée, avec leurs frais ombrages, leurs courants d'eau, leurs lacs, leurs ponts, leurs îles, leurs rochers, leurs vallées, leurs collines, leurs pavillons, leurs tours, leurs pagodes, et une foule d'autres merveilles, font rêver à quelque lieu enchanté qu'aurait embelli la baguette magique d'une fée. Il faudrait un volume entier pour décrire toutes les magnificences de cette superbe résidence des maîtres de la Chine, nous ne pouvons en donner ici qu'une idée générale [1]. Depuis le dix-huitième siècle, jamais aucun Européen n'a pu pénétrer dans cette enceinte inviolable; mais à cette époque plusieurs missionnaires, grâce à la confiance que leur avait accordée l'empereur Kang-hi, ont pu visiter

---

[1] Voir dans *la Chine moderne*, page 11 et suivantes, les intéressants détails topographiques donnés par M. G. Pauthier.

« la ville interdite », et nous en ont laissé des relations fidèles, que l'auteur de la *Description générale de la Chine* a ainsi résumées :

« Le palais de l'empereur est à peu de distance de la porte du sud de la ville tartare. Son ensemble comprend neuf vastes cours, qui se succèdent les unes aux autres, et qui se communiquent par des portes de marbre blanc, surmontées de pavillons sur lesquels éclatent l'or et le vernis. Des bâtiments ou des galeries forment l'enceinte de ces cours, qui sont accompagnées d'un grand nombre d'autres, destinés aux offices et aux écuries. La première qui est celle d'entrée, est très-spacieuse : on y descend par un escalier de marbre, orné de deux grands lions d'airain, et d'une balustrade de marbre blanc, qui forme le fer à cheval ; elle est arrosée d'un ruisseau qui la traverse en serpentant, et qu'on passe sur des ponts de marbre. Au fond de cette cour s'élève une façade percée de trois portes ; celle du milieu n'est que pour l'empereur ; les mandarins et les grands passent par les portes latérales. Ces portes introduisent dans une cour qui est la plus vaste du palais ; une immense galerie l'environne de toutes parts, et sur cette galerie sont placés les magasins des choses précieuses qui appartiennent en propre à l'empereur. Le premier de ces magasins est rempli de vases et d'autres ouvrages de différents métaux ; le second renferme les plus belles espèces de pelleteries et de fourrures ; le troisième, des habits fourrés de petit gris, de peau de renard, d'hermine, de zibeline, que l'empereur donne quelquefois en présent à ses officiers ; le quatrième est un dépôt de pierres précieuses, de marbres rares, et de perles pêchées en Tartarie ; le cinquième, qui est à deux étages, est plein d'armoires et de coffres qui contiennent les étoffes de soie à l'usage de l'empereur et de sa famille ; d'autres magasins renferment les flèches, les arcs, et autres armes enlevées à l'ennemi ou offertes par différents princes.

« C'est dans cette seconde cour que se trouve la salle impériale nommée *tai-ho-tien* ou « salle de la grande Union » ; elle est bâtie au haut de cinq terrasses placées les unes sur les autres, et qui se rétrécissent graduellement en s'élevant. Chacune de ces terrasses est revêtue de marbre blanc et ornée de balustrades artistement travaillées. C'est devant cette salle que se rangent tous les mandarins lorsqu'aux jours marqués ils viennent renouveler leurs hommages et faire les cérémonies déterminées par les lois de l'empire.

« Cette salle, qui est presque carrée, a environ cent trente pieds de longueur ; son lambris est sculpté, vernissé en vert et chargé de dragons dorés ; les colonnes qui en soutiennent le faîte en dedans ont six à sept pieds de circonférence vers leur base, et sont enduites d'une espèce de mastic revêtu d'un vernis rouge ; le pavé est en partie couvert de tapis en façon de Turquie très-médiocres ; les murailles sont sans aucun ornement, sans tapisseries, sans lustres et sans peintures.

« Le trône, qui est au milieu de la salle, consiste

en une estrade assez élevée, fort propre, et sans autre inscription que le caractère « *chin* », que les auteurs de relations ont interprété par le mot *saint;* mais il n'a pas proprement cette signification, car il répond quelquefois mieux à notre mot latin *eximius,* ou aux mots français *excellent, parfait, très-sage.*

« Sur la plate-forme qui porte cette salle sont de grands vases de bronze dans lesquels on brûle des parfums les jours de cérémonie ; on y voit des candélabres façonnés en oiseaux et peints de diverses couleurs, ainsi que les bougies et les torches qu'on y allume. Cette plate-forme se prolonge vers le septentrion, et porte deux autres salles ; l'une est une rotonde percée de beaucoup de fenêtres et toute brillante de vernis : c'est là que l'empereur change d'habits avant ou après la cérémonie ; l'autre est un salon dont une des portes est tournée vers le nord, et c'est par où l'empereur, sortant de son appartement, doit passer lorsqu'il vient recevoir sur son trône les hommages des grands de l'empire ; alors il est porté en chaise par des officiers habillés d'une longue veste rouge brodée en soie, et couverts d'un bonnet surmonté d'une aigrette. »

Outre cette « salle de la grande Union ou de la grande Concorde », on trouve, soit dans la direction du sud au nord avant d'arriver jusqu'au palais proprement dit de l'empereur, soit sur d'autres points, la « salle du trône de la moyenne Concorde », la « salle de la Concorde protectrice », la « salle de la Concorde occidentale » ; celles des

« Fleurs littéraires », des « Offrandes à l'instituteur des princes (Confucius) »; puis l'édifice du Conseil privé, la Bibliothèque impériale, l'Intendance de la cour, le Commissariat des vivres, etc.; le palais de la « Pureté céleste », le palais de l'impératrice, ceux des princes et princesses, etc., dont il serait difficile de donner, aussi bien que de celui de l'empereur, une description intérieure, car ce sont autant d'asiles inviolables où ne pénètre jamais personne du dehors.

Tout autant que cette mystérieuse cité, résidence exclusive de l'empereur, et que désigne si bien le nom de « ville interdite », la célèbre capitale de la Chine était demeurée elle-même durant des siècles impénétrable à tout étranger; mais aujourd'hui, grâce à la victoire de nos armées et à la vigueur de notre diplomatie, elle n'a plus rien de caché à la curiosité des Européens; et certes, ce n'est pas sans éprouver une sorte d'étonnement indéfinissable que le voyageur venu de l'Occident contemple du haut des remparts de Péking l'immense panorama qui se déroule devant lui, et qu'il interroge d'un œil surpris tous les points de cette perspective jusqu'alors inconnue et dont son imagination n'aurait jamais pu lui faire soupçonner l'étrange et magnifique spectacle. Ce ne sont plus nos hautes maisons carrées, nos monuments réguliers ni aucun des édifices de nos grandes villes, avec leur teinte grise et monotone, qui frappent ses regards, c'est au contraire tout un mélange inouï de formes et de couleurs les plus variées et les plus tranchantes qui s'offre à sa vue et fait rêver son esprit comme à l'aspect d'un monde imaginaire : ici des portiques se tordent en spirales, des kiosques s'arrondissent en boules ou se dressent en lames recourbées ; là s'élèvent des temples, des pagodes, que distinguent leurs toitures superposées, ou bien surgissent des tours à forme carrée, dont les pointes aiguës et dentelées percent à travers les troncs dénudés et les longues branches des arbres centenaires plantés alentour ; d'espace en espace les mâts des résidences princières laissent flotter au vent leurs banderoles diaprées ; puis, voici les toits dorés et la haute coupole de marbre blanc du palais impérial ; plus loin, en dehors du mur septentrional d'enceinte, on aperçoit la « Montagne de charbon », avec ses cinq pagodes étagées les unes au-dessus des autres, et le *Peitha-sse*, bonzerie et monument funéraire élevé à la mémoire du dernier empereur des Ming sur une colline artificielle, verdoyante presqu'île qui se mire dans les eaux limpides de la « mer du Milieu ». Des hauteurs où il s'est placé, le spectateur peut encore mesurer du regard les grandes et larges artères qui traversent en ligne droite la grande cité, sans tenir compte des ruelles qui la déparent ; enfin, la sombre ligne des gigantesques murailles qui s'élèvent chargées de batteries, de tours, de pavillons, à l'intérieur et à l'extérieur de cette ville unique en son genre, encadre et complète ce tableau.

Il existe dans cette vaste capitale de l'empire

chinois quelques édifices qui sont trop à l'honneur de la religion et de la France pour que nous oublions de les mentionner; il s'agit du fameux Observatoire de Péking et des églises catholiques rendues au culte, grâce à nos armes victorieuses dans la mémorable expédition de 1860.

L'Observatoire impérial de Péking, que les travaux des missionnaires jésuites ont rendu célèbre, est une grosse tour carrée adossée intérieurement aux murs du sud-est de la ville tartare, au-dessus desquels elle s'élève d'environ quatre mètres. Elle avait été primitivement construite pour l'usage des astronomes chinois, qui se servaient pour faire leurs observations d'instruments dont l'invention pouvait remonter à plus de six siècles. Ces machines, assez semblables à nos anciens anneaux astronomiques, étaient fort grandes, bien fondues, mais imparfaites dans leur structure et leurs divisions. Cependant, quelque défectueux que fussent ces instruments, ils étaient dans leur genre ce qu'il y avait encore de mieux dans le monde à l'époque où ils furent exécutés; de pareils instruments font certainement honneur au génie du peuple qui a su les inventer. Au dix-huitième siècle, le P. Verbiest, président du tribunal des mathématiques, détermina l'empereur Kang-hi à remplacer ces instruments primitifs par d'autres plus grands et plus parfaits. Ce savant missionnaire se mit à l'œuvre, et parvint, avec le concours des autres Jésuites, à faire fabriquer sur place, d'après les principes de l'astronomie européenne, les instruments que l'on voit encore aujourd'hui sur la plate-forme de l'Observatoire de Péking. C'est ainsi que ces hommes, que la secte philosophique persécutait alors en Europe, étaient tout à la fois, en Chine, les apôtres de la science et de l'Évangile.

L'Église naissante de la Chine eut bien vite à subir les plus sanglantes persécutions; les missionnaires furent emprisonnés, torturés, mis à mort ou exilés; la religion continua cependant de briller par la persévérance des néophytes chinois et la gloire de ses martyrs; mais la Chine devint dès lors impénétrable aux lumières de l'Europe. Aucun savant chinois ne put donner suite aux travaux scientifiques des missionnaires catholiques, et voici déjà plus d'un siècle que le célèbre établissement astronomique des Jésuites à Péking est placé sous les scellés impériaux. Depuis ce temps on n'y a rien touché, et il est à croire que les deux sphères armillaires, l'horizon azimutal, le quart de cercle et l'immense globe céleste qu'on y voit, sont ainsi demeurés, depuis plus de cent quarante ans déjà, tournés vers le même point du ciel et de l'horizon où la main du P. Verbiest les avait dirigés. Il n'est pas même jusqu'à un vieil escabeau de bois de fer, que l'œil du visiteur aperçoit placé dans un coin de la plate-forme, qu'on ne puisse considérer avec vraisemblance comme le siége dont se servait le célèbre missionnaire astronome.

Depuis que la France, usant des droits de la victoire, a pu obtenir du gouvernement chinois la liberté de la religion chrétienne, les établissements des Missions catholiques ont repris à Péking une partie de leur splendeur passée. On trouve aujourd'hui dans cette capitale quatre établissements catholiques : le *Peh-tang* ou Mission du Nord, situé dans l'enceinte de la ville jaune, le *Nam-tang* ou Mission du Sud, qui contient la cathédrale, non loin de la porte *Tchouen-tche*, et les Missions de l'Est et du Nord-Ouest, écoles pour les néophytes chinois, situées dans la ville mongole.

Le *Peh-tang*, rendu récemment aux Missions françaises, contient avec un vaste parc, auquel les Chinois donnent le nom de forêt, toute une série de pavillons à étages. On y remarque une porte d'honneur monumentale en style du temps de Louis XIV, avec des colonnes doriques, des feuilles d'acanthe, et deux vases grecs qui la surmontent; elle produit, au milieu des bâtiments d'architecture chinoise qui l'avoisinent, le plus singulier contraste. L'ancienne chapelle est debout encore, entourée de grilles fleurdelisées en fer massif, contre lesquelles la fureur populaire, dont les empreintes sont visiblement reconnaissables, est demeurée impuissante à l'époque de la persécution contre les Jésuites missionnaires. Au-dessus de cette chapelle s'élève une tour formant terrasse, d'où la vue embrasse un immense panorama.

Le *Nam-tang* est l'ancien établissement des Portugais, cédé aussi à la France. Le monument le plus remarquable qu'il renferme est la cathédrale catholique, édifice bâti du temps de Louis XV; il se compose d'un vaste corps de bâtiment avec des portes surmontées de fleurons et des fenêtres ornementées, les unes en plein cintre, les autres demi-ogivales. On voit aux deux extrémités de sa façade deux tours carrées, assez semblables à celles de l'église Saint-Sulpice de Paris. A l'époque de l'entrée des alliés victorieux dans la capitale de l'empire chinois, la cathédrale de Péking était dans un état de délabrement complet : on ne pouvait y faire un pas sans voir les traces dévastatrices de la persécution; le temps, de son côté, avait ajouté ses ravages à ceux de la barbarie chinoise; les ronces et les épines croissaient dans le parvis du saint lieu. Le général de Montauban commença par faire rétablir sur le frontispice du temple la croix qui le surmontait, et que Sen-ouang, général tartare chargé de repousser les rebelles connus sous le nom de *Taï-ping*, qui au début de leur formidable insurrection affectaient un semblant de religion chrétienne, avait fait abattre avant de marcher contre eux (il eût mieux fait de les dompter!). Nos braves soldats de toutes armes, secondant de leur côté la pensée religieuse et française de leur général en chef, se mirent à l'œuvre, et bientôt la maison de Dieu retrouva quelque chose de son ancienne splendeur. C'est là que notre vaillante armée, après avoir payé par un premier service religieux un tribut de regrets et de prières à la mémoire des malheureuses victimes de l'attentat du 18 septembre, commis, au mépris du droit des gens, par les autorités chinoises contre les parlementaires alliés, vint rendre par un solennel *Te Deum* ses actions de grâces au Dieu des armées. A dater de ce jour, la liberté du culte chrétien était proclamée dans la capitale du grand empire chinois, et l'histoire enregistrait une fois de plus un des « gestes de Dieu par les Francs ».

Un tel fait devait produire d'heureuses et promptes conséquences : quelques années se sont en effet à peine écoulées, que Péking a vu s'élever dans ses murs une nouvelle et superbe cathédrale, due à la munificence de l'empereur Napoléon III. Ce magnifique monument, digne sous tous les rapports des autres édifices religieux construits sous les règnes de Louis XIV et de Louis XV par les savants missionnaires de la Compagnie de Jésus, et dont les derniers traités conclus par le baron Gros nous ont rendu l'entière possession, a été solennellement consacré le 1er janvier de l'année 1867 par monseigneur Mouly, membre de la Congrégation des Lazaristes et évêque de Péking, en présence du personnel de la légation de France, du corps diplomatique, et, chose importante à remarquer, en présence aussi des autorités chinoises, représentées à cette cérémonie religieuse par des mandarins de haut rang. Avant peu, Canton de son côté n'aura rien à envier à la capitale, et l'évêque des Missions étrangères, monseigneur Guillemin, pourra bénir et offrir aux fidèles son église métropolitaine, due également, comme celle de Péking, aux dons religieux de l'empereur des Français. Shang-haï, devenu le centre le plus important du commerce européen, ne saurait manquer d'avoir aussi son tour, la chapelle des Jésuites devenant tous les jours insuffisante en présence de l'augmentation de la population catholique et du développement des hôpitaux et des écoles, confiés aux soins éprouvés des Filles de saint Vincent de Paul : Dieu et la France y pourvoiront.

CHAPITRE II.

PHYSIONOMIE DES CHINOIS.

§ Ier.

Physionomie des hommes. — Traits caractéristiques de la race mongole communs aux Chinois et aux Tartares, et signes physiologiques distinctifs de ces deux peuples. — Idées fausses des Européens sur la vraie physionomie chinoise. — Idéal de la beauté selon le goût chinois. — Portrait d'un Adonis chinois. — Goût d'ornements particuliers et bizarres : la mode des ongles longs. — Le *pen-sse* ou « manière de porter les cheveux ». — Costume des hommes. — Vêtement principal, etc. — Usage des fourrures, bonnets, chaussures, etc. — Distinction des rangs indiquée par le costume; couleur des habits; la couleur impériale; le *mang* ou « dragon ». — Les lois somptuaires. — Fixité de la mode chez les Chinois. — Pourquoi l'Europe n'imiterait-elle pas la Chine?

Il est facile de reconnaître dans le type chinois, à première vue et sans le secours de grandes connaissances ethnologiques, tous les traits principaux qui caractérisent la race jaune ou mongolique. Comme tous les peuples, en effet, qui se rattachent à cette grande fraction de la famille humaine, les Chinois ont le teint basané, la tête sphérique, le front découvert et fuyant, le visage plat et en losange, les yeux noirs, les paupières obliques, les sourcils relevés à leurs extrémités, le nez aplati à la racine, et les narines écartées; la bouche médiocre, les lèvres épaisses, sans être proéminentes à l'excès; les dents incisives verticales, les oreilles grandes et détachées, la barbe rare, et les cheveux noirs et luisants. Leur taille est moyenne, et, par la petitesse des pieds, des mains et des os, ils ressemblent à la plupart des Asiatiques. Aussi, faut-il un œil exercé pour les distinguer des Mantchoux, que la conquête a mêlés parmi eux. Ceux-ci cependant sont généralement plus petits de taille ; mais, par compensation, plus gros et plus robustes ; ils ont encore, dans l'ensemble de leur physionomie, quelque chose de plus dur et de plus accentué que les Chinois, dont les traits sont plus fins et plus adoucis. On trouve même parmi les Mantchoux quelques individus qui ont la barbe longue et épaisse, le nez aquilin et les yeux bleus ; mais les physiologistes ne voient dans ce fait qu'une simple variété, qui n'empêche pas les deux races d'avoir dans leur ensemble la plus frappante similitude.

Dans un pays aussi vaste que la Chine, et de climats si divers, on ne doit pas être étonné non plus de trouver quelque différence dans la couleur des habitants. Les Chinois des provinces méridionales ont, en effet, le teint très-basané, olivâtre même, tandis que ceux qui habitent les provinces du nord ont la peau plus blanche et plus claire : l'influence de l'atmosphère et la différence des climats produisent naturellement en Chine les mêmes effets qu'en Europe. Il est aussi à remarquer que les Chinois conservent généralement jusqu'à l'âge de trente ans une carnation fraîche et brillante, et l'ensemble d'un extérieur qui n'est pas sans agrément ; mais, passé cet âge, le frais coloris de la jeunesse disparaît, la peau et les traits se durcissent, les os des joues deviennent proéminents ; la vieillesse achève le reste, et finit par doter les individus de cette race d'une remarquable laideur.

On se plaît assez généralement en Europe à se faire une idée de la physionomie chinoise d'après les figures représentées sur les porcelaines, les stores, les paravents et les ouvrages en vernis que le commerce nous apporte. C'est absolument comme si un Chinois de Péking jugeait de la physionomie européenne, et en particulier de la physionomie française, par les figures grotesques dues au crayon de nos célèbres caricaturistes. Il est à propos, néanmoins, d'observer que les Chinois sont loin d'avoir les mêmes idées que nous sur ce qui constitue la beauté humaine : les peuples, comme les individus, sont assez portés à la placer dans les traits et le genre de figuration qui leur sont propres; les Chinois en conséquence s'imaginent que leur type est le plus parfait de tous; et ne pas l'avoir, c'est être, à leurs yeux, par trop disgracié de la nature.

Il faut, pour être un Adonis en Chine, avoir le front large, le nez court, les yeux petits, à fleur de tête et obliquement fendus, la bouche moyenne, la barbe longue, quand on la laisse croître, et les cheveux d'un noir luisant. Les Chinois ont en horreur les cheveux blonds ou ardents, nuance que cependant en Europe on prise tant de nos jours. On peut sur ce point se renseigner auprès des Anglais, auxquels la couleur de leur chevelure, plus que l'uniforme de leurs soldats, a valu partout en Chine le surnom de « diables rouges ». Une taille fine, légère et dégagée n'est pas davantage du goût des Chinois : l'obésité est la perfection du beau ; et un homme n'est réputé bien fait, s'il n'est grand, gros et gras, et s'il ne peut remplir de son ample rotondité toute la profondeur d'un large fauteuil.

Voilà pour l'ensemble. S'agit-il des détails ? les Chinois ont certaines particularités de goût qui sont plus que bizarres. Il est, par exemple, un ornement des doigts qu'ils préfèrent aux diamants les plus précieux, aux bagues les plus riches ; et plût au ciel que, sous ce rapport, tous les Chinois fussent en Chine ! Il s'agit de la mode, à la fois malpropre et gênante, qu'ils ont adoptée de laisser croître démesurément les ongles de la main gauche, la perfection du genre consistant à les porter aussi longs que les doigts mêmes. Pour les conserver tels et les préserver contre tout accident qui pourrait les briser, on a soin de les protéger au moyen de petits morceaux de bambou très-amincis et adroitement juxtaposés. Un orgueil tout aristocratique, autant et plus peut-être qu'une vanité simplement puérile ou de mauvais goût, porte les Chinois à rechercher ce malpropre ornement. Ces longues et dégoûtantes griffes, mieux qu'un diamant solitaire, annoncent, en effet, à tous les regards que la main qui s'en pare est exempte de tout travail mécanique, et n'est point faite pour les œuvres serviles.

Les Chinois modernes aiment aussi à porter au sommet de la tête une touffe de cheveux qu'ils laissent croître dans toute leur longueur naturelle, et qu'ils tressent avec art pour en former une superbe queue qui leur pend en arrière. A l'exception de ce long appendice, qu'ils nomment *pen-sse,* ils se rasent tout le reste de la chevelure. Cette mode étrange leur a été imposée par leurs nouveaux maîtres, les Tartares, qui ont eu la sagesse d'adopter pour eux-mêmes les lois, les mœurs, les institutions du peuple conquis, et la faiblesse de lui infliger cette inutile vexation. Les Chinois portaient auparavant leur chevelure entière, et en avaient le plus grand soin. Pour les forcer à se raser la tête, il y eut du sang versé. Ce n'est pas le premier exemple que l'histoire nous fournit d'un peuple acceptant plus vite un changement de gouvernement ou de maîtres qu'une atteinte portée aux signes extérieurs de sa nationalité. Pierre le Grand, pour obliger les Russes à se couper la barbe, ne craignit pas de recourir à de sanglantes exécutions.

La conquête tartare a contribué encore à modifier grandement le costume national des Chinois. Leur vêtement principal consiste aujourd'hui en une longue robe, ouverte à la manière d'une veste et descendant jusqu'à terre. Le pan gauche de cette robe se replie sur celui de droite, et s'attache sur le côté par quelques boutons d'or, d'argent ou de tout autre métal, placés à une assez grande distance les uns des autres. Ce vêtement, dont les manches, larges près de l'épaule, vont en se rétrécissant vers le poignet, et recouvrent la main jusqu'au bout des doigts de leur extrémité supérieure, prolongée en forme de fer à cheval, se serre autour de la taille avec une large ceinture de soie à bouts pendants jusqu'aux genoux. Les Chinois utilisent encore cette ceinture en y suspendant une foule d'objets qu'à première vue on serait tenté de prendre pour des armes défensives, et dont la destination, au contraire, est toute pacifique : ce sont ordinairement un fourreau de soie renfermant un éventail, un étui qui contient un couteau de table et les deux indispensables bâtonnets qui servent de fourchette pour manger ; une bourse brodée pour renfermer le tabac ; puis un petit sac de cuir, assez semblable à une giberne, destiné à recevoir une pierre à feu et un briquet pour allumer la pipe.

Les Chinois ont l'habitude d'endosser par-dessus la longue robe qui leur sert de vêtement principal une sorte de veste ou de surtout à manches larges et courtes, faite d'étoffe légère en été, et doublée de chaudes fourrures en hiver. Leurs vêtements de dessous consistent en un large caleçon, serré à la ceinture et fermé à la hauteur des chevilles ; puis, en une chemise de taffetas ou de toile selon les saisons. Ce dernier vêtement est très-large et très-court ; il est d'usage de porter par-dessous une espèce de filet de soie pour l'empêcher de s'attacher à la peau.

Le costume chinois laisse ordinairement tout le cou à découvert : on le couvre, quand il fait froid, d'un collet de satin qui tient à la veste, ou d'une large bande de peau de zibeline ou de renard qui s'attache par devant avec un bouton. Il n'existe, du reste, guère d'autre différence entre l'habit d'hiver et l'habit d'été des Chinois que par l'épaisseur ou la légèreté des étoffes, ou par le nombre des robes, que la commodité particulière de leur costume permet d'augmenter ou de diminuer selon le degré de température à endurer. L'étoffe que les personnes riches préfèrent pour l'été est une sorte de toile connue sous le nom de *ko-pou*, extrêmement fraîche et légère, et d'un tissu assez fin. Au printemps et en automne on fait usage du *siao-kien*, étoffe non teinte, qui provient du ver à soie sauvage; et l'on porte en hiver le *touan-tse*, sorte de satin beaucoup plus fort que celui d'Europe. Les gens de qualité, pour mieux se garantir du froid, ont soin de faire doubler leurs vêtements des plus chaudes fourrures, telles que les plus belles peaux de renard, de zibeline et d'hermine, qui leur viennent de la Tartarie et des autres contrées septentrionales de l'Asie. Les gens de condition moins aisée se contentent de peaux de mouton ou de simples vêtements piqués de soie ou de coton. On voit encore, pendant les grands froids, certains personnages de haut rang surajouter à leurs autres vêtements un long manteau fait avec des peaux d'une espèce de rat sauvage, appelé *tael-pi*, dont le poil, qui est long et très-fourni, se porte en dehors. C'est plaisir de voir quelque grave mandarin à taille ronde et courte marcher ainsi affublé de toutes ces fourrures; sa tournure, à la fois effrayante et grotesque, lui donne tout l'aspect de l'un de ces hôtes velus des montagnes que la faim, durant les hivers rigoureux, chasse de leur repaire, et auxquels l'homme, pour cause de gain ou de simple amusement, apprend à exécuter, quand il les a réduits à l'état privé, les danses les plus drôlatiques.

La coiffure des Chinois est une sorte de bonnet qui a la forme d'un cône ou d'un entonnoir renversé, et dont le sommet se termine en pointe. Ce bonnet est ordinairement doublé de soie et recouvert d'une natte de bambou, artistement travaillée. On attache au sommet un gros flocon de soie ou de crin rouge, qui le couvre et se répand sur les bords : c'est le bonnet commun. Les mandarins et les gens de lettres le portent doublé à l'intérieur de soie rouge et recouvert d'un riche satin blanc ; il est toujours orné d'une superbe houppe de la plus belle soie cramoisie, qu'on laisse flotter au gré des vents ; si on y voit pendant en arrière une magnifique plume de paon, c'est la marque d'une haute et rare distinction, dont l'empereur gratifie les personnages méritants qu'il veut honorer ; le globule, placé tout au sommet du cône, est aussi, selon sa couleur ou la matière dont il est fait, le signe du rang qu'on occupe dans les charges publiques.

Le bonnet dont on fait usage pendant l'hiver, au lieu d'être conique comme celui qu'on porte pendant l'été, prend davantage la forme de la tête, et est muni d'un rebord en velours noir ou garni de riches fourrures, retroussé tout autour, mais un peu plus relevé devant et derrière que sur les côtés. Quant aux ornements accessoires, ils sont absolument les mêmes que ceux de la coiffure d'été. Mais, quelle que soit la saison, tout Chinois, une fois qu'il est coiffé, tient à son bonnet comme à son pen-sse : il ne le quitte jamais. La bienséance ne permet pas de paraître en public la tête découverte : ôter son bonnet devant ses égaux serait une impolitesse, et un manque de respect devant ses supérieurs.

Les Chinois se chaussent, à l'intérieur de leurs maisons, de pantoufles légères en étoffe de soie, artistement travaillées, et dont l'extrémité se relève en pointe recourbée vers le dessus du pied. Les gens d'un certain rang ne sortent jamais que chaussés de bottines de satin ou d'une autre étoffe de soie. Ils portent également des bas d'une étoffe piquée ou doublée de coton, et brodés de satin ou de velours pour l'hiver. On fait usage pendant l'été de chaussures et plus légères et plus fraîches.

Ce que nous avons dit jusqu'ici du costume chinois en général ne peut guère s'appliquer qu'aux classes aisées. L'habit ordinaire des gens du bas peuple et des campagnes se réduit à une chemise de grosse toile, que recouvre une tunique de coton qui descend jusqu'à la moitié de la cuisse. Un large caleçon qui prend à la ceinture et se prolonge jusqu'au bas des jambes, complète l'essentiel du costume. La coiffure est de forme conique et de plus larges dimensions que le bonnet ordinaire; elle est faite la plupart du temps de morceaux de bambou et de joncs tressés ensemble. Les paysans chinois savent aussi se confectionner, à peu près de la même façon, une sorte de vêtement aussi peu coûteux qu'utile pour se garantir du froid et de la pluie. Ce bizarre accoutrement consiste en un filet ou réseau, sur lequel on fixe différentes couches de joncs ou d'herbes sèches, non tressées, placées dans leur longueur les unes à côté des autres. Un vaste chapeau, fait de la même matière, sert de couvre-chef. La pluie, lorsqu'elle tombe, ne pénètre pas à travers cet étrange tissu; l'eau glisse et s'écoule le long de ces herbes, et laisse à sec l'homme qui s'en est revêtu. En Chine, comme dans beaucoup d'autres pays, le peuple se chausse à peu près comme il peut; quand il ne va pas pieds nus, il se sert d'une espèce de chaussons de toile noire à semelles épaisses, de grossières pantoufles ou de sabots, dont l'extrémité se relève en pointe.

Les lois chinoises ont déterminé les formes que doivent avoir les habits dans toutes les saisons, et réglé jusqu'aux couleurs destinées à distinguer chaque condition. La couleur jaune, que le goût chinois estime la plus belle de toutes, est réservée à l'empereur et aux seuls princes du sang. Pour l'ordinaire, les mandarins sont vêtus de noir, de bleu ou de violet; dans les jours de fête, quelques-uns d'entre eux ont le droit de porter des vêtements de satin à fond rouge. La couleur affectée au peuple est ou noire ou bleue, et l'étoffe dont il fait usage n'est jamais qu'une simple toile de coton.

La famille impériale porte sur ses robes des figures de dragons richement brodées. L'empereur seul porte le *mang* ou « dragon » à cinq griffes, ornement qu'on voit prodigué, du reste, sur tous les objets destinés à son usage personnel. Les princes et les grands mandarins qui en ont reçu le privilége, jouissent de la liberté d'orner leurs habits, leurs meubles, leurs équipages, de l'emblème du dragon ; mais il ne peut avoir que quatre griffes.

Pour prévenir toute innovation, la cour impériale de Péking ne s'est pas contentée de porter des règlements sévères et précis, elle a, en outre, fait imprimer un grand ouvrage où tous les costumes, appropriés aux rangs et aux conditions, sont représentés dans une longue suite de planches gravées, expliqués en détail, et invariablement fixés. L'empereur est le premier à se conformer aux règles établies : la magnificence des habits qu'il revêt se mesure sur le degré même des fêtes religieuses, politiques ou domestiques, pour lesquelles il les prend. Il résulte des mêmes règlements que les ornements distinctifs des habits déterminent et indiquent le rang hiérarchique de chaque personnage officiel ; ils sont tellement combinés, qu'ils vont toujours en décroissant graduellement depuis l'empereur jusqu'aux mandarins du dernier ordre, et les différences sont si sensibles qu'on distingue, à première vue, le grade, le rang de tous les hommes publics.

Dans la vie civile, les Chinois sont également exempts des perpétuelles et dispendieuses variations de la mode que l'Europe subit, et voit se succéder tour à tour et sans fin. La fantaisie des particuliers et la spéculation des gens qui font métier de l'exploiter n'y peuvent absolument rien en Chine. Ce n'est pas à dire que les habitants du Céleste

Empire soient précisément exempts de toute vanité. Oh! non, mais ils ont sur nous l'avantage de la voir maintenue dans de justes bornes, et le mérite d'accepter les usages et les lois qui la limitent. Si jamais pareilles coutumes et semblables règlements pouvaient se réaliser parmi nous, combien ne serait-il pas expédient de les hâter! Car, à bien réfléchir, beaucoup plus en Europe qu'en Chine, et beaucoup plus à Paris qu'à Péking, de sages lois somptuaires seraient opportunes, et rendraient à la société et aux familles d'importants services. Mais, hélas! que de clameurs ne pousseraient pas les deux moitiés constitutives du genre humain, et l'une (la plus belle, diront quelques médisants) beaucoup plus fort que l'autre! Pour notre part, nous ne faisons point appel à la rigueur de telles lois, mais simplement des vœux pour voir régner la salutaire influence du sentiment chrétien, et prévaloir la morale évangélique. Fasse le ciel que ceux qui en ont le devoir et le pouvoir, se hâtent de prêcher par l'exemple! et les annales de l'humanité pourront enregistrer bientôt une désirable victoire tout à l'honneur du bon sens et de la modestie.

§ II.

Physionomie des femmes. — Portrait d'une femme chinoise. — Costume. — Modestie et coquetterie des dames chinoises. — Ornements de tête. — Le fong-hoan ou « phénix » des Chinois, parure préférée. — Usage du fard. — Goût immodéré des Chinois pour les parfums. — Causes et excuses. — Exemples fameux. — L'impératrice Ou-heou. — Bains. — Luxe et somptuosité des bains des femmes de la cour sous certains empereurs. — Le sensualisme païen et ses conséquences chez les peuples. — Nécessité d'opposer au mal l'exemple du bien. — Préceptes évangéliques. — La mode des petits pieds des femmes chinoises. — Origine et but probables de ce bizarre usage. — Clôture des femmes chinoises. — Loi païenne et loi chrétienne. — Les femmes tartares. — Fierté de leur caractère et conservation de leur indépendance.

Les femmes chinoises sont en général d'une taille médiocre, et leur visage affecte la forme triangulaire. Elles ont les yeux étroits et allongés, le nez court et un peu retroussé, la bouche bien faite, petite et vermeille, les cheveux noirs et les oreilles un peu grandes. Leurs traits sont réguliers, et leur teint animé ajoute à l'aspect de gaîté que présente à première vue tout l'ensemble de leur physionomie. Dans leur jeune âge elles portent les cheveux épars; dès qu'elles sont devenues jeunes filles, elles en tressent une natte, qu'elles laissent pendante ou qu'elles relèvent sur le sommet de la tête; une fois mariées, elles les portent toujours relevés et retenus par deux aiguilles d'ivoire, d'or, d'argent ou de quelque autre métal, croisées obliquement au sommet de la tête. L'embonpoint excessif, sans lequel en Chine un homme comme il faut n'est pas réputé avoir belle tournure, est redouté des dames chinoises comme un grand défaut dans leur sexe ; sans avoir recours aux moyens meurtriers mis en usage par les élégantes de l'Europe, elles s'efforcent néanmoins de conserver toute la finesse et la délicatesse de leur taille.

Le costume des femmes chinoises se rapproche beaucoup de celui des hommes : une robe fermée vers le haut par un collet de satin blanc qui embrasse le cou, et si longue qu'elle couvre l'extrémité des pieds, leur sert de vêtement principal ; elles revêtent par-dessus une espèce de surtout à manches pendantes, qu'il est nécessaire de relever pour faire usage des mains, et portent par-dessous un large pantalon fermé par des lacets au milieu de la jambe : une Chinoise cache tout, excepté son visage.

Mais, si la modestie semble avoir présidé en Chine à la forme des vêtements, on pourrait même dire à tout l'ensemble du costume féminin, il n'est pas impossible néanmoins de constater que la vanité chez le beau sexe sait y retrouver par ailleurs ses goûts ou ses droits, et se dédommager en mille autres manières. Les dames chinoises aiment dans leurs habits la richesse et l'éclat, et quoique condamnées à ne sortir presque jamais de leurs appartements, elles consacrent à leur toilette de chaque jour un temps considérable : une élégante Parisienne qui se propose de briller dans quelque mondaine assemblée, ne prend pas plus de soin de sa parure, et ne consulte pas davantage son miroir, révélateur aimé de ses grâces et témoin discret de sa vanité. « Telle est dans ce sexe, dit un auteur, la force du sentiment de la coquetterie, qu'il se conserve et se nourrit jusque dans la solitude la plus profonde. »

Les femmes chinoises prennent un soin particulier de leur chevelure; et, si le bon goût ne préside pas toujours chez elles à la manière d'utiliser cette parure naturelle, c'est justice de reconnaître qu'elles mettent dans la manière de se coiffer, au moins dans celle qui est le plus communément usitée, une certaine simplicité que les femmes européennes semblent avoir, pour le présent, bannie de leurs habitudes : elles relèvent simplement leurs cheveux, et se contentent de les distribuer en tresses roulées, qu'elles fixent ensemble au sommet de la tête ; elles aiment néanmoins à y entremêler des fleurs naturelles ou artificielles et d'autres ornements légers d'or ou d'argent, avec de riches aiguilles à tête de diamant. Quelquefois toute la parure de tête consiste en un ornement à forme d'oiseau, représentant le *fong-hoan*, le phénix des Chinois. Le corps de l'oiseau pose sur le haut du front ; ses deux ailes déployées viennent mollement embrasser les tempes : sa queue se relève et forme l'aigrette ou panache, et son long cou élastique et mobile se projette en avant du front, et s'agite au plus léger mouvement de tête. Chez quelques femmes de haut rang, cette originale coiffure est composée de plusieurs de ces oiseaux, artistement entrelacés les uns avec les autres, et formant une sorte de diadème, dont la tête est couronnée. Cette parure est toujours d'un très-grand prix. Il est rare de voir une femme chinoise avec des cheveux bouclés : ce genre de beauté, que l'art à défaut de la nature sait donner, n'est point goûté des Chinois.

Les femmes font, en Chine, un usage immodéré du fard, dont l'effet le plus certain est de sillonner la peau de bonne heure, et de faire succéder à un embellissement douteux et passager les irréparables outrages de rides indestructibles. Le blanc pour tout le visage, le rouge pour les lèvres, le noir pour les sourcils, entrent nécessairement dans l'assortiment d'une toilette chinoise. Il faut y joindre une foule de parfums, de poudres et d'eaux de senteur de toutes sortes, dont on fait en Chine, plus qu'en aucun autre pays du monde, une prodigieuse consommation.

Parmi les peuples les plus sensuels, il n'en est peut-être, en effet, aucun dont la passion pour les odeurs soit comparable à celle des Chinois, et qui en fasse un usage aussi habituel. Les Chinois prodiguent les parfums en toutes circonstances : ils en brûlent dans leurs cérémonies religieuses publiques ou privées ; ils en brûlent pour purifier l'air de leurs maisons dans les temps de pluie et de brouillard, et souvent dans le but unique d'embaumer leurs appartements. Cet usage a été même converti en une étiquette d'égards et de politesse envers les convives ou les hôtes de distinction qu'on reçoit : il est de rigueur dans ces cas d'allumer en leur honneur des cassolettes odorantes, et d'y brûler les parfums les plus estimés. Dans les classes aisées de la société, tout le monde, en outre, est dans l'habitude de porter sur soi des sachets d'odeur pour servir d'utile correctif, soit aux émanations quelquefois trop sensibles que produit une transpiration abondante à l'excès, soit à cette odeur, qu'on pourrait dire *sui generis*, particulière, paraît-il, à chaque race humaine, et si nauséabonde chez certains peuples de l'Asie et de l'Afrique. Les Chinois nommément passent pour répandre, comme fumet supérieur à tout autre, une senteur désagréablement musquée. Si jamais, en outre, la malpropreté pouvait être excusable chez un peuple policé, on pourrait trouver dans celle des Chinois un motif suffisamment légitime de l'usage immodéré qu'ils font des parfums : des voyageurs dignes de foi disent qu'ils couchent habituellement tout habillés, affirmant même que souvent ils n'ôtent leur chemise que lorsqu'elle est totalement usée.

Quoi qu'il en soit, dès que chez un peuple le goût des parfums est devenu, comme chez les Chinois, d'un usage si communément universel qu'il a tous les caractères d'un goût national, il est facile de pressentir la consommation plus qu'immodérée d'odeurs de toutes sortes que doivent faire, pour leur toilette ou par pur caprice, les dames du grand et du demi-monde du Céleste Empire. L'histoire chinoise a conservé sous ce rapport le souvenir d'exemples fameux.

On cite la célèbre impératrice Ou-heou, qui dépensait en parfums les revenus de plusieurs provinces; outre ce qu'elle employait d'odeurs dans ses parures, tout était parfumé dans ses appartements : les lits, les fauteuils, les canapés, les coussins, étaient rembourrés de plantes aromatiques et renfermaient les poudres de senteur les plus précieuses ; des cassolettes toujours fumantes exhalaient partout les douces vapeurs du santal et du calamba. Les historiens rapportent encore que le palais *Yeou-lieou-chin*, un des plus beaux que les empereurs de la dynastie des Han eussent fait élever, fut réduit en cendres, parce que, le feu ayant pris au magasin des huiles aromatiques destinées aux femmes, on ne put approcher des bâtiments embrasés, ni parvenir à éteindre l'incendie alimenté par l'immense quantité d'essences précieuses qui s'y trouvaient accumulées.

Indépendamment des exigences générales de la toilette et du soin qu'on met à parfumer les appartements, le luxe des bains, dont l'usage fréquent fait partie de la toilette des femmes chinoises, entre pour une large part dans l'énorme consommation de parfums qu'on fait en Chine. Ce luxe atteignit autrefois des proportions tellement excessives, que la verve des poëtes satiriques chinois en fit souvent le sujet de ses critiques ; ils citent comme un monument tout à la fois d'impériale magnificence et de folle prodigalité le somptueux et vaste édifice que l'empereur Lin-ti, de la dynastie des Han, fit construire pour le bain des femmes du palais. A les en croire, les eaux en étaient toujours parfumées, et, selon la saison, attiédies par le feu ou rafraîchies par la glace. Des animaux de marbre vomissaient, comme en se jouant, les sources qui renouvelaient ces eaux, et les bassins profonds où elles se rassemblaient étaient couverts de cygnes et de grands poissons imitant la nature, exécutés en bois et construits mécaniquement, sur lesquels montaient les baigneuses pour nager, s'enfoncer dans l'eau ou s'y soutenir à la hauteur qu'elles voulaient. L'excédant des eaux était conduit hors de l'enceinte du palais par des canaux couverts, et le peuple, attiré par la bonne odeur qu'elles exhalaient, s'empressait d'aller y puiser et d'en remplir des vases.

Il serait impossible d'avoir aujourd'hui une idée exacte des dépenses fabuleuses occasionnées par ce luxe asiatique. On sait par les annales de ces mêmes princes de la dynastie des Han que l'impératrice mère et l'impératrice épouse jouissaient chacune du revenu de trente villes pour leur toilette et leurs bains. A quels excès de sensualisme ne sont pas, en effet, comme fatalement entraînés, aux dépens du bien-être des peuples, les maîtres d'un empire que n'a pas éclairés la lumière apparue au Calvaire, et qui n'ont point appris à régler leurs mœurs et à gouverner les peuples selon l'esprit du Dieu rédempteur, crucifié pour le salut de tous : rois et sujets, peuples et monarques, grands et petits, faibles et forts! L'histoire de l'antiquité tout entière est pleine du récit des maux causés aux peuples par les excès du sensualisme païen ; et, de nos jours, qui donc ne verrait pas avec effroi ce même flot d'impureté monter menaçant de toutes parts, ou plutôt envahissant en plein déjà les sociétés démocratiques des temps modernes, et bientôt sur le point, pour peu qu'on néglige encore de lui opposer des digues de salut, de les submerger tout à fait dans l'abîme profond et redoutable du vice et de la dépravation? Et, chose aussi déplorable qu'incompréhensible! on voit les sages du siècle en présence de pareils dangers comme frappés d'aveuglement, et souvent, hélas! plus occupés eux-mêmes à détruire qu'à édifier le mur de défense qu'il faudrait opposer à l'ennemi. Mais au moins, que tout homme dont le cœur n'est pas encore mort au sentiment du bien, réfléchisse et médite; et, s'il en est besoin, qu'il n'hésite pas, pour son propre compte, à régler ses habitudes et sa vie d'après les enseignements salutaires de l'Évangile : la pratique des vertus chrétiennes bannit tout luxe désordonné, toute habitude qui flatte le corps au détriment de l'âme. L'exemple qu'en donneront quelques-uns sera bientôt suivi par un grand nombre : le bien, comme le mal, est contagieux; il faut donc savoir, quand il en est temps encore, l'opposer à celui-ci : le salut de la société est à ce prix.

Nous n'avons rien dit encore de l'étrange mode qui force les femmes chinoises à conserver, comme un des plus beaux ornements de leur personne, le pied aussi petit qu'elles l'ont apporté en naissant. Jamais, en vérité, la puérilité et la folie n'ont été plus évidentes que dans ces bizarres coutumes, en vertu desquelles chaque peuple se plaît, à des degrés divers ou sous des formes différentes, à violenter les lois de la nature, pour se donner, par des moyens souvent aussi cruels que stupides, les ridicules embellissements qu'elle lui refuse. Ici on écrase le nez aux enfants; là on leur aplatit la tête entre deux planches. En Europe on admire la blancheur des dents, les Malais les teignent en noir par la raison que les dents des chiens sont blanches. Le sauvage de la Nouvelle-Zélande se fait tatouer le visage et les membres, et un Esquimau n'est rien, s'il n'a pas les joues trouées et ornées de morceaux de pierre. En Europe encore, on a voulu que la taille des femmes fût étranglée et amincie comme l'est celle de la guêpe, jusqu'au point de déprimer les côtes et de jeter un désordre irréparable dans les fonctions des organes vitaux, et on veut, en Chine, que le corps d'une femme se soutienne sur la plus petite base possible. A peine une fille est-elle née qu'on lui serre étroitement le pied, à l'exception du gros orteil, avec de fortes bandelettes, et ce genre de torture est employé aussi longtemps que le pied est susceptible de développement et de croissance.

La mode des petits pieds, dont l'origine est très-ancienne, a tellement pénétré dans les mœurs de la nation chinoise, qu'une femme qui n'est pas estropiée de cette façon devient presque un objet de mépris pour les autres femmes, qui la regardent en pitié et la plaignent de la triste faculté qu'elle a de marcher librement et avec aisance. Les Chinois, paraît-il, sont passionnés pour l'air de faiblesse et d'apparente souffrance que la mutilation des pieds prête aux femmes. Ces aimables Asiatiques se plaisent à comparer la marche chancelante de leurs compagnes au balancement du saule agité par la brise : leur pensée se délecte à cette poétique image ; mais, aux yeux des Européens, la marche d'une femme chinoise paraît toujours pénible, mal assurée et peu agréable. L'habitude, cette seconde nature, finit néanmoins par rendre insensiblement supportable aux femmes chinoises le long état de gêne et de souffrance auquel on les a assujetties dans leur enfance, et il est rare qu'elles ne saisissent pas avec empressement toute occasion qui leur est donnée de marcher, et de montrer, malgré leurs longues robes, les jolis petits souliers de satin, brodés d'or ou d'argent, dont elles sont chaussées. Il paraît même que, si d'autres lois et un usage général ne les assujettissaient à se tenir renfermées dans l'intérieur de leurs maisons, elles auraient autant d'ardeur à se montrer, et courraient aussi bien les rues que nos dames d'Europe les plus lestes à la marche. Et, soit dit-en passant, quels éloges ne seraient pas dus à beaucoup de ces dernières, si, sans recourir à la mode des petits pieds « à la chinoise », elles consentaient un beau jour à devenir, même à un degré moindre que les dames de l'Empire du Milieu, quelque peu raisonnablement sédentaires ! Je me refuse à dire toute l'étendue d'un semblable mérite.

Mais quelle a donc pu être, chez un peuple aussi sensé et aussi réfléchi que le peuple chinois, l'origine ou le motif de l'atroce et bizarre coutume de mutiler ainsi le pied des femmes? Parmi les écrivains qui ont traité de ce curieux sujet, les uns pensent qu'il ne faut en rechercher la cause nulle part ailleurs que dans le calcul secret et intéressé de rendre les femmes sédentaires, et de les obliger par ce moyen à se tenir renfermées dans leurs appartements; d'autres combattent cette opinion, et disent pour appuyer leur sentiment que dans les contrées où cette clôture des femmes est beaucoup plus austère et plus rigoureuse qu'en Chine, il n'a pas été nécessaire pour l'obtenir de recourir à ce barbare expédient. Mais ces derniers oublient peut-être un peu trop que, chez les nations musulmanes et autres peuples de même caractère, le moyen préféré pour atteindre le même but n'est pas précisément celui de la douceur : le yatagan qui menace, et le cordon qui fait trembler, sont des moyens peu tendres assurément; et peut-être est-il permis de trouver que les ligatures qui meurtrissent et façonnent le petit pied des Chinoises sont chose préférable! C'est un problème que pourraient clairement résoudre les seules victimes qu'intéresse la question; mais est-il à croire qu'on voie jamais, réuni en quelque lieu, pareil congrès ou semblable aréopage, pour nous donner la solution demandée?

Quelques auteurs attribuent l'engouement chinois pour la petitesse des pieds à la trop fameuse impératrice Tan-ki, que la nature, dit-on, avait dotée d'un pied extrêmement petit. Il n'y aurait assurément rien d'extraordinaire à ce que le caprice d'une femme couronnée eût pu mettre à la mode ce genre nouveau de coquetterie. Mais pour peu que l'on tienne compte de la morale sévère des anciens Chinois et du respect qu'ils avaient pour les mœurs publiques, il n'est pas vraisemblable qu'ils aient pu rien emprunter ni conserver de cette Messaline détestée, dont le nom, de nos jours encore, n'est prononcé qu'avec horreur dans tout l'empire.

Enfin, le P. Cibot propose sur l'origine de la mode des petits pieds une opinion plus rationnelle que vraisemblable : il la fait tout simplement dériver de la forme même qu'avait l'antique et primitive chaussure des Chinois, et dont se servent encore les soldats commis à la garde des grandes routes de l'empire. Cette chaussure consiste à envelopper le pied d'un ou plusieurs morceaux de toile qu'on assujettit avec des bandelettes ; celles-ci contournent le pied en sens croisés et multiples, et viennent se fixer par les bouts à l'extrémité du bas chinois, qui ne dépasse pas la cheville. L'usage d'envelopper ainsi les pieds, dit de son côté l'abbé Grosier, aura conduit à celui de les serrer plus ou moins pour en diminuer le volume ; puis on aura commencé à regarder leur petitesse comme un agrément, un genre de beauté : plusieurs femmes auront donné le ton, un plus grand nombre d'autres l'auront reçu, et la mode des chaussures mignonnes se sera insensiblement établie. On sait que la mode outre tout : à force de s'étudier à se rapetisser le pied, les Chinoises, par émulation de coquetterie, auront fini par s'estropier. Telle est, ajoute le même auteur, la plus vraisemblable origine de cette coutume, que nous concevons d'autant moins pouvoir être si chère au beau sexe chinois qu'elle est pour lui une source de souffrances et de privations.

Nous trouvons, quant à nous, cette explication beaucoup plus ingénieuse que vraisemblable, car nous ne pouvons nous empêcher de remarquer le côté tout à fait conjectural sous lequel elle est présentée. L'histoire, d'autre part, se taisant sur l'origine même de l'étrange coutume à laquelle les femmes chinoises sont asservies, il nous paraît plus simplement logique d'y voir un de ces servages dont la femme est comme inévitablement frappée chez tous les peuples païens ou infidèles. Le christianisme seul, là où il règne, la réhabilite et lui rend sa vraie dignité, car il n'est point d'autre loi que celle de la Rédemption qui fasse la femme véritablement la sœur et la compagne de l'homme; en dehors de là, elle n'est jamais que son esclave et « sa chose ». Puissiez-vous ne jamais l'oublier, ô femmes des nations chrétiennes! et vous souvenir toujours, ô filles d'Ève, que vous êtes avant tout et surtout les filles de Marie, vierge et mère immaculée, par le legs que Jésus-Christ, son Fils et votre Sauveur, lui a fait de vous au Calvaire! Sachez donc combien il importe à vos destinées du monde présent et du monde à venir de conserver pur de souillure, par une vie et des habitudes toutes chrétiennes, un titre et si noble et si beau! Le joug de Dieu, auquel il serait impie de comparer le joug brutal de l'homme, est seul doux et léger : au lieu d'humilier il ennoblit; les chaînes qu'il impose sont toutes d'honneur et de dignité, et la servitude qu'il donne c'est la liberté des enfants de Dieu.

Contrairement aux mœurs et aux habitudes des peuples chrétiens, les femmes sont donc condamnées en Chine, plus encore par l'usage que par la petitesse de leurs pieds, à une sévère retraite; presque toujours renfermées dans leurs appartements, elles vivent loin des regards des hommes. Il est néanmoins des circonstances dans lesquelles il leur est loisible de sortir, mais toujours en chaises à porteurs bien fermées, d'où elles peuvent voir sans être vues : elles vont ainsi à de longs intervalles visiter leurs familles. Elles sortent encore à l'époque des fêtes qui suivent chaque année les récoltes, au mois de novembre, et qui durent quinze jours, pendant lesquels elles ont la double liberté d'aller faire leurs dévotions dans les temples et de jouir de l'amusement des comédies dans les théâtres publics. En dehors de ces rares circonstances et de ces occasions trop passagères, l'usage ne permet pas aux dames chinoises de se dérober à la solitude de leurs appartements.

Les femmes des Tartares conquérants de la Chine ne se sont point soumises aux mœurs du pays. Nées fières et indépendantes, elles continuent de préférer les usages moins austères de leur ancienne patrie. Elles ont défendu contre l'exemple et malgré la mode la forme et l'intégrité de leurs pieds, et elles se montrent jalouses de conserver la

liberté d'en faire usage. Cette exception, faite en faveur des dames tartares et maintenue par elles, n'infirme pas ce que nous avons dit de la tendance, générale chez les peuples non chrétiens, à ôter à la femme le plus de liberté possible. N'existe-il pas dans la Tartarie même une loi civile et religieuse qui défend aux femmes de jamais paraître en public, si elles n'ont le visage horriblement noirci? et en Chine, plusieurs tentatives ont été faites par le gouvernement pour les soumettre aux coutumes régnantes; il existe à ce sujet un édit célèbre de l'empereur Kien-long. Le P. Amiot a fait connaître cette pièce curieuse, et l'a accompagnée des réflexions suivantes : « Ce *chang-yu,* dit-il, a été
« reçu avec un applaudissement universel, mais
« surtout avec une joie inexprimable de la part des
« Mantchoux, qui trouvent dans ce qu'il contient
« tout ce qu'il faut pour tenir leurs femmes enfer-
« mées dans leurs maisons, sans qu'elles soient en
« droit de se fâcher contre eux. Ils sont déjà plus
« qu'à demi Chinois, et ils le deviennent chaque
« jour davantage. Il n'en est pas ainsi de leurs
« femmes : elles ne se pressent pas de devenir Chi-
« noises, et tiennent bon tant qu'elles peuvent
« pour conserver les usages de leur nation en ce
« qui les concerne. Elles ne manquent pas de rai-
« sons ou de prétextes pour se trouver dans une
« nécessité indispensable de sortir : elles se feront
« accompagner de leurs maris, de leurs frères ou
« de leurs fils, jusqu'à ce que ceux-ci, ennuyés ou

« fatigués de cette gêne, laissent aller les choses
« comme elles allaient ci-devant. »

Jamais prévisions ne se sont mieux réalisées! Les femmes tartares surent reconquérir et conserver leur liberté; et, n'ayant jamais consenti à se martyriser les pieds à la manière des dames chinoises, elles s'en trouvent à merveille. Le voyageur qui parcourt les rues de Péking peut aisément les reconnaître à leur démarche facile et assurée.

§ III.

Physionomie morale des Chinois. — Qualités et défauts. — Traits principaux du caractère individuel des Chinois. — Passions et caprices, vertus et qualités. — Caractère national des Chinois. — Leur attachement aux anciennes maximes. — Circonspection politique. — Astuce et défiance à l'égard des étrangers. — Amour du peuple chinois pour le travail.

Il n'est peut-être pas de peuple dont on ait dit plus de bien ou plus de mal que des Chinois : ils ont donc, comme tous les humains, leur lot particulier de qualités et de défauts. Considéré comme individu, le Chinois ressemble à tous les hommes : il a ses passions, ses caprices et aussi ses vertus. Il passe pour être fin, rusé, astucieux, fourbe même. On dit qu'il est né plaideur, et que l'entêtement le porte souvent à se ruiner à la suite des tribunaux. Il aime l'argent, et pour lui, ce qui passerait ailleurs pour une usure ne lui semble qu'une juste rétribution. Il est vindicatif : mais, comme les voies de fait sont punies par les lois, il se venge, la plupart du temps, par adresse, et par là même avec impunité. Sa passion sous ce rapport le pousse parfois aux plus étranges excès : des femmes, par exemple, et souvent des hommes se pendront ou se noieront uniquement pour procurer du désagrément aux gens avec lesquels ils ont eu une altercation, parce que la loi chinoise, dans ce cas, rend ceux-ci comme responsables de leur mort. Les vices, on le voit, ne manquent pas aux Chinois; mais par compensation, soit pusillanimité de caractère ou crainte du châtiment, ils se laissent assez rarement entraîner par la passion jusqu'aux grands crimes.

Si maintenant nous passons aux qualités qu'il possède, nous constaterons que le Chinois est souvent sobre, économe, industrieux, patient au travail, doux, affable, poli même jusqu'au scrupule; et, si nous laissons de côté l'homme souvent trop policé des grandes villes pour étudier l'homme des champs, nous trouverons la plupart du temps chez lui de la cordialité, de la franchise, une bienveillance secourable, du désintéressement, de la vertu enfin.

Considérés comme nation, les Chinois présentent tout le caractère d'un peuple habile, toujours mesuré dans ses démarches et soigneux de les bien combiner; plus attentif même à ne pas compromettre sa prudence, que délicat à ne point hasarder sa bonne foi; se méfiant de l'étranger, et le trompant s'il le peut; trop prévenu en faveur de ce qu'il a pour sentir ce qu'il n'a pas, et trop orgueilleux de son propre savoir pour chercher à s'instruire davantage; possédant à fond la science du gouvernement, et ne se départant jamais de ses anciennes maximes politiques; peu curieux d'arts et de connaissances frivoles qu'il néglige, mais attachant un grand intérêt et se livrant avec une rare constance à l'étude des sciences morales, dont il a fait la base principale de ses institutions, et qu'il place, en peuple philosophe qu'il est, au-dessus de toute autre instruction qui n'aurait pour objet que les avantages de l'ordre physique. « Il est résulté de ce système, dit un écrivain anglais, que l'industrie, la paix, la satisfaction, règnent parmi les masses. » Une chose, en effet, digne de remarque, et qu'il a été facile à tous ceux qui ont vu les Chinois de près de constater, c'est que la gaîté est comme le fond de leur caractère, et qu'en Chine le peuple, à moins que de grandes calamités ne l'accablent, paraît presque toujours, au milieu même de ses plus forts labeurs, satisfait et content. C'est là, sans doute, la récompense de l'amour du travail qui distingue les Chinois, et constitue un des plus beaux côtés de leur caractère.

CHAPITRE III.

INSTITUTIONS PUBLIQUES DES CHINOIS. — GOUVERNEMENT
ET ADMINISTRATION.

§ Ier.

Coup d'œil général sur les institutions publiques des Chinois. — Leur longue durée; — leur stabilité : ses causes, ses avantages et ses inconvénients. — Grandeur propre du peuple chinois. — Espérance d'amélioration par le christianisme.

Les institutions publiques d'un peuple ont toujours été considérées autant, et à plus juste titre peut-être, que les aptitudes natives de son génie particulier ou les entraînements de son tempérament propre, comme le principe de sa prospérité ou de sa décadence. Une fois, en effet, qu'un germe de bien ou de mal se trouve déposé dans les lois politiques ou sociales d'un peuple, il produit infailliblement tôt ou tard ses fruits bons ou mauvais, le bonheur ou la calamité, la vie ou la mort : quand la source est pure, les eaux coulent limpides et saines; si elle est infectée, elle ne peut donner qu'un breuvage insalubre et mortel; c'est l'effet qui résulte de la cause, toujours empreint du sceau de son origine : ainsi le veut la loi essentielle, logique ou fatale de toute chose.

A considérer la durée tant de fois séculaire des institutions politiques, sociales et civiles de la Chine, l'immutabilité de ses lois et l'immobilité de sa forme gouvernementale, comparées aux révolutions sans nombre qui ont tant détruit ou bouleversé chez les autres peuples, quand elles ne les ont pas fait disparaître eux-mêmes du livre des nations, il est impossible à tout esprit observateur, pour peu qu'il réfléchisse, de n'être pas frappé d'étonnement à la vue d'une permanence sans égale, accordée depuis près de quatre mille ans aux institutions que la Chine s'est données : nulle part ailleurs l'histoire jamais n'a pu enregistrer un aussi rare ni un aussi surprenant phénomène.

Quelle peut donc être la cause d'un tel fait, unique dans les annales des peuples? La trouverons-nous dans le caractère propre et dans les mœurs particulières du peuple exceptionnel dont nous avons entrepris de parler, ou bien dans l'excellence même des institutions qu'il doit à la sagesse de ses philosophes et de ses législateurs? Il est facile, croyons-nous, de répondre à cette question, de résoudre ce problème, pour peu que l'on considère la part immense que les institutions publiques tiennent dans la vie des nations, dont le caractère particulier, quel qu'il soit, ne saurait échapper jamais à l'influence de la constitution qui les régit. Mais cependant, pour que les lois qui façonnent ainsi les peuples aient sur eux une influence durable, il est nécessaire qu'elles soient tout aussi bien l'expression de leurs besoins particuliers que l'épanouissement de leur génie national. Or, savoir formuler d'abord, puis adapter au tempérament propre de chaque peuple les lois qui lui conviennent, telle est la tâche des législateurs, et telles aussi la gloire et la mission des hommes que Dieu prédestine au gouvernement des sociétés, et qu'il marque visiblement en quelque sorte du sceau de la vertu, de la sagesse et du génie, afin que les peuples les reconnaissent et les sacrent à leur tour du sceau du pouvoir, et les glorifient de leur reconnaissance.

C'est de ce double concours que sont sorties les institutions de la Chine, car il est incontestable que ce que nous en savons fait honneur tout à la fois au caractère particulier du peuple de ce vaste empire et au génie de ses législateurs. Mais quelles que soient les beautés de l'œuvre due à la pensée de ces sages, et consacrée depuis tant de siècles par la volonté des générations dont elle a fait les mœurs et les habitudes, devons-nous l'admirer sans mesure? et cette immobilité qui nous apparaît tout d'abord comme le caractère des institutions chinoises, est-elle en réalité le degré suprême et parfait des institutions humaines? Telle n'est pas assurément notre pensée; car, en effet, s'il est des choses qui portent en elles-mêmes le caractère de l'absolu et de l'immuable, comme les lois de l'éternelle justice et de l'éternelle morale par exemple, nous croyons qu'il en est d'autres aussi qui, dans la vie des peuples, et pour leur plus grand bien, doivent suivre la loi également nécessaire du progrès, loi éminemment sociale et salutaire, qui, bien comprise et appliquée dans les limites de l'honnête et du juste, loin d'être un principe de bouleversement et de ruine, devient au contraire une source féconde de perfectionnements désirables et d'améliorations bienfaisantes. Mais, en ces temps de transformations nécessaires, il importe souverainement aux peuples de discerner avec sagesse entre le bien et le mal, le vrai et le faux, le juste et l'injuste, et de savoir que pour édifier il n'est pas toujours expédient de détruire. Le temps, certes, suffit bien à cette œuvre, et au delà; les ruines qu'il fait cependant diffèrent de celles de l'homme, et leur sont préférables; il est vrai que sous ses coups l'édifice peut crouler et disparaître, mais les assises n'en sont point ébranlées, et sur ses bases demeurées intactes la main de l'homme peut sans crainte reconstruire au gré de ses goûts nouveaux ou de ses besoins agrandis, tandis que les ruines que fait l'homme lui-même demeurent presque toujours à jamais irréparables : dans un jour de colère il a cédé au génie de la destruction; il n'a connu d'autre volonté que sa passion même, et telle a été sa violence qu'il a sapé l'édifice à la base pour en jeter au loin les fondements arrachés. Mais malheur à lui! quand reviendra le jour de la sagesse et du repentir, sa main si prompte à détruire sera impuissante à réparer; le travail même des générations qui viendront après lui ne pourra suffire à rassembler les débris qu'il aura si violemment dispersés.

Les Chinois n'ont point connu, à l'égal de tant d'autres peuples, ces jours de deuil et de destruction : de nombreuses révolutions cependant ont touché au sol de leur empire, détruit des princi-

6.

pautés, emporté leurs plus puissantes dynasties, mais l'édifice social est toujours demeuré chez eux inébranlé sur sa base, et, malgré la chute des souverains, rien, pas même la conquête, n'a pu jamais changer la forme de leur gouvernement, ni modifier leurs lois antiques. L'avenir seul pourra nous dire si l'ébranlement qui semble agiter en nos jours ce vieil édifice de la monarchie chinoise sera assez fort pour renverser ce superbe ouvrage que les siècles ont fait et laissé debout.

Il est incontestable qu'une telle stabilité dans ses institutions publiques a eu pour le peuple chinois d'immenses avantages, et lui a procuré souvent une continuité de paix et de tranquillité telle qu'on la chercherait vainement dans l'histoire des autres empires. Mais l'excellence des choses humaines est relative, et les meilleures d'entre elles ne sont pas toujours sans avoir leurs inconvénients. N'est-ce pas en effet à cet attachement outré des Chinois pour tout ce qui leur est propre qu'il faut attribuer le retard de ce grand peuple dans la voie des développements scientifiques et sociaux, si rapidement parcourue en dehors de lui par des nations dont les commencements, comparés aux siens, sont relativement modernes? Ce vieux peuple de Confucius s'est épris de sa propre sagesse, et son orgueil, comme son ignorance, lui a fait rejeter, autant par système que par dédain, tout ce qui n'était pas de lui; son aveuglement même a été si grand que ses yeux n'ont pu s'ouvrir à la lumière par excellence de l'Évangile, qui éclaire tout peuple comme « tout homme qui vient en ce monde »; aussi, tandis que les nations qui l'ont reçue ont marché dans toutes les voies nouvelles ouvertes à l'humanité, il est demeuré stationnaire.

Mais quoi qu'il en soit, ce peuple a sa grandeur, une grandeur propre et tout intime, et telle que pouvait l'avoir un peuple isolé du reste du monde et privé des clartés données par l'Évangile aux nations de l'Occident. N'est-il pas en effet des limites que la raison humaine, abandonnée à ses propres forces, ne saurait dépasser? des horizons qu'elle ne peut apercevoir; des vérités que le christianisme, et non l'humaine philosophie, seul enseigne; des vertus enfin que seul encore il apporte au monde, et fait aimer des hommes?

Plaignons les peuples qui n'ont pas été comme nous du nombre des premiers appelés, mais dont l'heure, fût-elle la dernière, doit venir un jour. La semence divine de l'Évangile continue d'être répandue sans relâche sur le vieux sol de la Chine; arrosée comme elle l'a été déjà par le sang des martyrs, cette terre sera féconde et produira en son temps des fruits de vie. Alors ces antiques institutions de l'empire chinois, que nous étudions, régénérées et assainies par le sel de l'enseignement chrétien, qui purifie et conserve, reprendront comme une seconde jeunesse pour accomplir de nouvelles destinées.

§ II.

Du gouvernement chinois. — Sa forme monarchique et son origine patriarcale. — L'autorité paternelle, principe permanent du gouvernement chinois. — La piété filiale, premier des devoirs sociaux en Chine. — Idées des Chinois sur l'origine du pouvoir : l'Empereur est le « Fils du Ciel ». — Noms particuliers et pompeux donnés aux lieux qu'il habite. — Principes et maximes des empereurs et des philosophes chinois sur l'exercice de l'autorité souveraine. — Paroles de l'empereur Hoang-ti. — Quelques maximes de Confucius. — Paroles touchantes d'Yao. — Force et douceur du gouvernement chinois. — Aperçu historique.

L'homme est fait pour vivre en société; c'est une nécessité qui ressort de sa nature même, et que lui imposent à la fois les besoins de son corps, les aspirations de son intelligence, aussi bien que les désirs de son cœur; c'est la loi primordiale de l'humanité, que nous voyons établie dès l'origine de toutes choses par le Créateur lui-même, et hautement attestée par l'histoire universelle du genre humain. La famille est tout naturellement la première société que l'homme a été appelé à connaître et à constituer au commencement de ses destinées; et, comme il avait été lui-même fait à l'image et ressemblance de Dieu, de même aussi les premières sociétés qui formèrent les générations sorties de lui, se constituèrent, une fois accrues et multipliées, d'après le modèle de la famille, prototype aussi simple qu'admirable de toutes les communautés sociales et politiques que les hommes eurent à fonder sur la terre. Ces associations primitives furent tout d'abord composées de plusieurs familles dont l'origine était commune, et l'autorité qui les régissait n'était autre que l'autorité paternelle de l'aïeul s'étendant sur toutes les générations devenues sa postérité : c'était l'état patriarcal, source antique et primitive de la monarchie.

La Chine, dont les institutions politiques et sociales remontent si haut dans le cours des siècles qu'elles touchent presque aux temps immédiats qui suivirent la grande dispersion des peuples, n'a pu connaître à l'origine d'autre forme gouvernementale que celle de la constitution primitive et unique sous laquelle vécurent tout d'abord, et ont grandi sans exception toutes les nations du monde. Une seule chose nous étonne, c'est que cette vieille monarchie chinoise ait pu, à travers le long espace des siècles qu'elle a vécu, conserver jusqu'à nos temps la forme de sa constitution première sans altération sensible, sans changement essentiel.

Le gouvernement chinois est donc, dans toute la force du mot, un gouvernement monarchique, autant par la forme que par toutes les autres conditions qui constituent un gouvernement de cette nature. L'autorité tout entière réside dans le souverain, qui prend le titre d'empereur. Mais, si grande que soit la puissance dont le monarque chinois est investi, on s'en ferait une fausse idée, si on la comparait au pouvoir tyrannique qui a fait la célébrité de quelques-unes des grandes et antiques monarchies de l'Orient. Le pouvoir en Chine, tout absolu qu'il apparaisse dans sa forme, est circonscrit dans des limites morales qu'on peut dire infranchissables, et ce n'est pas impunément que le dépositaire de l'autorité souveraine tenterait de les transgresser : l'histoire de la Chine en fait foi. Rarement, du reste, on abuse d'un pouvoir qui n'est pas contesté, et dont les intérêts propres ne sont pas autres que les intérêts mêmes de la nation.

Aux yeux des Chinois, leur monarchie n'est pas autre chose qu'une grande famille, dont l'empereur, selon le langage consacré chez eux, est « le père et la mère », expression aussi touchante que sublime de l'idée qu'ils se font du souverain et des sentiments qui doivent le guider dans le gouvernement de son peuple. C'est sur ce principe de l'autorité paternelle que repose toute l'économie politique et sociale de la Chine. Les premiers législateurs de ce grand empire, et dans tous les temps les sages de la nation chinoise, fidèles à la tradition des âges antérieurs ou influencés par la considération de la force durable des premières impressions, ont pensé sans doute qu'ils assureraient mieux la stabilité de leur édifice s'ils le basaient sur ce premier principe d'autorité, familier à l'homme dès son enfance, et qui, de tous les principes, est en effet celui qu'il est le moins porté à mettre jamais en question. Ce respect de l'autorité paternelle, qui semble avoir dépassé en Chine presque les limites d'un grand devoir pour prendre en quelque sorte tous les caractères d'un culte véritable, s'observe dans tous les rangs et à tous les degrés de l'échelle sociale, et se manifeste par une obligation d'obéissance et de déférence de la part d'abord des enfants envers leurs parents, des jeunes gens envers les vieillards, de l'ignorant vis-à-vis de l'homme instruit, des populations envers leurs magistrats, enfin de la nation tout entière envers le souverain. Ce principe de « piété filiale » est comme l'âme de la société chinoise, et depuis des siècles il est si fortement implanté dans les mœurs et les sentiments de la nation, qu'il a survécu à toutes les dynasties, résisté à tous les changements, à toutes les révolutions que l'État a subies, et de nos jours encore il demeure, sanctionné par les lois positives et par l'opinion publique, comme le principe le plus puissant de la constitution chinoise.

D'après les idées, tout à fait conformes du reste à la notion chrétienne sur l'origine de tout pouvoir, qui ont cours en Chine, c'est encore par la volonté du Ciel « Tien » ou de la « Raison souveraine » qui y réside, que sont établis les rapports entre les peuples et les souverains, les gouvernants et les gouvernés, de sorte que le monarque, soit qu'il ordonne ou qu'il défende, n'est qu'un mandataire chargé d'exécuter, pour le bien de tous, la suprême volonté d'en haut. C'est donc en vertu d'une conséquence toute logique de cette juste notion que le maître de la Chine est considéré comme étant « le fils du Ciel » (*Tien-tseu*), et que son vaste empire est appelé « l'Empire Céleste »; de là encore les noms pompeux donnés aux résidences qu'il habite, tels que le « Palais de la Cour », la « Salle d'Or », l'« Avenue et la Cour de Vermillon », la « Salle interdite », la « Cour Céleste », etc. Le monarque chinois a de son côté, relativement au pouvoir dont il est l'unique dépositaire, et sur l'usage qu'il en doit faire, les mêmes idées que ses sujets, et prend en conséquence pour règles de son gouvernement toutes les sages maximes qui font autorité en Chine, et qui ont reçu des siècles une permanente consécration.

Il est résulté de ces idées respectives et acceptées de tous, que la science politique, cet art de bien gouverner les peuples, a toujours été placée en Chine au sommet du savoir humain, et considérée comme l'art des arts et la science par excellence, puisque c'est par la sage application qui est faite de ses meilleurs principes que le perfectionnement des facultés humaines s'élève et parvient jusqu'aux limites possibles de ses développements. L'empereur Hoang-ti, dont le règne remonte à plus de 2,600 ans avant notre ère, disait déjà : « Le gou-
« vernement des hommes est comme l'eau qui
« coule dans les vallées sans remonter à sa source.
« Son action est incessante et ne s'arrête jamais.
« C'est pourquoi, pourvoir aux besoins des popu-
« lations et ne pas montrer envers elles de l'indiffé-
« rence ou du mépris, faire la part de chacun,
« c'est-à-dire tracer à chacun ses devoirs selon la
« position qu'il occupe, et ne pas multiplier sans
« nécessité les obligations de chacun, voilà le seul
« et véritable gouvernement. C'est pourquoi en-
« core, appliquer ces principes à l'empire et ne
« jamais les oublier est le seul et véritable gouver-
« nement. »

Avec de tels principes et de telles maximes, la charge et le devoir de gouverner les peuples n'ont jamais été considérés en Chine comme une fonction facile, vulgaire ou triviale, à laquelle chacun peut aspirer, sans y être préparé par un long et sérieux travail intellectuel et moral, mais bien au contraire comme le mandat difficile à remplir d'appliquer à tous les besoins de l'humanité, pour son repos et son bonheur en ce monde, les lois éternelles du vrai, du juste et du bon. Or, une telle mission réclame les intelligences les plus élevées, tant par la sagesse des conceptions que par la droiture des sentiments, qui seules entre toutes sont aptes, en effet, à en recevoir le sublime mandat, et capables d'en remplir dans leur intégrité les bienfaisantes obligations. « Gouverner son pays avec la vertu et la « capacité nécessaires, » dit le plus célèbre des philosophes chinois, Koung-fou-tseu (Confucius), « c'est « ressembler à l'étoile polaire, qui demeure immo- « bile à sa place, tandis que toutes les autres cir- « culent autour d'elle et la prennent pour guide. »

D'après le même philosophe encore, « le gouvernement est ce qui est juste et droit[1] »; et, à ses yeux, l'exercice de la souveraineté prend tout le caractère religieux d'un mandat céleste au profit de tous; d'une sainte et grande mission, dont le plus dévoué parmi les hommes seul est digne, et qui doit être retirée à celui qui s'y montre infidèle. Donc (toujours d'après le même philosophe), la

[1] *Lun-yu,* « Grande science », ch. xxii, § 17. Voyez la *Chine moderne,* par M. G. Pauthier, p. 132.

grande maxime des temps modernes, *vox populi, vox Dei*, « la voix de Dieu c'est la voix du peuple, » maxime connue et pratiquée depuis longtemps en Chine, peut alors s'appliquer dans toute sa rigueur et se traduire en fait, car « ce que le Ciel voit et « entend », lisons-nous dans un des livres sacrés des Chinois, le *Chou-king*, « c'est ce que le peuple « voit et entend. Ce que le peuple juge digne de « récompense ou de punition, c'est ce que le Ciel « veut punir ou récompenser. Il y a une commu- « nication intime entre le Ciel et le peuple ; que « ceux qui gouvernent soient donc attentifs et ré- « servés ! » — « Obtiens l'affection du peuple, » dit ailleurs Confucius, « et tu obtiendras l'empire ; perds « l'affection du peuple, et tu perdras l'empire. »

Nous citerons encore les paroles suivantes de ce grand philosophe, parce qu'elles nous semblent, mieux que toutes les autres, résumer sa doctrine sur le grand art de gouverner les peuples. « Les « anciens princes, dit-il, qui désiraient développer « et mettre en évidence dans leurs États le principe « lumineux de la raison que nous recevons du Ciel, « s'attachaient auparavant *à bien gouverner leur* « *royaume ;* ceux qui désiraient bien gouverner « leur royaume s'attachaient auparavant *à mettre* « *le bon ordre dans leur famille ;* ceux qui dési- « raient mettre le bon ordre dans leur famille s'at- « tachaient auparavant *à se corriger eux-mêmes ;* « ceux qui désiraient se corriger eux-mêmes s'atta- « chaient auparavant *à donner de la droiture à* « *leur âme ;* ceux qui désiraient donner de la droi-

« ture à leur âme s'attachaient auparavant *à rendre*
« *leurs institutions pures et sincères ;* ceux qui
« désiraient rendre leurs institutions pures et sin-
« cères s'attachaient auparavant *à perfectionner le*
« *plus possible leurs connaissances morales;* per-
« fectionner le plus possible ses connaissances
« morales consiste à pénétrer et approfondir les
« principes rationnels de toutes nos actions [1]. »

« Le souverain, — dit encore Confucius, — doit
« gouverner ses États comme il gouverne sa propre
« famille, et il doit regarder ses sujets comme ses
« enfants. Ce fut la seule instruction que le grand
« Ou-ouang donna au sage Tcheou-kong, son frère,
« lorsqu'il l'envoya se mettre en possession du
« royaume de Lou qu'il lui donnait en apanage :
« *Aimez,* lui dit-il, *votre peuple comme une tendre*
« *mère aime son petit enfant, et vous gouvernerez*
« *bien. Le gouvernement de votre famille doit être*
« *le modèle du gouvernement de vos États.* — Il ne
« faut que remplir les devoirs d'un bon fils, ajoute
« Confucius, pour accomplir ceux d'un bon sujet.
« Les uns et les autres nous sont imposés par la
« nature pour les mêmes fins. Le souverain doit
« aimer et instruire ; les sujets doivent respecter et
« obéir. Le souverain est réputé fils du Ciel ; les
« sujets sont réputés fils du souverain. Si le premier
« se comporte en père tendre et les seconds en fils
« respectueux et obéissants, tout sera bien réglé
« dans l'empire. »

---

[1] Leçons sur *la Grande science.*

De telles maximes ne peuvent assurément que procurer le bonheur et la prospérité des empires. En Chine, elles ne restèrent pas à l'état d'une vaine spéculation, et la gloire du plus grand nombre des souverains de ce vaste empire a été de s'appliquer à les réaliser dans la pratique pour le plus grand bien de leurs peuples. Voici ce que le sentiment de l'immense responsabilité qui pesait sur lui, faisait dire en particulier au bon empereur Yao : « Le peuple a-t-il froid ? c'est moi qui en suis « la cause. A-t-il faim ? c'est ma faute. Commet-il « quelque crime ? je dois m'en regarder comme « l'auteur. » Yu avait conçu la même idée de ses devoirs. Un jour qu'il faisait la visite de l'empire, il aperçut sur le chemin le cadavre d'un homme récemment assassiné. Il descendit de son char, s'assit près du mort et versa un torrent de larmes. « Malheureux que je suis ! s'écria-t-il, combien peu « je suis digne de la place que j'occupe ! Ne de-« vrais-je pas être le père de mon peuple et empê-« cher par ma vigilance qu'il ne se livre à de si « barbares excès ? Si mes enfants sont coupables, « leurs crimes ne sont-ils pas les miens, et ne doit-« on pas les imputer à ma négligence[1] ? »

Qui n'admirerait de tels sentiments, et quels éloges ne méritent pas les monarques qui les ont manifestés ? Il n'est pas rare du reste de trouver dans l'histoire de la Chine de nombreux exemples d'une semblable sollicitude envers leurs peuples

---

[1] *Histoire générale de la Chine*, t. 1er, p. 54 et 121.

de la part des souverains de ce grand empire : c'est le fruit naturel de l'éducation qu'on donne à ces princes dès leur jeunesse, et qui leur apprend de bonne heure à voir dans la communauté de leurs sujets la grande famille dont ils doivent être « le père et la mère » bons et compatissants, avant d'en être les chefs et les maîtres.

Un gouvernement dont l'autorité paternelle, agissant dans sa force et dans sa douceur, constitue la base fondamentale, repose évidemment sur les principes les plus immuables de la nature même ; il doit y avoir conséquemment en lui un principe de vitalité et des conditions de durée, dont nous chercherions vainement les semblables dans les autres formes de gouvernement que les peuples ont expérimentées ; de là sans aucun doute la prodigieuse stabilité de toutes les institutions politiques et sociales de la Chine et cet éloignement séculaire de la part de ses peuples pour les innovations. Le temps, dont l'inévitable action finit toujours à la longue par vieillir et altérer plus ou moins profondément les mœurs publiques et privées d'une nation, s'est fait sentir incontestablement en Chine comme ailleurs ; le peuple de ce grand empire cependant n'en est pas moins demeuré jusqu'en nos temps la nation jalouse entre toutes de garder ses antiques usages et les doctrines traditionnelles de ses pères.

Toutes les dynasties qui ont régné sur la Chine, si on en excepte celle des Thsin [1], se sont appliquées

[1] 250 ans avant Jésus-Christ.

en général à prendre pour règle de leur conduite administrative et gouvernementale les maximes de haute sagesse contenues dans les livres sacrés de la nation et dans les écrits de ses philosophes; et toutes ont su mériter par des bienfaits divers la reconnaissance des peuples de l'empire. Le gouvernement des anciens rois Yao et Chun, que l'histoire place au nombre des plus sages législateurs de la Chine, passe aux yeux des Chinois pour avoir atteint, à un degré sans égal, toutes les limites possibles de la perfection. Des mérites particuliers distinguèrent les trois dynasties qui suivirent; celle des Hia brilla par la « droiture et l'honnêteté » (*tchoüng*); celle des Chang par l'« ensemble de ses solides institutions » (*tchï*); celle des Tcheou par son « caractère littéraire » (*Wén*)[1]. Mais le bien n'a pas une durée permanente dans les œuvres de l'homme : parmi les dynasties qui suivirent, celle des Thsin se rendit tristement célèbre par son acharnement à renverser les anciennes institutions de l'empire; elle porta ses excès au point d'ordonner la destruction par le feu de tous les monuments écrits qui perpétuaient pour les générations nouvelles les sages maximes des premiers âges. L'ancienne doctrine toutefois avait poussé de trop profondes racines dans les mœurs et les volontés de la nation chinoise pour qu'il fût possible de l'anéantir à jamais; la gloire particulière de la dynastie des Han fut de la restaurer et de rendre à

---

[1] Voyez la *Chine moderne*, par M. G. Pauthier, p. 133.

l'empire les institutions qui jusque-là avaient guidé ses destinées. Tant il est vrai que Dieu a fait les nations guérissables, et qu'il sait, au temps marqué par sa providence, les ramener dans les voies qu'il les destine à parcourir. Il a fallu, du reste, que cette force morale dont les siècles ont pénétré les institutions du peuple chinois ait eu véritablement une irrésistible puissance, puisqu'elle a vaincu la conquête elle-même et triomphé des Tartares, devenus les maîtres nouveaux de l'empire, et qu'on a vus se soumettre aux lois, aux usages, se façonner même pour ainsi dire au caractère du peuple qu'ils avaient subjugué. L'histoire a déjà placé au nombre des meilleurs souverains de la Chine quelques-uns des empereurs que cette dynastie étrangère lui a donnés; le nom de Kang-hi, cet autre Louis XIV de la Chine, brillera surtout d'un éternel éclat dans les annales de cet empire; à défaut de monuments écrits pour transmettre ses titres de gloire à la postérité, la mémoire reconnaissante des peuples suffirait seule à rappeler son souvenir aux générations futures comme celui d'un des plus grands et des meilleurs princes que la Chine ait jamais possédés.

§ III.

Étendue du pouvoir et devoirs des empereurs chinois. — Pouvoir absolu du souverain. — Garanties des sujets. — Respect des souverains chinois pour les institutions et coutumes nationales. — Droit de remontrances; son efficacité. — Ordre de succession au trône. — Droit à ce sujet du souverain régnant. — Modestie et magnificence des souverains chinois. — Cortége de l'empereur aux jours de solennité. — Description.

Il résulte déjà de ce que nous venons de dire sur la nature et la forme constitutive du gouvernement chinois et sur les idées que les peuples de cette grande monarchie se sont faites de l'origine du pouvoir et des droits qui en découlent, que la puissance souveraine réside tout entière dans la personne de l'empereur, émane de lui, et n'a de force et de valeur, dans les applications multiples qui en sont faites, que par sa volonté propre. Si donc nous considérons l'universalité des droits attribués au souverain de la Chine, les millions d'hommes auxquels il commande, les armées qu'il peut faire mouvoir, les richesses qui entrent annuellement dans son trésor, le respect et la vénération dont il est l'objet de la part de ses peuples, aucun monarque sur la terre ne peut facilement lui être comparé. Non-seulement il dispose dans sa volonté souveraine de toutes les charges de l'État, les confère à ceux qu'il en juge dignes, veille à l'application juste et impartiale des lois, que seul encore il a le droit de faire et de promulguer, mais encore il est en dernier ressort l'arbitre absolu de la vie et de la fortune de ses sujets; tout est soumis à sa sanction, et aucune sentence de mort, aucun jugement, même purement civil, ne peuvent être exécutés sans son aveu : soin prodigieux du reste dans un empire aussi étendu et aussi peuplé, mais en même temps sage et salutaire institution, aussi efficace que nécessaire pour mettre un frein aux abus et obliger tout dépositaire subalterne du pouvoir d'exercer envers lui-même une prudente vigilance. A tant de prérogatives, le monarque chinois joint encore, en sa qualité de « fils du Ciel », la suprématie religieuse par rapport au culte de l'État, à l'exception toutefois des autres cultes tolérés en Chine à titre de cultes particuliers; mais ce puissant monarque ne doit oublier dans aucun cas qu'il est avant tout « le père et la mère » de ses sujets, et que son premier devoir est de s'appliquer à n'user de tant de droits souverains que pour la tranquillité de ses peuples et le bien général de l'empire.

Si jamais l'étendue même du pouvoir est un motif de ne l'exercer qu'avec sagesse et modération, ce motif, on le voit, ne saurait être nulle part ailleurs aussi grand qu'en Chine; mais là comme partout un tel motif peut bien ne pas toujours suffire, et il est nécessaire alors qu'il y ait à côté d'un pouvoir aussi exorbitant que celui des empereurs chinois un contre-poids qui le modère et le contienne au besoin dans les limites du juste et du raisonnable; or, ce contre-poids se trouve en Chine dans les institutions générales mêmes de l'empire, en vertu desquelles tout ce qui se rapporte à la vie publique et privée, est réglé, formulé et prévu par des lois invariables ou des usages qui ont même force et une égale inviolabilité. Il résulte de tout cet ensemble de lois écrites et de coutumes qu'il n'existe peut-être pas au monde un État, sans excepter même ceux dits constitutionnels, où de fait la volonté du souverain soit plus réglementée, non pas il est vrai par ce que nous pourrions appeler une « charte » ou une « constitution », mais, ce qui vaut mieux, par les habitudes mêmes et les mœurs de la nation, et où par conséquent l'exercice de la souveraineté soit moins exposé à de fâcheux écarts.

Les monarques chinois sont, du reste, personnellement tout aussi attentifs que le plus humble de leurs sujets à se montrer pleins de respect pour les institutions et les coutumes nationales. Mais si cette conduite aussi sage que politique ne suffisait pas à leur inspirer des sentiments de modération dans l'exercice de leur immense autorité, ils en trouveraient souvent un autre motif dans le droit de remontrance, dont peuvent user à leur égard non-seulement les censeurs de l'empire[1], mais encore tous les citoyens éclairés. Les plus sages des empereurs de la Chine, qui furent en même temps ses législateurs, tels que Yao, Chun, Yu, dont la mémoire sera à tout jamais vénérée du peuple chinois, ont voulu que leurs sujets pussent ainsi leur adresser tous les avis qu'ils croiraient essentiels au bien de l'État. Toute

---

[1] Voyez chapitre XII.

remontrance individuelle, pourvu qu'elle soit sensée et respectueuse, est admise directement par l'empereur lui-même, qui, du reste, doit toujours en être l'unique dépositaire. L'illustre Kang-hi a fait recueillir et rassembler en un même ouvrage la plupart des remontrances faites aux monarques chinois depuis plus de deux mille ans, et cette précieuse collection, rédigée par ses soins et sous ses yeux, est devenue en quelque sorte le code des empereurs. Ce code est tout rempli de maximes et d'exemples propres à inspirer à tout monarque jaloux de sa gloire et du bonheur de ses peuples le désir de gouverner avec justice et droiture; son autorité morale est immense, et peut être comparée avec avantage à celle des constitutions les plus soigneusement élaborées et les plus en honneur.

Le droit de succession au trône est en Chine, ainsi que dans toute monarchie sagement organisée, soumis à des règles positives; mais il appartient à l'empereur d'en intervertir l'ordre lorsqu'il croit que le bien de ses peuples l'exige. Il peut donc à son gré, sans être obligé de requérir le consentement de la nation, se choisir un successeur ou parmi ses enfants ou parmi ses proches, et même dans une famille étrangère. Chun et Yu, qui n'étaient que de simples sujets, furent préférés aux fils des empereurs, et tous deux furent de grands princes. Mais ce choix n'est pas irrévocable : si l'élu venait à céder prématurément à quelque pensée d'orgueil et à oublier, même d'une manière légère, la soumission qu'il doit au souverain réel, ou bien encore à manifester quelques défauts essentiels, la main qui l'a placé sur les degrés du trône l'en précipite. Un autre successeur est choisi, et le premier rentre aussitôt dans un complet oubli. Si l'hérédité du pouvoir était parfois susceptible, comme le prétendent bon nombre d'écrivains politiques, d'avoir des inconvénients, cette autorité du souverain de la Chine ne pourrait-elle pas en quelque sorte être considérée comme un correctif apporté à son imperfection? Quoi qu'il en soit, cette prérogative du souverain est une démonstration de plus à ajouter à celles déjà péremptoires qui nous ont fait connaître le pouvoir absolu des monarques chinois.

Mais aucun motif n'engage-t-il l'empereur régnant à faire usage de ce droit? l'ordre de la succession au trône est alors ainsi réglé : 1° le fils succède au père; 2° ce fils doit avoir eu pour mère celle qui a été reconnue pour légitime épouse et qui a été revêtue du titre d'impératrice; 3° de tous les fils nés de cette première et légitime épouse, l'aîné a de droit la préférence sur les autres, droit que la naissance lui donne comme une suite nécessaire de celui qu'il a de faire les cérémonies dans la salle des Ancêtres, exclusivement à ses frères; 4° à défaut de fils nés de l'impératrice, les autres succèdent par préséance d'âge. Le bien public de l'empire, nous l'avons dit, est le motif qui presque toujours détermine le monarque régnant à intervertir cet ordre de succession fixé par les lois. En Chine, du reste, le souverain n'est jamais soupçonné de vouloir autre chose que le

INSTITUTIONS PUBLIQUES DES CHINOIS. 103

bien de ses sujets. Tout ordre, tout décret, toute volonté émanée du trône sont donc autant de lois que le peuple vénère à l'égal d'oracles sacrés : publiées sans retard, elles sont acceptées sans représentations, de sorte qu'il serait difficile de dire si c'est la puissance absolue du souverain ou l'obéissance également absolue des sujets qui se trouve prédominante, tant en fait ces deux éléments nécessaires de tout gouvernement, quelle que soit du reste sa forme, semblent se confondre et s'unir pour un but commun : le bien public.

Quoi qu'il en soit, il est certain que le pouvoir absolu dont sont revêtus les souverains de la Chine est d'une origine aussi ancienne que l'empire lui-même ; c'est une des lois fondamentales de cette vieille monarchie, que les siècles et le respect des peuples ont consacrée de concert. Cependant, par un contraste remarquable et contrairement à ce qui se pratique en tant d'autres pays, ces puissants monarques, malgré la grandeur illimitée de leur autorité, sont peut-être de tous les souverains ceux qui s'annoncent et s'expriment avec le plus de modestie et de simplicité dans leurs actes publics. Pour promulguer leur volonté suprême, qui doit servir de règle à plus de quatre cents millions de sujets, ils se contentent d'inscrire en tête de leurs lois, édits, ordonnances, déclarations, leur nom seul, suivi de l'année de leur règne. On y lit, par exemple : « Kien-long, *la* 35° *année, le* 4° *jour de la* 8° *lune...* » Une telle simplicité est digne d'être remarquée. Ne pourrait-on pas même la considérer comme sublime, si on la rapproche de ces listes fastueuses de titres que placent à la tête de leurs proclamations tant d'autres souverains, vingt fois moins puissants qu'un empereur de la Chine?

Mais comme, d'un autre côté, toute puissance humaine, par cela même qu'elle ne saurait jamais être qu'une puissance d'emprunt, a besoin d'être rehaussée par le prestige d'un éclat extérieur, propre à frapper les yeux de la multitude, les souverains de la Chine ne négligent pas de déployer la plus grande magnificence dans toutes les circonstances ou cérémonies publiques qui l'exigent.

Nous n'entreprendrons pas de décrire toutes les splendeurs dont ces monarques, en leur qualité de « fils du Ciel » et de souverains du Céleste Empire, s'entourent aux jours des grandes solennités; mais nous pensons que nos lecteurs nous sauront gré de leur en donner une idée, en leur parlant de la pompe qui accompagne ces puissants potentats lorsqu'ils paraissent en public, comme, par exemple, lorsqu'ils se rendent aux temples du Ciel et de la Terre pour y sacrifier au *Chang-ti,* ou bien encore lorsqu'ils vont « ouvrir la terre », au jour de la célèbre fête du labourage. « Leur marche, » dit l'abbé Grosier, d'après les Mémoires sur les Chinois, « est ouverte par vingt-quatre tambours rangés sur deux files, et par vingt-quatre trompettes qui les suivent rangées de même. Ces trompettes ont plus de trois pieds en longueur et environ huit pouces de diamètre à la partie la plus évasée qui les termine : elles sont faites d'un bois que les Chinois nomment *ou-tou-chu*, et ornées de cercles d'or : leur son s'accorde parfaitement bien avec celui des tambours.

« Vingt-quatre hommes armés de bâtons, longs de sept à huit pieds, peints en rouge, vernissés et ornés de feuillages dorés, suivent cette première troupe, suivis eux-mêmes de cent soldats qui portent des hallebardes dont le fer se termine en croissant, et de cent autres dont les lances sont dorées et ornées de fleurs. On voit paraître ensuite quatre cents grandes lanternes fort riches, portées par autant d'hommes, de même que quatre cents flambeaux faits d'un bois doré qui brûle longtemps et qui répand une grande lumière. Viennent ensuite deux cents hommes qui portent des lances enrichies, les unes de flocons de soie de diverses couleurs, les autres de queues de renard, de panthère et d'autres animaux ; vingt-quatre bannières sur lesquelles on a peint les signes du zodiaque, que les Chinois divisent en vingt-quatre parties ; cinquante-six autres bannières où sont représentés différents groupes d'étoiles, selon l'arrangement qu'elles ont dans le ciel ; deux cents éventails soutenus par de longs bâtons dorés et qui offrent les figures de divers animaux. Ils sont suivis de vingt-quatre parasols élégamment ornés, et d'un riche buffet garni de tous les ustensiles en or qu'il doit contenir.

« C'est alors que paraît l'empereur. Il est magnifiquement vêtu, et monté sur un cheval richement caparaçonné. On élève et l'on porte à ses côtés un superbe parasol dont l'ampleur suffit pour donner

CHAPITRE TROISIÈME.

de l'ombre à lui et à son cheval. Cent lanciers, les pages de la chambre et dix valets qui conduisent chacun un cheval de main, environnent le monarque : les brides, les selles de ces chevaux sont enrichies d'or et de pierres précieuses.

« Suivent ensuite, sur deux files et dans le plus grand ordre, tous les princes du sang, les *regulus*, les premiers mandarins et les grands de la cour, tous en habits de cérémonie; cinq cents jeunes gens du palais richement vêtus; mille valets de pied en robes rouges, parsemées de fleurs et d'étoiles brodées en or et en argent. A leur suite, trente-six hommes portent une chaise découverte, suivie elle-même d'une autre beaucoup plus grande, mais qui est fermée. Celle-ci compte cent vingt porteurs. Chacune de ces chaises est gardée par cinquante hommes, de même que chacun des grands chariots qui viennent après. Deux de ces chariots sont traînés par des éléphants, couverts de housses en broderie; les deux autres le sont par des chevaux, dont les harnais ne sont pas d'un moindre prix. Ce qui doit peut-être étonner le plus dans ce cortége, et ce qu'on ne voit qu'à la Chine, c'est que cette marche impériale est fermée par deux mille mandarins lettrés, et par deux mille mandarins d'armes. Les monarques, partout ailleurs, traînent souvent à leur suite plusieurs milliers d'hommes; mais personne ne s'avisera, sans doute, d'y chercher deux mille gens de lettres. »

---

§ IV.

Famille impériale. — Son organisation. — Le tribunal *Tsoung-jin-fou* ou « ministère de la maison impériale ». — Sa composition, ses droits, ses attributions. — Les deux branches de la maison impériale : la maison impériale proprement dite et la « tribu d'or ». — Le livre jaune et le livre rouge. — Les titres honorifiques en Chine. — Les deux classes de privilégiés. — Première classe : titres et privilèges des princes. — Droit des femmes de la famille impériale aux titres honorifiques. — La ceinture jaune et la ceinture rouge. — Restrictions apportées aux privilèges des princes : amoindrissement du rang, dégradation. — Droit d'hérédité, privilège des familles tartares.

Dans un empire aussi méthodiquement organisé que l'empire chinois, où tout ce qui a rapport à l'ordre public et privé est réglementé avec une extrême minutie, la famille impériale, moins qu'aucune autre, ne pouvait être exempte d'une administration particulière qui déterminât le rang et les droits de chacun de ses membres. Le tribunal *Tsoung-jin-fou* ou « ministère de la maison impériale », sous la dépendance duquel sont placées toutes les personnes qui appartiennent à un degré quelconque à la parenté de l'empereur, est chargé de ce soin important. Ce tribunal a pour président un proche parent de l'empereur, revêtu du titre de « roi », ou prince du sang, auquel sont adjoints deux vice-présidents, honorés du titre tartare de « bey »; cet éminent personnage est en outre assisté de deux assesseurs, choisis parmi les plus hauts dignitaires de l'État. Au reste, tous les membres de ce conseil administratif de la maison impériale sans exception doivent toujours appartenir à la parenté même de l'empereur; autrement, ils ne pourraient avoir qualité pour régir les affaires et décider des droits des hauts justiciables qui ressortissent à leur juridiction. L'institution de ce tribunal établit donc pour chaque membre de la famille impériale le droit d'être jugé « par ses pairs », disposition de droit législatif éminemment sage du reste, quelle que soit la classe des citoyens à laquelle on l'applique. Ne serait-il pas même désirable de la voir prendre, en Chine et ailleurs, une plus grande extension? car, ce qui est expédient pour quelques-uns ne peut être qu'excellent pour tous; et en ce point particulier, égalité et justice ont pour nous même signification.

La famille impériale forme, en Chine, une nombreuse tribu divisée en deux grandes classes : la première, qui se compose de la parenté la plus proche et en ligne directe du fondateur de la dynastie, est la seule qui soit, à proprement parler, désignée sous le nom de *tsoung-chi* « maison impériale », dénomination qui lui est exclusivement réservée; les branches collatérales, descendance des oncles et des frères de ce même fondateur, parenté plus éloignée par conséquent, forment la seconde classe, qui prend le nom de *kioro* ou *gioro*, expression qualificative qui sert de surnom à la famille régnante et signifie membres de la « tribu d'or. » Les registres spéciaux, que nous pourrions appeler les véritables « registres de l'état civil » de la famille et de toute la parenté de l'empereur, sont établis et tenus avec un soin tout particulier pour recevoir et constater par acte authentique les mutations qui surviennent dans cette tribu privilégiée; c'est une des fonctions spéciales du conseil ou tribunal particulier qui la régit d'y inscrire la naissance des enfants issus de sang royal ou simplement adoptifs et proclamés tels publiquement; les mariages, les décès; les dignités et les honneurs conférés; les promotions de toute sorte, les dégradations même, tout événement, en un mot, de nature à intéresser la famille impériale. On appelle « livre jaune » le registre spécialement destiné aux actes relatifs à la parenté propre ou en ligne directe de l'empereur, et « livre rouge » celui qui a trait aux actes concernant les branches collatérales. A chaque période décennale, ces registres sont gravés sur des tables de marbre, afin d'en mieux soustraire les actes importants à tout danger de destruction.

L'usage des titres honorifiques est connu en Chine comme presque en tous les pays du monde habité, et là, comme dans notre vieille Europe, il sert à rehausser le vrai mérite de plusieurs, ou bien à constater, par une notoriété à bien prendre plus humiliante encore qu'elle n'est fastueuse, l'orgueilleuse incapacité de quelques-uns. Dans le premier cas, c'est un bien, dont il peut résulter pour la société elle-même d'incontestables avantages, et dans l'autre, un mal, dont l'humanité pourra guérir si elle parvient jamais à préserver ses destinées des conséquences du péché qui macula son origine. Mais en attendant que les hommes s'élèvent par une souveraine humilité aux plus hauts sommets de cette souveraine sagesse, ou plutôt que Dieu dans sa puissante bonté opère en leur faveur cette seconde rédemption, croyez-moi, cher lecteur, revenons au Céleste Empire et parlons du sujet qui nous occupe. Nous pourrons puiser, même en cette matière qui touche par tant de côtés à l'humaine vanité, plus d'un salutaire enseignement, soit dans les nombreuses restrictions que la sagesse des législateurs chinois a su mettre à l'étendue des priviléges en vigueur chez eux, soit dans les causes mêmes qui motivent ces brillantes exceptions.

Il existe donc, en Chine, deux classes privilégiées, dont l'une comprend tous les membres et les parents à tous les degrés de la famille impériale, et l'autre tous les citoyens qui se sont distingués à divers titres, comme nous le dirons plus loin. Les titres qui distinguent les membres de la première de ces hautes classes sont, comme la dynastie actuellement régnante, d'origine tartare, et correspondent à peu près, pour la plupart, aux titres de « roi, prince ou bey, duc, comte, grand maréchal, maréchal, général, » et à d'autres encore, dont l'histoire héraldique et militaire de la vieille et de la jeune Europe est toute remplie.

Il n'est pas d'usage en Chine, comme en Europe, de conférer, dès le berceau, aux fils mêmes de l'empereur quelques hauts titres en rapport avec leur illustre naissance. Ce n'est pour l'ordinaire que lorsqu'ils sont en âge de comprendre les devoirs et la dignité de l'homme que l'empereur lui-même

INSTITUTIONS PUBLIQUES DES CHINOIS.   111

les gratifie d'un titre qui les distingue. Les fils aînés sont généralement appelés « princes héréditaires », *chi-tseu*, ou simplement « fils aînés », *tchang-tseu*. Les femmes de la tribu impériale, de leur côté, tout aussi bien que les princes, ont droit à l'honneur des titres, et selon qu'elles sont filles légitimes de l'empereur ou filles de ses concubines, on les appelle « princesses du premier rang », *kou-lun* et *koung-tchou*, ou « princesses du second rang », *ho-chi-koung-tchou*. On distingue en outre cinq catégories de titres qu'on donne encore, selon leur droit de naissance, aux filles issues des hauts titulaires de la famille impériale et de la parenté de l'empereur. Toutes celles qui ne sont pas honorées d'un titre particulier sont ordinairement désignées par la dénomination générale de « filles de la famille impériale », *tsoung-niu*. Les membres de la famille impériale appartenant à la ligne directe, ou les *tsoung-chi*, ont le droit exclusif de porter, comme signe distinctif de leur haute lignée et de leur proche parenté avec l'empereur, une « ceinture jaune et or », couleur réservée à l'empereur, tandis qu'une simple « ceinture rouge » est l'attribut qui distingue les membres appartenant à la ligne collatérale, dits *kioro*.

Le principal privilége, accordé indistinctement à tous les membres de la famille impériale, consiste surtout à n'être soumis qu'à la juridiction du tribunal spécial ou conseil particulier du *Tsoung-jin-fou* qui la régit. Un tel droit n'a, certes, rien de bien exorbitant, et peut même paraître en quelque sorte minime, si on observe surtout qu'il cesse entièrement pour faire place à la juridiction ordinaire des tribunaux ou ministères « des offices civils », *li-pou*, et de « la guerre », *ping-pou*, lorsqu'un des membres de la famille impériale occupe quelque emploi civil ou militaire. S'il arrive qu'il soit condamné à une peine infamante, telle que l'emprisonnement, par exemple, il est, par ce fait, déchu de tout rang, honneurs et titres. Appartient-il à la première classe de la parenté impériale? il perd le droit de porter la « ceinture jaune et or », qu'il est contraint d'échanger contre la « ceinture rouge »; s'il fait partie de la seconde classe, il quitte la ceinture rouge pour une « ceinture violette » (*tszé*); ce sont là les signes extérieurs de la déchéance qui a été encourue.

Tout membre de la famille impériale, outre le droit de ne relever ordinairement que de la juridiction qui lui est propre, reçoit du trésor public des revenus fixes et annuels en argent et en riz. Ces émoluments sont proportionnés au rang particulier que chacun occupe dans la famille souveraine. En dehors de ces revenus, les princes du sang ont encore un palais, des officiers, une cour, mais ces faveurs ne leur donnent pas pour cela puissance et crédit; leur autorité est souvent moindre que celle du dernier des mandarins, et, si révérée que soit en Chine la dignité que confère la naissance de sang impérial, c'est cependant un honneur dont la possession ne saurait être assurée d'une manière immuable et absolue, car il dépend toujours de l'empereur de défendre à celui qui l'a reçue de la nature d'en prendre le titre. A ce membre de la famille impériale déchu ou dégradé pour une cause quelconque, il ne reste de tous ses priviléges que le droit infime et humiliant de recevoir chaque mois, avec une modique somme de trois *liang* (24 fr.), une quantité de riz suffisante pour sa subsistance. Ce n'est plus guère, on le voit, qu'une simple pension alimentaire.

Si nous parlons des princes non titrés, nous constaterons que leurs priviléges n'ont qu'une étendue des plus restreintes, de sorte qu'il n'est pas toujours facile de distinguer les limites qui les séparent des autres citoyens; leur rang ne les met pas plus que ces derniers à l'abri de la surveillance de la police, qui peut les admonester, les envoyer même en prison et les déférer à leur tribunal, qui les juge sans ménagement.

La plus grande distance se fait remarquer, d'un autre côté, même parmi les princes titrés : le sort de ceux qui sont dépourvus de quelque charge lucrative est loin d'être en rapport avec le rang que leur a donné la naissance; leur pauvreté souvent est telle qu'ils n'ont d'autres ressources pour s'entretenir que la haute paye des simples soldats des bannières tartares. Il est d'usage cependant qu'à l'occasion de leur mariage ou de celui de leurs enfants, ou bien des frais nécessaires à la sépulture de quelqu'un de leur maison, l'empereur leur fasse présent de cent onces d'argent. Dans d'autres nécessités, ils reçoivent encore quelques secours, ainsi que leurs veuves et leurs orphelins ; mais c'est toujours avec économie qu'ils en sont gratifiés.

Il existe une particularité concernant l'amoindrissement du rang qui se fait pour les princes de la famille impériale, à mesure que par le laps du temps les générations s'éloignent de leur origine première, qu'il est bon de remarquer ici. Cette diminution du rang, disons le mot, cette véritable dégradation se fait d'un degré à chaque génération. Les fils de l'empereur, à l'exception du prince héritier, sont soumis eux-mêmes dans leur descendance à la loi qui le veut ainsi. A la septième génération, l'aîné de ces branches n'est plus que simple « ceinture jaune » ; les autres se trouvent purement et simplement jetés dans la classe des citoyens vulgaires.

Il faut observer encore que l'autorité héréditaire des princes n'existe que dans les bannières tartares. Là, ils occupent d'emblée un rang qu'ils tiennent de leur naissance. Nous aurons occasion de le constater plus explicitement lorsque nous parlerons de l'organisation militaire de la Chine ; mais ajoutons que ces privilégiés sont néanmoins soumis à des examens qui permettent de constater leurs aptitudes pour le maniement des armes et leur savoir dans l'art de la guerre. Les mêmes épreuves militaires, auxquelles viennent se surajouter des examens littéraires, sont imposées avec une rigueur égale, sinon plus grande, aux princes fils et petits-fils de l'empereur. La seule chose qui les distingue à cet égard, c'est qu'ils ont en particulier leurs écoles, leurs maîtres, et qu'ils subissent leurs examens à part. De l'excellence ou de la médiocrité de ces examens dépend aussi pour eux le plus ou le moins d'élévation dans les grades qui, plus tôt ou plus tard, leur sont destinés.

C'est toujours l'aîné de la famille, pourvu qu'il soit fils d'une femme légitime, qui succède à son père dans les droits de toute principauté héréditaire : cette règle a lieu pour chaque génération. Mais s'il arrive que l'aîné se rende indigne de succéder par le fait de quelque grave délit, le droit d'élection fait retour à l'empereur, qui désigne alors pour remplacer le coupable, déchu de son droit, ou un de ses cadets, ou un de ses cousins, mais toujours pris dans la même branche. Ce ne serait pas sans grandes difficultés, même pour un empereur de la Chine, qu'on parviendrait à dépouiller d'une principauté la branche particulière dont elle est l'apanage pour la transférer à une autre : car ces familles sont pour l'ordinaire nombreuses et puissantes, et tous les membres qui les composent sont intéressés à la conservation de leurs priviléges ; or, en Chine comme partout, la collectivité du droit est une force contre laquelle l'arbitraire, même de la part d'un puissant souverain, finit presque toujours infailliblement par se briser.

S.

§ V.

De l'impératrice; élévation de son rang; marques distinctives de sa souveraineté. — Hommages qui lui sont dus. — Solennité de son couronnement. — Promulgation du *tchi-ly* ou « édit spécial »; le sacrifice au *Tien*. — Remise du contrat de mariage et des sceaux à l'impératrice élue. — Son royal esclavage. — Les concubines : les *fou-gin*, les *chi-fou*, les *yu-tsi*, etc. — Désordres scandaleux de certains empereurs chinois et modération relativement vertueuse de quelques autres. — Odieux tribut. — Les mystères du palais. — Les femmes de service, leur nombre et leur condition.

Nous pouvons conclure de la grandeur même du souverain de la Chine à l'élévation du rang qu'occupe l'impératrice. On peut dire que, à part l'exercice de la puissance souveraine, elle est en tout l'égale de son sublime époux. Première et seule légitime épouse de l'empereur, elle est au rang suprême entre toutes les femmes de l'empire, et, comme l'impératrice mère, à laquelle seule elle doit, ainsi que l'empereur lui-même, hommage et respect, elle est distinguée des reines, des princesses du sang et de la foule des concubines par les splendeurs qui l'entourent. Outre la magnificence exceptionnelle de ses habits, la richesse de ses appartements, son train, son nombreux domestique, elle a le privilége de porter certains ornements qui lui sont propres, tels que le diadème ou bandeau, les pendants d'oreilles, le collier, la ceinture. En signe de souveraineté, elle possède encore des sceaux d'or et de pierre d'« yu », dont elle se sert pour rendre authentiques et exécutoires le peu d'ordres juridiques qui rentrent dans ses attributions. Elle est en outre, dans certaines circonstances, de la part de toutes les princesses du sang et des princesses étrangères, des femmes de la cour et de toutes celles qui résident dans l'intérieur du palais, l'objet des plus solennels hommages : tout concourt, en un mot, à la distinguer entre toutes, et répond à la grandeur du rang qu'elle occupe.

Ce droit à tant d'honneurs exceptionnels, conféré à l'impératrice en Chine autant par la disposition des antiques institutions de l'empire que par la volonté du souverain, commence au jour de son couronnement. La solennité de cet acte important est telle, que nous croyons devoir en donner ici une description détaillée.

C'est d'abord en vertu d'un édit spécial, appelé *tchi-ly,* que l'empereur élève au rang suprême d'impératrice celle qu'il a choisie. La promulgation de cet édit se fait avec un concours de circonstances en rapport avec son importance tout exceptionnelle. Après avoir été scellé du grand sceau, cet édit est adressé par le conseil des ministres aux « cours souveraines » ou « grands tribunaux de l'État », qui l'enregistrent et l'envoient ensuite à tous les tribunaux subalternes pour le faire promulguer solennellement dans tout l'empire.

« La veille du jour qui a été déterminé pour la cérémonie du couronnement, les mandarins vont offrir au Tien (l'Être suprême) le contrat de mariage, les grands et les petits sceaux destinés à la nouvelle impératrice, et le livre à feuillets d'or dans lequel on écrit l'édit impérial qui l'élève à cette suprême dignité ; ils les portent ensuite dans la salle des ancêtres, comme pour les prier de donner leur avis à cette inauguration.

« Le jour de la cérémonie, l'empereur sort de son appartement, entouré de toute la pompe de sa grandeur, et se rend à la grande salle *Tai-ho-tien*, où il monte et s'assoit sur son trône. Le contrat de mariage, l'édit qui déclare la nouvelle impératrice, et les grands et les petits sceaux, sont placés sur une table dressée au milieu de la salle. L'empereur descend de son trône, se prosterne neuf fois devant eux ; puis, se relevant, il ordonne au premier ministre, qui s'est avancé escorté de deux assesseurs et conduit par le maître des cérémonies, de porter à son épouse ces titres de sa nouvelle dignité. Pendant que ces cérémonies ont lieu, toute la salle retentit d'une symphonie grave à laquelle se mêlent des voix harmonieuses. Quand la députation envoyée chez l'impératrice est sortie de la salle, l'empereur y admet les princes, les comtes et les grands mandarins de sa cour, les fait asseoir et donne l'ordre de leur servir le thé ; peu de temps après, il se retire dans son appartement.

« Pendant ce temps, l'impératrice, revêtue de toutes les marques de sa dignité, est assise près du trône dans une des salles du nouveau palais où elle a été conduite en triomphe. Lorsque le premier ministre et son cortége sont arrivés à la porte de ce palais, le contrat de mariage, l'édit et les sceaux sont remis aux eunuques, qui, les plaçant sur de riches brancards, les portent en cérémonie à l'entrée de la salle : deux femmes de la cour avertissent l'impératrice, qui se lève et se tient debout pendant qu'on les dépose sur des tables qu'on a préparées. Alors la maîtresse des cérémonies invite cette princesse à se mettre à genoux pour entendre la lecture de l'édit impérial : cette lecture achevée, elle fait neuf prostrations devant les tables, tandis que toute sa musique exécute divers morceaux. Lorsqu'on enlève le contrat de mariage, le livre d'or et les sceaux pour les porter dans les archives, l'impératrice les accompagne par respect jusqu'à la sortie de la salle. Elle monte ensuite sur son trône et reçoit les hommages et les félicitations des reines, des princesses et de toutes les femmes du palais et de la cour [1]. »

A partir du jour de cette solennelle investiture de tous les droits qui lui sont propres, l'impératrice élue partage avec l'empereur les honneurs souverains, auxquels cependant l'élévation même de son rang apporte de notables restrictions ; c'est ainsi, par exemple, que sa haute dignité est un obstacle à ce qu'elle paraisse jamais dans aucune cérémonie publique. Aucun regard autre que celui du souverain ou des personnes attachées à son service intime ne doit plus s'élever jusqu'à elle, et sa réclusion, si royale qu'elle soit, n'en est pas moins une sorte d'esclavage. Tel est, du reste, le sort généralement destiné à la femme dans tout pays où

[1] Grosier, *Description générale de la Chine*, t. V, p. 245 et suiv.

n'a pas brillé la lumière de l'Évangile : tant il est vrai que le christianisme seul peut donner à la femme sa part de noble liberté et d'égalité efficace et réelle, parce que seul il lui donne la dignité qui la relève et les vertus qui la préservent de l'abjection !

Cette infériorité de la femme chez la généralité des peuples non chrétiens nous paraîtra bien plus évidente encore si nous ajoutons qu'en Chine, comme dans tantd'autres contrées, l'impératrice n'est pas appelée à régner seule sur le cœur de son impérial époux, puisque la polygamie, cette hideuse déviation de la loi primordiale du mariage, y est légalement reconnue. On pourra juger des excès qu'a pu atteindre cette détestable tolérance dans le Céleste Empire, si l'on observe que le *Li-ki*, quatrième des livres canoniques, reconnaît à l'empereur le droit de posséder jusqu'à cent vingt concubines classées, ou pour mieux dire numérotées ainsi qu'il suit, savoir : trois qui ont le titre de *fou-gin*, neuf celui de *pin*, trente-sept qu'on nomme *chi-fou*, et quatre-vingt-une appelées *yu-tsi*. C'est la rareté de l'espèce sans doute qui fait que, dans ce troupeau féminin, les « fou-gin » sont considérées comme véritables épouses, mais du second ordre; elles ont le titre de reines et jouissent d'un rang et d'honneurs qui les placent au-dessus des autres femmes du palais, sans cependant qu'elles puissent jamais atteindre au niveau de l'impératrice, première épouse; leurs enfants sont réputés légitimes, mais, placés au second rang comme leurs mères, ils ne peuvent être appelés à succéder à l'empire qu'après les fils de l'impératrice.

Quand une porte est une fois ouverte aux abus et aux passions, il est bien difficile, pour ne pas dire impossible, que les lois humaines soient efficaces à les maintenir dans les limites qu'on a prétendu déterminer. La volonté de l'homme toute seule ne peut suffire à mettre un frein salutaire à ses propres emportements, et toute sa philosophie, si elle ne s'inspire de l'autorité même de Dieu, n'aboutit, en ce labeur, qu'à de stériles efforts. Aussi, est-il arrivé souvent en Chine que les souverains, malgré les énormes facilités de mœurs autorisées par l'usage, ont dépassé démesurément les limites, pourtant si larges, que leur prescrivaient les lois. Quelques-uns d'entre eux en vinrent à considérer la multitude des concubines comme une des premières prérogatives et un apanage nécessaire du trône, et ne craignirent pas de lever, dans tout l'empire, sur les familles de leurs sujets cet odieux tribut, aussi inutile au souverain qu'onéreux pour l'État. On a vu plusieurs de ces Sardanapales chinois faire consister toute leur grandeur à rassembler et à tenir captif tout un peuple de femmes, et surpasser même, en ce genre de désordres, les princes les plus dissolus que l'histoire ait flétris; car ce n'est pas seulement par simples centaines, mais souvent par milliers, qu'on a pu compter les concubines de ces abominables souverains. Qu'on fasse, si on le peut, le calcul des sommes énormes que doit coûter l'entretien de semblables troupeaux, et que l'on suppute les frais qu'entraînent le service et la garde de tant de femmes, toutes traitées avec magnificence, et l'on verra si la luxure n'est pas, même considérée à ce seul point de vue, la plus grande de toutes les calamités et pour les peuples et pour les rois.

Il est juste cependant de dire que parmi les souverains de la Chine plusieurs se sont distingués en ce point par une modération relativement digne de quelque éloge. Nous citerons l'empereur Tai-tsong, qui, l'an 626 de notre ère, fit sortir du palais et rendre à leurs familles pas moins de trois mille femmes. Le célèbre empereur Kang-hi se vantait que les dépenses de ce genre qu'il avait faites pendant trente années de règne n'égalaient pas celles de certains empereurs pendant un seul mois. Mais de telles exceptions, si elles méritent d'être signalées, que prouvent-elles? sinon l'existence même des désordres honteux et des abus excessifs qui ont marqué le règne d'un trop grand nombre des empereurs de la Chine.

Depuis la conquête tartare, la loi tyrannique au moyen de laquelle on pourvoyait au recrutement du sérail du souverain s'est grandement adoucie. Les empereurs de la dynastie régnante l'ont restreinte aux familles d'origine mantchoue, desquelles ils peuvent toujours exiger cet odieux tribut de filles. Il serait malgré cela difficile de connaître, même aujourd'hui, le nombre des femmes et des concubines de l'empereur; il serait même téméraire de manifester quelque curiosité sur cet article. Lorsqu'une fille entre dans l'intérieur du palais, elle n'a plus aucune communication avec ses parents; toutes les relations au dehors sont sévèrement proscrites : les reines, l'impératrice elle-même, ne sont pas exemptées de cette loi, qui est générale, et à laquelle l'empereur permet rarement qu'il soit dérogé.

En dehors des reines et des concubines, il existe dans les résidences impériales un nombre prodigieux d'autres femmes, appliquées à tous les genres de travaux qui conviennent à leur sexe. Les unes sont de véritables servantes de peine, les autres s'occupent des ouvrages d'aiguille ou du petit service des appartements. Ces dernières jouissent de la condition la plus douce et la plus agréable, et sont entretenues aux frais de l'empereur avec une certaine distinction. Entrées au palais dès l'âge de quatorze ou quinze ans, elles en sortent, pour l'ordinaire, à l'âge de vingt-quatre ou de vingt-cinq ans pour se marier; elles reçoivent de l'empereur, à cette occasion, des habits de noce et une petite dot en argent, sans compter les cadeaux que leur fait toujours la princesse à laquelle elles étaient attachées. Le vide qu'occasionne leur départ n'est pas de longue durée; de nouvelles élues sont promptement appelées à les remplacer, de sorte que l'essaim féminin se perpétue toujours nombreux et sans fin à la cour des potentats de la Chine.

CHAPITRE IV.

INSTITUTIONS PUBLIQUES DES CHINOIS. — DES DIVERS ORDRES DE CITOYENS.

§ Ier.

Seconde classe de privilégiés. — Ses sept rangs. — Les diverses causes de mérite public. — Les huit « règles ou priviléges ». — Absence de noblesse proprement dite en Chine : le mérite personnel considéré comme supérieur à tout autre. — Ancienne organisation féodale de la Chine. — Droits nobiliaires des Tartares. — Le fonctionnarisme chinois : charges publiques accessibles à tous les citoyens. — Absolutisme et démocratie. — Causes principales de l'égalité des citoyens en Chine. — Instabilité des fortunes privées.

Indépendamment de la « tribu d'or » ou famille impériale, il existe en Chine une seconde classe de privilégiés, composée des citoyens illustres qui ont mérité, par des services rendus à l'État ou par l'éclat de quelque brillante qualité, d'être placés en quelque sorte en dehors de la loi commune. Mais, comme le mérite est susceptible de se manifester diversement, les institutions chinoises spécifient minutieusement les causes principales pour lesquelles l'empereur peut honorer d'une pareille distinction ceux d'entre ses sujets qu'il en croit les plus dignes.

Or, d'après les statuts, cette élévation se fait :

1° Par « le privilége des longs services rendus dans les hautes fonctions publiques »;

2° Par « le privilége de grandes actions honorables et utiles au pays » ;

3° Par « le privilége d'une naissance non commune » ;

4° Par « le privilége de grands talents manifestés dans l'état militaire ou dans l'administration civile » ;

5° Par « le privilége du zèle et de l'assiduité apportés dans l'accomplissement des devoirs publics » ;

6° Par « le privilége du rang occupé dans l'État » ;

7°. Par « le privilége d'être né d'un père qui s'est distingué par une haute sagesse, ou qui a rendu des services éminents à l'État »[1]. Quant à ce dernier privilége, il est indispensable d'observer qu'il n'est que très-rarement reconnu, et jamais conféré sans le bénéfice d'une exception grandement motivée ; or, dans ce cas même, il ne s'étend pour l'ordinaire qu'à la seconde génération : il est presque inouï de le voir se prolonger jusqu'à la troisième.

Cette seconde classe de privilégiés comprend donc sept rangs distincts, dérivés des sept causes de mérite que nous venons d'indiquer. Réunie à la première, composée de la « tribu d'or » ou famille impériale, elle constitue ce que les Chinois appellent *pa-i*, ce qui veut dire les « huit règles ou priviléges. » De même que pour la plupart des membres de la famille impériale, les prérogatives dont jouis-

---

[1] Voyez la *Chine moderne*, par M. G. Pauthier, p. 139.

sent les privilégiés de la seconde classe ne consistent à rien plus qu'à les soustraire à la juridiction des tribunaux ordinaires : ceux-ci ne peuvent les juger que sur un ordre exprès de l'empereur. La même immunité est accordée de droit à leurs parents, ascendants et descendants.

Il y a loin, il faut en convenir, des droits et priviléges de cette nature à ce que nous entendons en Europe par ces mêmes termes. On ne voit pas en effet, en Chine, l'hérédité confisquer à perpétuité, au profit de certaines familles, les prérogatives dont quelques-uns de leurs membres ont été investis. Un tel droit n'existe en fait que pour la famille impériale, et encore, se trouve-t-il soumis à tout un ensemble de conditions strictes qu'une adroite ou sévère politique a statuées. Malheur, par exemple, au prince de sang impérial dont les mérites réels ou une faveur spéciale ne justifieraient pas les priviléges que lui donne sa naissance! D'un moment à l'autre il peut déchoir, descendre au rang du simple peuple, perdre tout titre, tout pouvoir, sans conserver même le droit de porter le moindre insigne honorifique de son premier rang ou de ses anciennes dignités. Nous aurons plus d'une fois, du reste, l'occasion de constater dans le cours de cet ouvrage que le mérite personnel est, en Chine, tout aussi bien et mieux peut-être que dans les sociétés les plus démocratiques de l'Europe, considéré comme supérieur à tout autre moyen pour arriver aux honneurs publics, et s'y maintenir.

Il n'existe donc pas présentement en Chine de noblesse proprement dite; mais il n'en a pas toujours été ainsi. L'histoire nous apprend que plusieurs des dynasties qui gouvernèrent ce vaste empire se plurent à créer, à diverses époques, un véritable corps de noblesse avec tous les titres et priviléges afférents à ce genre d'institution; mais il n'en est plus de traces aujourd'hui, si ce n'est chez les Tartares et les Mongols, dont les chefs reçoivent encore de l'empereur de la Chine, leur suzerain, des titres et des distinctions nobiliaires. Quant à la Chine proprement dite, c'est le « fonctionnarisme » le plus complet qui règne et distingue les citoyens entre eux. La loi veut que les emplois publics soient accessibles à tous, et qu'aucune capacité ne soit exclue, du moment qu'elle a été reconnue réelle et proclamée telle dans les examens publics et officiels établis pour la constater. Chacun est libre de subir les épreuves exigées; et il n'est pas rare de voir l'enfant du peuple arriver par cette voie aux fonctions les plus élevées, le fils du paysan devenir mandarin, et le fils du mandarin, en cas d'infériorité, devenir pâtre, s'il ne préfère, comme suprême ressource, s'engager à titre de simple soldat. Chacun peut donc, à la lettre, se faire en Chine le fils de ses œuvres et l'unique artisan de sa fortune; contrairement même à ce que nous voyons pratiqué en Europe, on peut, en vertu d'un mérite tout personnel, ennoblir ses ancêtres, sans pouvoir jamais recevoir soi-même la moindre illustration de leurs vertus; on ne peut pas davantage transmettre par le sang à sa propre postérité un rang et des distinctions, dont elle pourrait être incapable de soutenir le poids ou indigne d'en conserver l'honneur.

Un tel phénomène social ne laisse pas d'être, en vérité, surprenant sous l'empire d'un gouvernement tel que le gouvernement chinois, qui, en raison même de l'absolutisme de sa forme, devrait tendre plutôt, semblerait-il, à multiplier les priviléges qu'à établir entre tous les citoyens une pareille égalité. Mais les souverains de la Chine, considérant sans doute que les dons de l'intelligence, que Dieu départit à qui il veut, sont des bienfaits qu'il importe d'utiliser au profit de la société tout entière, en ont jugé autrement; et ils ont fait preuve d'une sagacité peu commune en cherchant un principe de force et de vie là où tant d'autres gouvernements monarchiques ont craint de trouver une cause de faiblesse et de dépérissement. Une politique si sage de la part des potentats chinois démontre mieux qu'aucune théorie l'entente possible entre les souverains et les peuples, ou, en d'autres termes, l'alliance du pouvoir et de la démocratie.

Plusieurs causes contribuent, en Chine, à établir entre tous les citoyens la grande égalité que nous signalons. Outre les dispositions des lois constitutives de l'État et de la conduite habituelle du gouvernement, nous devons mentionner l'immense population des provinces, et surtout le partage égal des biens entre les enfants. De ces deux dernières causes, efficientes entre toutes, il résulte avec une claire évidence qu'il ne peut se trouver beaucoup de familles en Chine qui soient longtemps riches en biens-fonds. La vicissitude des fortunes devient donc comme forcée, et ramène vite et bien les générations qui se succèdent à une prompte égalité des conditions.

Un tel état de choses, qui, du reste, n'a plus lieu de nous étonner en France, puisqu'il est une conséquence de notre législation moderne, est également en Chine, et cela depuis des siècles, le résultat des principes admis par le gouvernement de ce grand empire, qui regarde comme essentiel au bonheur des peuples et à la tranquillité de l'État que les richesses se déplacent et circulent au profit de l'aisance générale, de manière que les générations se ramènent l'une par l'autre à un égal partage des biens. Aussi, rien de plus fréquent en Chine que de rencontrer dans une même famille, pour peu qu'elle soit nombreuse, les situations les plus disparates, et de voir ses membres différer étrangement entre eux par le rang qu'ils occupent dans les divers ordres de citoyens dont se compose la société chinoise.

§ II.

Les sept ordres de citoyens. — Les mandarins : les mandarins de lettres et les mandarins d'armes. — Prééminence des mandarins de lettres; leurs prérogatives. — Ambition des Chinois pour le mandarinat de lettres. — Nombre et rangs divers des mandarins civils ; emplois et attributions respectives. — Signes extérieurs du mandarinat et signes distinctifs des rangs : les boutons ou globules hiérarchiques et les autres signes honorifiques. — Dénominations pompeuses des mandarins chinois; nomenclature et originalité de ces titres. — Les grades littéraires et examens officiels des candidats ; justice et faveur. — Mode d'avancement des mandarins ; la liste de promotion. — Devoirs et responsabilité des mandarins; sévère surveillance exercée sur eux; la *confession* des mandarins. — Récompenses et châtiments personnels des mandarins; gloire ou déshonneur qui en revient à leurs ancêtres. — Prévarications nombreuses; leurs causes. — Optimisme et pessimisme au sujet des institutions chinoises.

On compte en Chine sept ordres distincts de citoyens, dont la supériorité respective peut se classer ainsi qu'il suit :

1° Les mandarins ;
2° Les gens de guerre ;
3° Les lettrés ;
4° Les bonzes ;
5° Les laboureurs ;
6° Les ouvriers ;
7° Les marchands.

Afin que nos lecteurs soient à même de mieux juger de la position et de l'état particulier des citoyens du Céleste Empire, nous allons donner sur chacun de ces rangs quelques détails nécessaires.

INSTITUTIONS PUBLIQUES DES CHINOIS.

Tous les hauts dignitaires de l'empire, et les officiers civils et employés qui font partie exclusivement de la classe des lettrés, sont désignés par la qualification générique de *kouang-tou,* qu'on est convenu en Europe de traduire, quoique assez mal, par le mot « mandarin », emprunté à la langue portugaise. Quoi qu'il en soit, les mandarins appartiennent tous, quel que soit d'ailleurs le grade hiérarchique de chacun, à la première classe des citoyens ; et de même qu'en Europe on sait distinguer la noblesse de robe et d'épée, de même en Chine on distingue les « mandarins de lettres » et les « mandarins d'armes » ; mais, contrairement à l'idée que nous nous sommes faite de la supériorité de l'épée sur la robe, dans le Céleste Empire c'est la robe qui l'emporte sur l'épée, et les lettres qui prévalent sur les armes ; peut-être même la balance de la considération penche-t-elle un peu trop en leur faveur? car il s'en faut de beaucoup qu'un mandarin militaire soit, aux yeux du gouvernement et du peuple chinois, regardé comme l'égal d'un mandarin lettré. Ceux-ci sont en effet placés au sommet des honneurs, tandis que les autres restent toujours au second plan : c'est invariablement parmi les mandarins de lettres que sont choisis les gouverneurs des provinces, les gouverneurs des villes du premier, du second et du troisième ordre ; les chefs et les membres des ministères ou cours souveraines : c'est à eux, en un mot, que l'administration de l'empire dans toutes ses branches est confiée ; on leur prodigue en conséquence les honneurs, les distinctions, les prérogatives de toutes sortes.

Tout mandarin en place est, dans l'exercice de ses fonctions et en proportion du rang hiérarchique qu'il occupe, le représentant direct de l'empereur. Est-il gouverneur d'une province? d'une ville? il est considéré comme le « père » de cette province, de cette ville, absolument comme l'empereur lui-même est proclamé « le père commun » de tout l'empire; de sorte que l'hommage que le peuple rend au magistrat qui l'administre, s'il n'égale pas celui qui est dû au souverain, peut la plupart du temps lui être comparé. Aussi, le mandarinat de lettres est-il le point de mire de tout Chinois, l'objectif vers lequel convergent toutes ses aspirations. Dans le désir de voir parvenir leurs enfants à un tel honneur, les parents animent et poussent à l'étude ceux d'entre eux qui naissent avec d'heureuses dispositions, puisque, grâce aux institutions nationales, chacun, par son travail, son application, ses talents, peut arriver, si humble que soit son berceau, aux plus hautes charges de l'État.

L'ordre des mandarins de lettres ne comprend pas moins de quinze mille titulaires, destinés dans des rangs divers à remplir tous les emplois administratifs du vaste empire chinois. Cette énorme phalange de dignitaires se divise en neuf rangs, dont chacun se partage lui-même en première et en seconde classe : ce qui porte au nombre de dix-huit les diverses catégories du mandarinat.

Nous trouvons en première ligne les *tchong-tang*

INSTITUTIONS PUBLIQUES DES CHINOIS.   133

et les *ko-lao,* dont le nombre indéterminé dépend de la volonté du souverain. Leur chef, appelé *cheou-siang*, joint aux autres prérogatives de sa haute position le titre éminent de chef du conseil de l'empereur, dont il possède toute la confiance. C'est dans cette classe de grands mandarins que sont choisis les ministres, les premiers présidents des cours souveraines, tous les premiers officiers de la milice, etc.; c'est à eux, en un mot, qu'appartiennent toutes les hautes fonctions gouvernementales et administratives de l'empire, dont ils sont, à tous les degrés, les dignitaires les plus éminents.

Le second rang des mandarins comprend les *té-hio-ssé* ou « hommes d'une capacité reconnue »; ils fournissent les vice-rois ou gouverneurs et les présidents des tribunaux supérieurs de chaque province.

Les *tchong-chueo* forment la troisième classe de mandarins, dont une des principales fonctions est de remplir l'office de secrétaires auprès de l'empereur.

Les mandarins de la quatrième classe, connus sous le nom de *y-tchuen-tao*, sont destinés à des gouvernements particuliers ou attachés à quelque tribunal; quand ils sont dépourvus d'office de cette nature, on les prépose à l'entretien des postes, des hôtelleries impériales, des barques dont l'empereur est propriétaire dans leur district. Ajoutons, pour ne pas trop allonger ces arides détails, que la cinquième classe, ou *ping-pi-tao*, est chargée de l'inspection des troupes; la sixième, ou *tun-tien-tao*, de celle des grands chemins ; la septième, ou *ho-tao*, de celle des rivières ; et la huitième, dite *hai-tao*, de celle des rivages de la mer. La neuvième, enfin, comprend les traducteurs de premier et de second rang du tribunal ou ministère des rites, les chefs des écrivains ou clercs des différentes administrations, huissiers, gardiens des sceaux des tribunaux de province, hérauts d'armes, etc. ; en un mot, toute la foule des fonctionnaires ou employés subalternes. Ces neuf rangs de mandarins forment ce que les Chinois appellent *pin*.

Le signe particulier qui sert à distinguer ces divers rangs de mandarins entre eux consiste en boutons portés par les titulaires au sommet du bonnet officiel, et qui indiquent par la variété de leur couleur et leur matière le degré hiérarchique de leurs heureux possesseurs. Il va sans dire que ces globules, ainsi que toutes les marques distinctives ou honorifiques à l'usage des fonctionnaires de tous les pays, s'ils ont pour résultat premier de faire connaître au public le rang et la dignité du personnage qui en est honoré, contribuent pour le moins tout autant à donner à ceux-là mêmes qu'ils décorent une idée avantageuse et, souvent même, quelque peu exagérée du mérite et de la valeur de leur propre individualité.

La « pierre précieuse rouge » est réservée à la première classe de ces dignitaires, et le « globule de corail » distingue la seconde. Les mandarins du second rang se contentent de la « pierre précieuse inférieure rouge » ou « corail ciselé en forme de fleur » ; la dimension de ce bouton est plus ou moins grande, selon qu'il s'agit de la première ou de la seconde catégorie de ce rang.

Les mandarins de la première classe du troisième ordre ont droit à la « pierre précieuse sphérique bleue », tandis que ceux de la seconde classe ne portent qu'un « petit globule en verre bleu » ou bien en « pierre précieuse bleue », mais plus petite. Ces mêmes insignes, de plus en plus amoindris, servent encore pour les mandarins de la première et de la seconde classe du quatrième rang.

Les mandarins du cinquième rang ont le « globule de cristal blanc » ou de « verre », avec différence de grosseur encore pour chacune des deux classes, et ceux du sixième rang le « globule en pierre précieuse blanche. »

Enfin, le « globule d'or », ou simplement « doré », est propre aux mandarins des cinq autres classes.

Chacun de ces globules est accompagné de son signe correspondant, savoir : deux morceaux d'étoffe de soie brodée, d'un pied carré, et représentant un oiseau ou autre chose : tous deux se mettent par-dessus l'habit de cérémonie, l'un sur la poitrine, l'autre sur le dos. On y joint, dans les rangs élevés, un collier à gros grains descendant jusqu'à la ceinture.

Indépendamment des signes extérieurs qui démarquent ainsi le rang particulier de chacun d'entre eux, les mandarins chinois jouissent encore du privilége des plus pompeuses appellations, qu'ils aiment à rappeler dans toutes les circonstances qui les y autorisent. L'originalité même de ces titres nous engage à en donner ici la nomenclature.

On désigne donc les mandarins du premier degré par la brillante dénomination :

D'« Excellence au renom éclatant », *Kouang-lou-ta-fou,*

Et les mandarins du second degré, par celle :

D'« Excellence au renom glorieux », *Young-lou-ta-fou.*

Ceux du troisième degré s'appellent :

« Excellence à l'administration méritoire », *Tseu-tching-ta-fou,*

Et ceux du quatrième :

« Excellence qui doit être reçue partout avec respect », *Thoung-foung-ta-fou;*

Les mandarins du cinquième degré :

« Excellence jouissant d'une considération universelle », *Thoung-i-ta-fou,*

Et ceux du sixième :

« Excellence jouissant d'une considération moyenne », *Tchoung-i-ta-fou;*

Les mandarins du septième degré :

« Excellence de modèle moyen », *Tchoung-hien-ta-fou;*

Ceux du huitième :

« Excellence considérée à la cour », *Tchao-i-ta-fou;*

Ceux du neuvième :

« Excellence dont l'administration inspire le respect », *Foung-tching-ta-fou;*

Ceux du dixième :

« Excellence dont la droiture a droit au respect », *Foung-tchi-ta-fou;*

Ceux du onzième :

« Honorable d'une vertu assistante », *Tching-te-lang;*

Ceux du douzième :

« Honorable de la forêt des lettrés », *Jou-lin-lang*, et « honorable d'une vertu convenable », *I-te-lang;*

Ceux du treizième :

« Honorable de la forêt littéraire », *Ouen-lin-lang*, et « honorable d'une considération convenable », *I-i-lang;*

Ceux du quatorzième :

« Honorable remplissant convenablement ses fonctions », *Tching-ssé-lang;*

Ceux du quinzième :

« Honorable s'occupant avec soin de son mandarinat », *Sieou-tchi-lang;*

Ceux du seizième :

« Honorable en second » (du précédent), *Sieou-tchi-tso-lang;*

Ceux du dix-septième :

« Honorable susceptible d'avancer en grades », *Teng-ssé-lang;*

Ceux du dix-huitième enfin :

« Honorable en second » (du précédent), *Teng-ssé-tso-lang.*

Tels sont les titres pompeux auxquels peuvent prétendre, en Chine, tous ceux qui aspirent à l'honneur du mandarinat; mais nul n'y arrive, s'il n'a d'abord obtenu dans les examens publics les grades indispensables. Ces grades sont au nombre de trois, et correspondent assez bien à nos grades de bachelier, en chinois *siéou-tsai*, terme générique qui désigne divers genres de capacités, et signifie littéralement : « rejetons élégants » ou « homme de talent » ; de licencié, *kiu-jin*, « homme élevé ou recommandable » ; enfin, de docteur, *tsin-ssé*, c'est-à-dire « docteur avancé dans ses grades ».

L'obtention de ces grades conduit au *han-lin* ou « forêt de pinceaux », expression qui désigne le plus haut corps littéraire de la Chine, et que notre mot d'académie ne pourrait rendre qu'imparfaitement.

Il arrive quelquefois que la faveur, cette forme partout un peu trop fréquente de l'injustice, qui, pour être ainsi déguisée, n'en est pas moins réelle, dispense certains candidats des deux premiers grades; mais disons qu'une sorte de correctif vient atténuer ce véritable passe-droit, en ce que le candidat qui n'est que docteur ne peut obtenir, à ses débuts dans la carrière des honneurs, que le gouvernement d'une ville de second ou de troisième ordre. Nous doutons toutefois que ce genre de compensation appartienne en vérité à la catégorie des justes exceptions qui confirment la règle, et que les candidats, soumis à toute la rigueur des examens, trouvent en cela une satisfaction qui les contente.

Quoi qu'il en soit, les livres chinois qui traitent de la justice à observer dans les promotions aux emplois publics, sont, ainsi que les statuts qui règlent la matière, pleins des plus belles maximes et des avertissements les plus sages. Mais l'imperfection humaine est de tous les climats, et il n'est pas possible de croire que, chez les Chinois, les exceptions en ce point soient assez nombreuses pour que la balance des éloges penche démesurément en leur faveur. Qu'il nous suffise donc de constater que si, chez eux comme ailleurs, la pratique laisse souvent à désirer, l'esprit et la lettre de leurs institutions sont, en matière de justice distributive, au moins tout à fait d'accord avec les exigences de la plus stricte morale. Aussi, nonobstant les abus, n'est-il pas rare de voir souvent arriver au faîte des honneurs des hommes partis de la plus humble origine, puisqu'en Chine, ainsi que la « Charte » l'a dit chez nous, « tout citoyen est admissible aux emplois civils et militaires. » Otez les abus, et cette remarquable organisation du corps des lettrés en Chine pourra passer à bon droit pour la plus rationnelle des institutions gouvernementales qui soit au monde.

Une liste de promotion, dressée à cet effet, contient les noms des lettrés susceptibles d'être appelés aux emplois publics. Plusieurs places viennent-elles à vaquer? l'empereur en est informé et mande à la cour un pareil nombre d'aspirants, choisis parmi les candidats inscrits sur la liste officielle. Si par hasard l'arbitraire était entré pour quelque chose dans cette première désignation, il ne sera du moins pour rien dans le choix des charges qui attendent les élus : c'est le sort qui en décide. On place dans une urne, assez élevée pour que le regard ne puisse pas plonger à l'intérieur, tous les noms des gouvernements disponibles ; les candidats ne peuvent y atteindre qu'avec la main ; ils tirent à tout hasard le billet qu'ils touchent, et chacun est nommé gouverneur de la ville dont le nom lui est échu. Les avancements à des grades plus élevés, dont les mandarins chinois peuvent espérer plus tard l'obtention, dépendent de la durée de leurs services, des mérites acquis dans l'exercice de leurs précédentes fonctions, et, disons-le encore, de la faveur, à laquelle, malgré l'apparente sévérité des règlements, il reste toujours une porte ouverte en Chine.

Dans l'opinion du vulgaire, tout homme qui parvient à un emploi public, est censé arriver, pour le moins, à une des huit béatitudes, non pas évangéliques, il est vrai, mais bien, au contraire, tout opposées à celles-ci, que le monde convoite si peu. Pour atténuer, s'il est possible, une pareille erreur, tout aussi généralement répandue ailleurs qu'en Chine, il nous suffira de donner ici un rapide aperçu de l'existence, souvent pénible, faite aux mandarins chinois. Il est vrai qu'en retour bien des honneurs les attendent, à raison des hautes dignités dont ils sont revêtus ; mais ces légitimes compensations sont loin de les exempter des multiples tribulations qui leur sont réservées. On peut dire, sans rien exagérer, que tout mandarin, si élevé qu'il soit par son rang, est peut-être parmi les citoyens chinois le moins indépendant de tous. Qu'on en juge plutôt par ce que nous allons dire des devoirs imposés même aux plus éminents d'entre eux, les gouverneurs des provinces et des villes, et par la surveillance sévère qui, véritable épée de Damoclès, plane sur tous sans exception.

Comme ces hauts fonctionnaires ne sont établis, d'après le principe constitutif du gouvernement chinois, que pour servir de pères aux peuples qui leur sont soumis, ils doivent être prêts à recevoir à toute heure les plaintes de leurs administrés. Un coup frappé sur une timbale placée à la porte de leur audience les avertit de paraître sur-le-champ à leur tribunal pour écouter les réclamations de tout citoyen qui leur fait appel. Aussitôt le magistrat suspend ses occupations les plus graves, arrive, entend les plaignants; mais s'il est dérangé pour quelque sujet futile, la bastonnade est la peine de l'incommode interrupteur. Si nous n'avons pas toujours dans notre beau pays de France l'avantage de pouvoir admirer chez tout dépositaire de l'autorité l'exactitude obéissante et empressée des mandarins chinois, félicitons au moins les solliciteurs qui les abordent de se trouver en présence de mains armées le plus souvent, non pas du redoutable bâton chinois, mais tout bonnement de l'inoffensif instrument propre à distribuer sans avarice l'eau bénite que chacun connaît.

Cette obligation pour tout mandarin gouverneur d'être à chaque instant à la disposition des citoyens, n'est pas seulement un devoir qui réclame de sa part autant de patience que d'activité, c'est un devoir dont l'accomplissement le prive même de la plupart des plaisirs de la vie. Il ne peut, comme le plus humble des citoyens, se donner la satisfaction de traiter ses amis au gré de ses désirs, de les divertir par la représentation de quelque comédie, plaisir tant goûté des Chinois. Ses réceptions ne doivent être que peu fréquentes. Il lui suffirait encore de prendre la liberté de jouer, de se promener hors de ses murs, de faire des visites particulières et de fréquenter les assemblées publiques, pour perdre son emploi. La plus austère gravité dans sa conduite doit toujours faire respecter en lui le pouvoir paternel de l'empereur, dont il est aux yeux du peuple le représentant immédiat.

Dépositaires de cette autorité sacrée, tous les gouverneurs sont obligés, le premier et le quinze de chaque mois, d'adresser à leurs administrés une longue harangue sur la vertu à pratiquer, les vices à éviter dans la vie privée, mais surtout dans la vie publique. Une ordonnance expresse de l'empereur indique les différents sujets à traiter dans ces sortes de discours, où il n'est pas rare de voir briller la précision des idées, l'excellence de la morale et la force des raisonnements. C'est ainsi qu'en Chine on enseigne la jurisprudence, comme on prêche ailleurs les mystères, les dogmes, les règles du culte.

A la rigidité des devoirs imposés, en Chine, à tout homme constitué en autorité, vient se joindre pour chacun la crainte incessante de la surveillance active et sévère dont sa conduite est l'objet. Un tribunal particulier, sorte de « chambre des informations », dont nous aurons à parler plus en détail, est chargé de tenir sur le compte de tous les mandarins de l'empire des notes détaillées, où leurs méfaits, souvent mieux que leurs mérites, sont mis en lumière. Tous les trois ans, on fait régulièrement un examen approfondi (*tcha*) de leurs faits et gestes, dans les « grandes assises » ou la « grande information générale (*ta-ki*) », qui se tiennent soit à Péking, soit dans chaque province.

Les notes qui les concernent, provenant de leurs supérieurs hiérarchiques ou des censeurs de l'empire, ne suffisent pas même pour établir le jugement favorable ou défavorable qui doit être porté à leur sujet; ils sont encore obligés d'adresser à qui de droit, par écrit, une véritable confession des fautes dont ils reconnaissent s'être rendus coupables dans l'exercice de leur emploi; et, pour éviter l'économie par trop large qu'ils seraient tentés de faire de la vérité, les perquisitions les plus sévères sont faites aussi pour constater la sincérité de cet aveu.

Les punitions et les récompenses sont les conséquences naturelles du jugement qui a été porté. On élève d'un degré, ou bien l'on confère des emplois plus importants à ceux d'entre eux qui se sont distingués par leur équité, leur zèle et leur intégrité. Si leur mérite est éclatant, leur gloire peut rejaillir sur leurs ancêtres, qui sont déclarés illustres pour leur avoir donné le jour. Alors l'empereur décerne à ceux-ci des titres honorifiques, permet de donner plus de pompe à leurs cérémonies annuelles; les ornements de leurs tombeaux sont augmentés; on y peint leurs portraits, comme s'ils avaient été eux-mêmes mandarins. Il n'est pas de récompense plus précieuse dans un pays comme la Chine, où la vertu la plus estimée et la plus chérie est la piété filiale. Si, au contraire, un mandarin se rend coupable de grands crimes, la honte de son forfait rejaillit sur ses aïeux; leurs sépultures sont dépouillées de tout ornement d'honneur, et se changent ainsi en monuments permanents de l'opprobre qui souille leur lignée et accable leur mémoire. S'agit-il de fautes plus légères? les coupables sont privés, selon le cas, pour un temps ou pour toujours, de leur mandarinat, ou bien condamnés à l'exercer sans appointements ni droits honorifiques; pour les simples négligences, ils en sont quittes ordinairement pour quelques réprimandes; quelquefois cependant ils sont abaissés d'un ou de plusieurs degrés d'honneur et pourvus d'un emploi inférieur à celui qu'ils occupaient. Ils risquent même de n'en obtenir jamais aucun, si on les déclare déchus de dix degrés. Une singularité, qui n'existe qu'en Chine, et que nous devons remarquer comme trait de mœurs administratives, c'est que le mandarin réduit ainsi à un poste subalterne, est obligé de rappeler, en tête de ses ordonnances, le nombre de degrés dont il est déchu. Par exemple, il dira : Moi, un tel, mandarin abaissé de trois ou quatre, ou de six degrés (selon le cas où il se trouve), fais savoir et ordonne, etc.

Une surveillance aussi constante de la part du gouvernement sur ces magistrats, et les châtiments peu ménagés qui souvent en résultent, devraient sans doute les rendre exempts de fautes ; cependant il s'en faut de beaucoup qu'il en soit ainsi, tant il est vrai que les lois, même les plus sévères, sont impuissantes à corriger les hommes et ne sauraient jamais suppléer à l'absence des principes qui se puisent ailleurs que dans les fragiles motifs de l'intérêt du temps ; ces lois, en effet, punissent le mal, quand il est apparent, et, sans aucun doute, c'est un bien; mais le châtiment n'est pas un remède : il constate le mal, mais ne le guérit pas. Nous en trouvons une preuve évidente dans les prévarications nombreuses dont les mandarins chinois se rendent trop fréquemment coupables.

En Chine, comme en tant d'autres pays, la soif de l'or surtout entraîne souvent ces fonctionnaires dans les voies les plus opposées à la justice. Ne devant légitimement rien recevoir de leurs administrés, assez mal payés, du reste, par le trésor public, leurs appointements ne suffisent pas toujours à leurs dépenses. Ceux alors à qui l'immense considération dont ils jouissent et les honneurs auxquels ils ont droit, ne paraissent pas un prix satisfaisant pour leur vie, très-laborieuse en vérité, se dédommagent par des vols secrets et des concussions occultes. Si nous en croyons M. Huc, parmi les quinze mille mandarins dont la Chine est pourvue, la plupart n'auraient de la probité qu'un simple vernis. « Nous avons vu, dit-il, la corruption la plus hideuse s'infiltrer partout, les magistrats vendre la justice au plus offrant, et les mandarins de tout degré, au lieu de protéger les peuples, les pressurer et les piller par tous les moyens imaginables [1]. »

Il serait difficile de pouvoir ajouter à la sévérité d'un tel jugement. Afin d'y apporter peut-être le correctif dont il peut avoir besoin, nous citerons ici les réflexions judicieuses que fait, à ce sujet, M. Ch. Lavollée. « On aurait tort, dit-il, d'attribuer au mécanisme des institutions chinoises la responsabilité de ces affreux désordres. Au fond, les institutions sont patriarcales ; bien qu'elles reposent sur l'absolutisme, elles désavouent l'oppression et la tyrannie. L'empereur, suivant l'expression antique, est le père et la mère du peuple, et le principe d'autorité découle de la notion de la famille ; mais depuis la conquête tartare, cette charte a cessé d'être une vérité. Tout en respectant la forme des institutions, les Tartares, effrayés de leur petit nombre au milieu de leurs innombrables sujets, se sont appliqués à changer les rouages et à fausser, par des réformes d'abord peu sensibles, le système en vigueur sous les anciennes dynasties. Ainsi, obligés de laisser aux Chinois une grande partie des fonctions publiques, et craignant que l'influence de ces fonctionnaires, naturellement hostiles, ne parvînt à miner leur autorité, ils décrétèrent qu'un mandarin ne pourrait exercer son emploi dans le même lieu plus de trois années. M. Huc signale avec raison cette mesure comme étant la principale cause de la désorganisation qui a envahi peu à peu

---

[1] Huc, *Empire chinois.*

INSTITUTIONS PUBLIQUES DES CHINOIS.   147

tous les rangs de l'administration chinoise. Les mandarins sont nommés dans un pays qu'ils ne connaissent pas, où ils ne sont pas connus, d'où ils savent qu'ils partiront à jour fixe. Ils ne songent plus dès lors qu'à amasser au plus vite, à force d'extorsions et d'exactions, une fortune dont ils iront, à l'autre bout de l'empire, enfouir la honte et savourer impunément les jouissances. Là où il n'y a plus de responsabilité morale, le gouvernement paternel disparaît. En voulant briser, comme c'était d'ailleurs leur droit, les influences politiques, menaçantes pour leur conquête, les Tartares ont brisé du même coup les liens de famille qui unissaient étroitement les différentes classes de la société chinoise. Cet expédient a contribué, sans aucun doute, à maintenir depuis deux siècles leur dynastie sur le trône de Péking, mais il a préparé en même temps une dissolution inévitable, dont nous voyons se produire aujourd'hui les premiers symptômes [1]. »

Nous conclurons, à notre tour, que, pour bien juger aujourd'hui des institutions et des mœurs chinoises d'après les divers documents qui en traitent, il importe de faire tout particulièrement attention aux époques distantes qui séparent l'apparition de ces mêmes écrits. L'optimisme que M. Huc a tendance à reprocher aux missionnaires du dix-septième siècle, qu'est-il, à bien prendre? sinon la peinture exacte des mœurs chinoises, telles que ces judicieux observateurs ont été à même de

---

[1] Ch. Lavollée, *la Chine contemporaine*, p. 60 et 61.

les connaître alors, tout comme le pessimisme que le même auteur signale encore de la part des modernes, et auquel il paraît avoir lui-même un peu trop cédé, trouve sa raison d'être dans la dégénérescence dont les antiques mœurs de la Chine ont progressivement subi les atteintes depuis la conquête tartare, comme tout le monde s'accorde à le reconnaître aujourd'hui

---

§ III.

Mandarins d'armes. — Les neuf rangs du mandarinat d'armes, partagés en deux rangs et divisés en trois ordres. — Les bacheliers, les licenciés et les docteurs ès armes. — Qualités requises pour l'obtention de ces grades. — Le *jong-tchin-fou* ou « tribunal supérieur de la guerre ». — Les grades militaires; leur analogie avec les grades des armées européennes.

Les mandarins d'armes sont, ainsi que les mandarins de lettres, divisés en « neufs rangs », dont chacun se compose également de « deux classes » distinctes; mais cette similitude de rangs ne va pas, comme nous l'avons déjà dit, jusqu'à donner aux hommes de guerre des honneurs égaux à ceux attribués aux dignitaires de l'ordre civil. Une politique défiante a voulu même que l'inspection des troupes appartînt à ceux-ci, et que toutes les questions, même purement militaires, dépendissent en dernier ressort de la quatrième « cour souveraine », ou « grand tribunal des armes », entièrement composée de mandarins de lettres, qui, malgré l'infériorité de leur nombre, sont toujours considérés comme formant le premier corps de l'État; de là la grande émulation qu'on remarque en Chine pour les lettres, et le profond découragement pour les armes; c'est ce qui a valu en grande partie aux Tartares la facile conquête de l'empire. Ces maîtres nouveaux cependant, quoique d'humeur essentiellement guerrière, ont cru agir politiquement en ne changeant rien à l'ordre établi antérieurement à leur domination. A cet égard, comme à d'autres encore, on peut dire que la Chine a véritablement conquis ses vainqueurs.

Les neuf rangs du mandarinat militaire se composent de trois ordres distincts, savoir :

L'ordre des mandarins militaires à titre héréditaire, tous d'origine tartare;

L'ordre des mandarins militaires sortis des examens;

L'ordre des mandarins militaires qui doivent leur grade à la fortune des armes.

Ces derniers, néanmoins, ne peuvent jamais parvenir aux trois premiers rangs, que le droit d'hérédité ou d'examen peut seul conférer. On devient, en Chine, dans les armes comme dans les lettres, bachelier, licencié et docteur. La force du corps, l'adresse dans les exercices, l'aptitude à saisir les préceptes de l'art militaire, telles sont les qualités essentielles dont les aspirants sont appelés à justifier dans les examens qui se font, à des époques déterminées, dans la capitale de chaque province.

Les mandarins d'armes dépendent administrativement de divers tribunaux spéciaux, composés de leurs principaux officiers supérieurs. Le premier de ces tribunaux militaires, et celui dont tous les autres relèvent, réside à Péking; c'est le *jong-tchin-fou* ou « tribunal supérieur de la guerre », dont le chef est toujours un des plus grands seigneurs de l'empire. Ce haut personnage militaire étend son autorité sur tous les officiers et soldats de l'armée. Un pouvoir aussi étendu pourrait, dans plus d'un cas, devenir redoutable au souverain lui-même, si la politique chinoise n'avait paré à cet inconvénient en adjoignant comme assesseur à ce premier officier de la couronne un mandarin de lettres, pourvu du titre et des fonctions de surintendant des armes, avec deux inspecteurs nommés par le monarque; et ce n'est pas tout, il faut encore, pour rendre exécutoires les résolutions, même arrêtées d'un commun accord par ces hauts dignitaires, qu'elles soient soumises à la révision de la quatrième « cour souveraine », véritable ministère de la guerre, tout composé, comme il a été dit déjà, de mandarins civils.

Les grades militaires des mandarins d'armes correspondent assez bien aux mêmes grades, tels qu'ils sont connus en Europe; il y a dans l'armée chinoise :

Des généraux de division, *tou-toung* et *thsiang-kiun;*

Des généraux de brigade, *fou-tou-toung* et *tsoung-ping;*

Des colonels, *fou-thsiang;*
Des lieutenants-colonels, *tsang-thsiang;*
Des chefs de bataillon, *yeou-kie;*
Des majors, *tou-ssé;*
Des capitaines, *cheou-pie;*
Des lieutenants, *tsien-tsoung;*
Et des sous-lieutenants, *pa-thsoung*, etc.

En temps de guerre, le premier des mandarins d'armes ou président du premier tribunal militaire devient de droit général en chef.

§ IV.

Les gens de guerre. — Honorabilité de la profession des armes en Chine. — La carrière militaire, apanage particulier des Tartares. — Caractère belliqueux de ce peuple. — Difficultés pour les Chinois d'avancement dans l'armée. — Les lettrés : les « rejetons éclatants », les « hommes élevés » et ceux « avancés dans les grades ». — La « forêt de pinceaux ». — Les « bonzes » et les *tao-ssé.* — Les laboureurs. — Estime des Chinois pour l'agriculture. — Honorabilité et priviléges des laboureurs. — Encouragement donné à l'agriculture par le gouvernement chinois. — Le laboureur mandarin. — Les ouvriers. — Goût utilitaire des Chinois. — Faibles encouragements donnés aux arts. — Les marchands; infériorité de leur condition. — Les esclaves et les eunuques en Chine. — Origine de ces deux plaies sociales. — Histoire des eunuques en Chine; leur longue et funeste influence. — Les eunuques volontaires. — Sages règlements de l'empereur Kang-hi. — Les *to-min* ou « gitanos » de la Chine. — Leur noble origine et injustice de leur dégradation. — Leur réhabilitation sous les Tartares. — Les *to-min* de l'Europe.

L'honorabilité de la profession des armes a fait classer au premier rang après les mandarins des deux ordres tous les gens de guerre indistinctement. Ces citoyens, chargés de la défense de l'empire contre les ennemis du dehors et du maintien de l'ordre à l'intérieur, reçoivent de l'État, en échange de leurs services, ce qui est nécessaire à leur entretien et à celui de leur famille. Mais ce qui tend surtout à relever grandement le métier des armes, c'est qu'il est comme l'apanage propre de la race conquérante. Tout Tartare est, de fait et de droit, enrôlé dès le berceau; et à peine est-il en âge de porter les armes, qu'il doit savoir les manier et être prêt à marcher au premier signal. Maîtres de la Chine par le droit de la guerre, ces fiers enfants du Nord sentent à merveille qu'ils ne pourraient pas conserver leur conquête s'ils ne suppléaient pas à l'infériorité de leur nombre par la supériorité de leur valeur guerrière. C'est la nécessité, du reste, qui est faite à tous les peuples conquérants : les Francs, vainqueurs de la Gaule, n'agirent pas autrement; ils laissèrent aux peuples subjugués le soin de cultiver la terre, et se réservèrent celui de la défendre.

Les Tartares, toutefois, n'ont pas interdit d'une manière absolue la carrière des armes aux Chinois; la faculté de s'enrôler dans l'armée, à titre de simples soldats surtout, n'est pas marchandée à ceux-ci; mais les difficultés qui leur sont faites pour l'avancement dans les hauts grades, les portent en général du côté des lettres, voie toujours ouverte pour arriver à la carrière tant estimée des emplois civils. Mais là encore on voit les Tartares, devenus avec le temps aussi ambitieux que les Chinois eux-mêmes des honneurs prodigués aux lettrés, leur disputer le terrain avec avantage, en faisant preuve, dans les examens publics, d'aptitudes intellectuelles égales, sinon souvent supérieures. Toutefois, comme l'accès aux emplois civils est toujours difficile à cause du grand nombre des concurrents des deux races, il en résulte que la plupart des uns et des autres se voient forcés de prendre un autre parti; ils se rejettent alors résolûment, sinon bravement, du côté de la carrière militaire, qui leur assure toujours un rang honorable parmi leurs concitoyens.

Ce que nous avons déjà dit de l'importance extraordinaire des lettres en Chine peut servir à donner une idée de la haute estime dont jouissent dans cet empire les citoyens devenus, par l'épreuve des examens littéraires, « rejetons éclatants », *siéou-tsai*, « hommes élevés », *kiu-jin*, « avancés dans les grades », *tsin-ssé*, et qui, de la sorte, ont le privilége de pénétrer dans la « forêt de pinceaux », *han-lin-yuen*. Par le fait même de leur savoir et en vertu des grades qu'ils ont obtenus, les lettrés seuls deviennent aptes à remplir les emplois publics. En dehors des candidats et aspirants aux charges de l'État, il faut encore comprendre dans cette classe importante et si grandement considérée, tous les citoyens gradués qui, préférant l'étude de la philosophie et de la littérature aux honneurs publics, s'appliquent à commenter les livres laissés par les sages de l'antiquité, et rendent de la sorte des services, auxquels la nation chinoise attache un grand prix.

Les sectes religieuses qui se sont établies en Chine ont donné naissance à la classe très-nombreuse des « bonzes » et des *tao-ssé*. Étrangers à l'État, et seulement tolérés par les lois, ces sectaires ont acquis de grands biens, qu'ils possèdent en commun. Ils forment, sans contredit, une classe des plus opulentes de la nation. Nous aurons occasion d'en parler plus longuement lorsque nous traiterons des diverses religions de la Chine.

La portion la plus nombreuse, et non la moins estimée, des habitants de la Chine est la classe, aussi importante qu'utile, des laboureurs. Il n'est assurément pas de pays au monde où l'agriculture soit autant en honneur que dans ce grand empire, et on peut dire, à la gloire des Chinois et sans craindre d'avancer rien d'exagéré, qu'ils en considèrent la pratique comme la plus noble des professions ; et, certes, c'est à juste titre : l'agriculture n'est-elle pas, en effet, chez tous les peuples, le premier et le plus indispensable de tous les besoins ? Aussi, tous ceux qui exercent cet art utile jouissent-ils en Chine de très-grands priviléges et d'une considération qui les élève au-dessus de l'artisan et du marchand. Vexer les laboureurs, les opprimer, ou même ne pas les secourir à temps, sont les crimes que l'on pardonne le moins facilement aux mandarins.

Tout le monde connaît aujourd'hui, en Europe, la célèbre fête de l'« ouverture de la terre », dans laquelle, chaque année, le « Fils du Ciel » ne dédaigne pas d'échanger le sceptre pour l'aiguillon, et de tracer de ses mains sacrées, chargées avant tout de diriger le char de l'État, quelques sillons en présence de ses sujets, encourageant ainsi lui-même l'agriculture et donnant à connaître à tout son peuple l'estime qu'il en fait. Un tel exemple, joint aux sages règlements édictés par les souverains de la Chine sur l'agriculture, ainsi que l'illustre origine que les Chinois assignent à cet art nourricier des peuples, ne peut que contribuer à le rehausser aux yeux de tous, et le faire estimer de la nation entière.

Le laboureur chinois, du reste, n'a pas l'habitude de borner ses connaissances aux étroites limites de sa laborieuse profession. Les nombreuses écoles dont la Chine est couverte le mettent à même de s'initier aux lettres et de cultiver son intelligence aussi bien que ses champs. Il sort souvent de ces écoles obscures de grands talents qu'on voit briller ensuite au premier rang sur la scène de l'administration. C'est ainsi que la classe des laboureurs a souvent fourni à l'empire de hauts fonctionnaires, d'éminents mandarins, des monarques même, tels que Chun et Yu, dont la sagesse et la reconnaissance des peuples ont rendu les noms à jamais illustres.

Il existe encore, en faveur des humbles laboureurs, un mode d'encouragement que nous nous garderons de passer sous silence, car, en vérité, il est unique dans son genre, et vainement on le chercherait ailleurs qu'en Chine. Par une ordonnance de l'empereur Yong-tchin, il est recommandé aux gouverneurs des villes d'envoyer tous les ans à la cour le nom du paysan de leur district qui s'est le plus distingué par son application à cultiver la terre, par sa frugalité et une conduite irréprochable. L'empereur, d'après le témoignage qui lui est rendu, élève le sage et diligent laboureur au grade de mandarin honoraire du huitième ordre, et lui en envoie les titres. Cette distinction donne droit à ce laboureur de porter les habits de mandarin, de rendre visite au gouverneur, de s'asseoir en sa présence et de prendre le thé avec lui. Il est respecté pendant le reste de sa vie : à sa mort, on lui fait des funérailles proportionnées à son rang; son nom et ses titres d'honneur sont inscrits dans la salle des ancêtres et dans celle des hommes utiles qui ont bien mérité du gouvernement. Jamais assurément aucune récompense honorifique ne saurait être mieux choisie, ni recevoir, en aucun lieu, une plus juste application.

On ne peut, en vérité, trop louer les Chinois de la haute estime qu'ils font de l'agriculture, qui, par son utilité majeure, est sans contredit pour les peuples le plus profitable de tous les arts ; mais si, d'un autre côté, on considère le peu de cas qu'ils font de l'industrie et du commerce, malgré toutefois l'ardeur avec laquelle ils s'y livrent, il est difficile de leur donner sous ce rapport des éloges mérités. L'excès de préférence qu'on accorde ailleurs à ces deux branches de l'activité humaine peut bien être une erreur de la science économique, telle qu'on l'entend aujourd'hui; mais à coup sûr on pèche en Chine par l'exagération en sens contraire. Les

Chinois, en général, ne cherchent, dans tout ce qui est à leur usage, que le nécessaire et l'utile; de là vient que, chez eux, les arts ne tiennent que par de faibles côtés au goût et à l'imagination. Utilitaires avant tout, ils sont peu portés à rétribuer convenablement ce qu'un ouvrier inventif pourrait ajouter en accessoires d'agrément aux divers produits de son industrie. Il en résulte que les artistes proprement dits sont à peu près inconnus en Chine, et que ceux qui font profession des arts et de l'industrie ne peuvent point s'élever en distinction, et sont par là même condamnés à ne rester jamais que de simples gens de métier.

Quant aux marchands, ils peuvent, au contraire, arriver souvent, par les gains du commerce, à une haute position financière; c'est même chez eux qu'il faut chercher ordinairement le peu de luxe qu'on remarque en Chine. Cependant, quoiqu'ils aient l'opulence en partage, ils n'en tiennent pas moins le dernier rang dans l'empire. Nous ne pouvons mieux faire, pour achever de donner une idée véritable de l'infime position des artisans et des marchands en Chine, que de citer ici le jugement qu'en porte l'empereur Kien-long lui-même dans son poëme sur *Moukden*. Passant en revue les différentes conditions utiles, le poëte couronné dit :
« A l'égard des artisans et de ceux qui trafiquent
« ou font le commerce, on ne daigne pas même
« penser à eux; ils n'ont point de rang; ils compo-
« sent le dernier ordre de la nation [1]. »

[1] *Éloge de la ville de Moukden*, p. 97.

Une telle injustice n'est pas la seule que nous ayons à signaler en Chine, comme acceptée dans les mœurs publiques et consacrée par l'usage; on en trouve de pires encore : car, disons que l'esclavage y existe, et qu'en outre on y connaît une classe d'hommes placés plus bas encore que les esclaves, descendus, comme ils sont, du rang même que la nature leur avait donné, les eunuques enfin. Il serait, en vérité, difficile de trouver chez un peuple deux plaies sociales plus hideuses et mieux faites pour déshonorer le gouvernement qui les souffre, s'il ne rachetait cette honte par un ensemble d'institutions vraiment bonnes et souvent admirables.

Il paraît, toutefois, que l'esclavage proprement dit a été longtemps inconnu en Chine. Dans ces temps plus heureux, la perte absolue de la liberté n'était pas autre chose qu'un châtiment imposé par la loi à l'homme convaincu de quelque grand crime. Ce n'était, à bien prendre, que la « peine des travaux forcés à perpétuité ». Mais, plus tard, la misère porta une foule de malheureux à se vendre eux-mêmes; et dès lors l'esclavage passa dans le droit public. Il est, toutefois, à propos de remarquer que des lois protectrices sont venues souvent en adoucir les rigueurs. C'est ainsi que, avant la conquête tartare, tout esclave pouvait généralement se racheter quand il avait mis cette réserve dans son acte d'engagement, ou quand, même à défaut de cette restriction, son maître jugeait à propos d'y souscrire. Ainsi le voulaient les institutions chinoises; mais les Tartares, conquérants de la Chine, moins doux et moins policés que les Chinois, n'ont pas voulu adopter en ce point les usages du peuple conquis : chez eux, l'esclavage est perpétuel, et rien, excepté la volonté du maître, ne peut le faire cesser. Un temps bien long doit s'écouler sans doute encore avant que la civilisation chrétienne soit devenue assez forte en Chine pour y faire dominer, ainsi qu'elle l'a fait partout où elle a prévalu, le respect de l'homme et de sa liberté.

Nous ne dirons au sujet de cette autre espèce de malheureux que la jalousie orientale entretient à sa solde, et conserve au nombre des humains après les avoir fait retrancher du nombre des hommes, rien autre chose que ce que l'histoire même de la Chine nous en apprend. Il est fait mention d'eunuques dans les annales de cet empire dès le temps de l'empereur Yao, c'est-à-dire plus de deux mille ans avant l'ère chrétienne, et nous y trouvons, sur l'origine de cette classe misérable, ce que ni l'antiquité grecque et romaine, ni même nos livres saints ne nous ont pas dit. Il paraîtrait donc que l'état de ces hommes dégradés aurait eu, comme l'esclavage, la peine du crime pour cause première. Ce genre de mutilation était, lisons-nous dans les « Grandes Annales », le quatrième des supplices qu'on établit alors; et cette peine était celle dont on punissait le calomniateur, le traître, l'impudique [1].

[1] Voy. *Histoire générale de la Chine*, traduite par le P. de Mailla, t. Ier, p. 81.

Ces coupables furent pendant des siècles un objet d'horreur, et relégués comme tels dans les domaines des empereurs ou renfermés à l'intérieur de leur palais, pour y exercer les emplois les plus vils et les plus pénibles. On en fit plus tard les gardiens de l'appartement des femmes; puis, le temps et la corruption de la cour aidant, l'intrigue les prit à la porte du sérail pour en faire trop souvent les arbitres de toutes les grâces; leur crédit, sous certaines dynasties, fut tel, que les grands eux-mêmes se virent souvent obligés de devenir leurs créatures pour éviter d'être leurs victimes.

C'est principalement à partir du règne de Yeou-ouang, qui monta sur le trône l'an 781 avant l'ère chrétienne, que date la funeste influence des eunuques sur les affaires de l'État. Une des concubines de ce triste empereur, la trop fameuse Pao-ssé, que les annales chinoises appellent « la peste de l'empire », se servit des artifices de l'un d'eux pour déterminer ce prince à répudier l'impératrice et à l'élever elle-même sur le trône. Elle réussit, et, en reconnaissance de l'infâme service qui lui avait été rendu, elle récompensa l'eunuque, artisan de sa fortune, en lui donnant la première charge du palais, et en confiant à ses pareils tous les principaux emplois. Dès lors le crédit et l'autorité de cette sorte de gens allèrent tellement en croissant, que leur condition cessa d'être réputée abjecte, et que le signe même de leur dégradation finit par être considéré comme un moyen favorable à l'ambition, car telle est, chez certains hommes, la force de cette tyrannique passion, qu'il n'est point pour eux de moyens, quelque humiliants qu'ils soient, auxquels ils ne recourent pour arriver au but de leur convoitise.

Avec le temps, le sens moral finit par se pervertir en Chine, à ce point qu'on vit bon nombre d'individus se faire eunuques volontaires afin d'arriver plus promptement à la fortune. Il y eut même dans les familles les plus distinguées des pères assez dénaturés pour dévouer à cet état misérable quelques-uns de leurs enfants, dans le but de s'en faire de futurs protecteurs à la cour : tant il est vrai que l'homme dévoré par l'ambition est capable de toutes les infamies ! S'il peut, en effet, étouffer ainsi les sentiments les plus sacrés de la nature, comment ne deviendrait-il pas, quand il le croit utile à ses desseins, le bourreau même de ses frères? L'ambition, que l'on se plaît trop à considérer comme la passion des grandes âmes, n'est-elle pas bien souvent plutôt la suprême expression du plus abominable égoïsme?

Il serait trop long de faire ici l'histoire des eunuques de la Chine. On peut la résumer en disant que, sous les princes inhabiles, faibles et voluptueux, ils eurent en leurs mains toute la puissance, et que du fond du palais ils gouvernèrent souvent l'empire, au grand détriment des peuples, écrasés par l'injustice, la violence et les exactions, et pour la perte même des dynasties, dont ces hommes dégradés firent toujours les malheurs et la ruine.

Les Tartares, devenus les maîtres de la Chine,

eurent la salutaire pensée de remédier à ces maux. Sous l'empereur Kang-hi, le nombre des eunuques fut considérablement diminué, et leurs emplois ramenés simplement à la garde des femmes, des jardins, des maisons de plaisance et des sépultures. On a même essayé depuis de se passer tout à fait de cette espèce d'hommes, mais les femmes et les filles qu'on chargea de les remplacer s'acquittèrent si mal de leurs emplois, qu'on se crut obligé de revenir à l'ancien état de choses. On voit donc encore aujourd'hui des eunuques chez l'empereur et chez les princes du sang, et il est même certain que, malgré toutes les réformes essayées, plusieurs continuent d'occuper dans le palais des postes considérables.

La Chine a ses « gitanos » et ses « bohémiens », connus sous le nom de *to-min*, ou « gens dégradés »; mais, loin d'être errants comme ces tribus vagabondes dont l'Europe voit, en certaines contrées, les débris épars, les *to-min* chinois sont confinés dans la province de Tché-kiang, et principalement dans la ville de Chao-hing; encore sont-ils là séquestrés dans une rue séparée. On accable ces malheureux des plus odieuses corvées, et on ne les autorise qu'à exercer le plus vil et le plus chétif commerce. Ils ne peuvent s'allier qu'entre eux, et leurs femmes sont obligées de porter sur leurs tabliers une marque distinctive, signe de l'opprobre et de l'ignominie de leur race. Le préjugé qui fait de ces malheureux les véritables parias de la Chine est tellement fort, que les chrétiens mêmes de la ville de Chao-hing ne voulaient pas qu'on les admît au baptême, et ce ne fut pas sans peine que les missionnaires parvinrent à faire triompher en leur faveur le grand principe de la fraternité chrétienne. Rien pourtant n'est plus injuste que la réprobation dont les *to-min* de la Chine sont les victimes. L'histoire atteste, en effet, qu'ils sont les descendants des grands seigneurs qui prirent les armes et combattirent pour la dynastie des Song, détruite par les Yuen ou Tartares Mongols, auxquels la fidèle bravoure de ces hommes courageux opposa une longue et opiniâtre résistance. Ceux d'entre ces illustres Chinois qui échappèrent au carnage furent condamnés à vivre séparés du reste du peuple, et forcés de se livrer aux plus humiliantes professions.

L'histoire des peuples, au reste, ne borne pas seulement à la Chine le fait d'une semblable injustice, et, sans remonter le cours des âges ni sortir de l'Europe, n'en voyons-nous pas, en nos temps mêmes, de flétrissants exemples? Ici, c'est la nationalité d'un peuple qu'on veut détruire; là, c'est la fidélité religieuse ou politique qu'on persécute : autant de nobles causes pour lesquelles on voit souffrir, non pas seulement quelques hommes fidèles à leur drapeau ou à leur foi, mais des peuples entiers, sur lesquels les oppresseurs, insultant à toutes les généreuses aspirations de notre époque, font peser le joug de l'inégalité des droits et le poids écrasant de la force brutale. Le catholique encore dans les pays scandinaves et ailleurs, l'Irlandais dans la libre et protestante Angleterre, le

Polonais dans l'*orthodoxe* Russie, ne sont-ils pas, en nos jours, les vrais *to-min* de l'Europe? Il y a longtemps déjà que le *Væ victis!* retentit aux oreilles de tous les peuples opprimés, et nul ne peut prévoir encore quand les échos du monde cesseront de répéter ce cri farouche pour redire enfin les accents de la fraternité.

Les conquérants tartares adoucirent le sort des *to-min*, et Yong-tchin, successeur de Kang-hi, répara, autant qu'il le put, l'injustice séculaire qui les opprimait, en donnant une déclaration par laquelle il leur rendit le plein exercice des droits civiques; mais de longs jours s'écouleront sans doute encore avant que le sentiment populaire qui continue de les flétrir soit au niveau de la justice de ce souverain.

Nous ajouterons, pour terminer ce chapitre sur les divers ordres de citoyens en Chine, qu'indépendamment des classes inférieures, dont il vient d'être parlé, il existe encore certaines professions réputées infâmes. Ceux qui les embrassent ne sont admissibles à aucun emploi public : le peuple même évite de contracter alliance avec eux. Tels sont les comédiens qui jouent publiquement sur les théâtres, les ministres de débauche, les corrupteurs de la jeunesse, les geôliers, et ceux qui dans les tribunaux donnent la bastonnade. La plupart de ceux qui s'engagent dans ces professions flétries y sont plutôt portés par la misère que forcés par la naissance : leurs descendants et eux-mêmes peuvent les abandonner lorsqu'ils ont de quoi vivre honorablement.

La profession de bourreau proprement dit, tant flétrie en Europe, n'est point déshonorante en Chine; cette singularité n'a rien qui doive nous étonner, parce que dans cet empire l'exécution des hautes œuvres de la justice incombe ordinairement aux gens de la milice.

CHAPITRE V.

INSTITUTIONS PUBLIQUES DES CHINOIS. — GOUVERNEMENT ET ADMINISTRATION.

§ Ier.

Considérations générales sur les grands corps administratifs de l'empire chinois. — Leur exacte dénomination. — Mécanisme du gouvernement chinois; sa parfaite organisation. — Le *lo-pou* et sa composition. — Sage politique de l'autorité souveraine.

L'administration de l'empire chinois est une des plus régulières, et des plus savamment combinées peut-être, que présente l'histoire du gouvernement des peuples : tout y est, en effet, si sagement ordonné, que rien ne semble pouvoir y laisser place à l'imprévu ni à l'arbitraire. C'est à ce point que la « machine gouvernementale », comme disent les Chinois eux-mêmes, n'a besoin que d'une simple direction pour fonctionner en quelque sorte toute seule avec une parfaite harmonie. Il sera facile au lecteur de s'en convaincre lui-même par l'exposé que nous allons lui présenter avec quelque étendue de l'organisation générale et des attributions respectives des divers corps administratifs dont se compose le gouvernement chinois. Il importe d'autant plus, du reste, de connaître à fond tout le système de l'administration intérieure du grand empire que nous étudions, que c'est là, à bien prendre, le seul genre d'administration dont les Chinois aient

eu une parfaite entente : tel devait être, après tou[t]
l'inévitable et logique résultat de l'isolement do[nt]
ce peuple singulier s'est fait pendant des siècles
une pratique politique. Autant, en effet, voyons-
nous presque tous les autres peuples désireux de
franchir leurs frontières pour se répandre au dehors, autant, et plus encore, les peuples gouvernés
par le « Fils du Ciel » se montrent jaloux de se con-
centrer solitaires dans leur grand Empire du Milieu,
sans souci aucun d'étendre en dehors de ses limites
des relations internationales.

Nous trouvons en première ligne des grands
corps administratifs de l'empire chinois le *neï-ko*,
« chambre intérieure du conseil » ou « cabinet de
l'empereur », et le *kiun-ki-tchou* ou « conseil
privé », dont nous aurons à parler tout d'abord ;
puis viennent les six grandes cours souveraines ou
ministères, savoir :

1° Le « tribunal des fonctionnaires civils » ou
première cour souveraine ;

2° Le « tribunal des finances », ou seconde cour
souveraine ;

3° Le « tribunal des rites, » ou troisième cour
souveraine ;

4° Le « tribunal des armes », ou quatrième cour
souveraine ;

5° Le « tribunal des peines ou de la justice », ou
cinquième cour souveraine ;

6° Le « tribunal des travaux publics », sixième
et dernière cour souveraine.

Les « grandes cours souveraines » sont en Chine

ce que les « ministères » sont chez nous, avec cette différence toutefois qu'elles joignent à leurs attributions administratives et gouvernementales d'autres attributions qui tiennent de l'ordre judiciaire. C'est pour cette raison que les anciens missionnaires, qui ont eu une si parfaite connaissance de la Chine, les ont appelées « tribunaux supérieurs » ou « cours souveraines », dénomination que nous accepterons aussi de préférence à toute autre, parce que, mieux que toute autre en effet, elle convient pour exprimer et définir tout à la fois et le caractère particulier, et l'ensemble des attributions dévolues, en Chine, à ces grands corps de l'État.

Ces six tribunaux supérieurs résident à Péking, et sont connus sous la dénomination générale de *lo-pou*. Ils ont chacun deux présidents, l'un tartare et l'autre chinois; leurs assesseurs sont pareillement choisis en nombre égal parmi les Chinois et les Mantchoux. Cette règle, commandée par l'intérêt de la conquête, s'étend à tous les autres tribunaux inférieurs, toujours composés par moitié de membres appartenant aux deux races, conquérante et conquise, du Céleste Empire.

Tels qu'ils sont composés, ces grands tribunaux ne peuvent qu'avoir une grande influence sur les affaires de l'État : mais, pour que cette influence ne fût jamais à même de contre-balancer l'autorité souveraine, la jalouse politique des empereurs leur a fait imaginer des moyens propres à maintenir ces grands corps administratifs dans les strictes limites de leurs attributions respectives. C'est ainsi qu'aucun d'entre eux ne dispose d'un pouvoir absolu, même dans son propre ressort, et que les décisions de chacun, pour avoir leur effet, ont besoin du concours de quelque autre tribunal, et souvent de plusieurs. Cette combinaison maintient forcément les cours souveraines vis-à-vis les unes des autres dans une dépendance mutuelle, qu'utilise à son profit l'autorité du souverain. Ces tribunaux voulussent-ils s'entendre pour conspirer en commun, la chose leur serait absolument impossible. Car la même politique de défiance qui veut qu'en Chine tout soit surveillé, bien connu et apprécié, a placé auprès de chaque tribunal suprême un fonctionnaire spécial, qui assiste à toutes les assemblées, sans y avoir voix délibérative, il est vrai, mais chargé de tout entendre, et de porter immédiatement à la connaissance de l'empereur le résultat de ses observations. Ces fonctionnaires, au rôle silencieux mais redouté, sont connus sous le nom de *ko-tao*, et forment le tribunal des censeurs, *tou-tche-yuen*, dont nous parlerons en lieu convenable, ainsi que du tribunal de l'histoire, autre institution unique dans le monde, et particulière à la Chine.

§ II.

Le *neï-ko* ou « conseil de l'empereur ». — Sa composition et ses attributions. — Formes diverses et particulières des ordonnances impériales. — Séances du *neï-ko*. — Ordre et solennité des délibérations. — Prompte expédition des affaires. — Les sceaux de l'empereur.

Le premier de tous les grands corps administratifs de l'État est donc, comme nous l'avons déjà dit, le *neï-ko*, expression dont la traduction littérale signifie « pavillon ou cabinet intérieur ». C'est à proprement parler le « conseil des ministres » ou « grand conseil de l'empereur ». Il est composé des personnages les plus élevés en dignité et les plus connus par leur fidélité et leur attachement envers le prince. Les ministres d'État, les premiers présidents et assesseurs des six cours souveraines, ceux du conseil des princes, des deux tribunaux des censeurs et de l'histoire, en font partie, à des degrés divers. Ce tribunal ne possède pas moins de quatre grands chanceliers, dont deux sont Mantchoux et deux Chinois, aidés encore par deux grands chanceliers adjoints ou coadjuteurs, que l'empereur choisit d'origine tartare ou chinoise, au gré de sa volonté souveraine.

Il appartient à ce suprême conseil de présider à la direction générale des affaires de l'État, de sorte que tout ce qui touche au gouvernement et à l'administration de l'empire entre dans le cadre de ses délibérations; il veille à ce que les autres pouvoirs publics ne sortent pas des strictes limites de leurs attributions respectives, et prend soin que les lois soient exécutées et obéies dans tout l'empire. C'est à ce tribunal qu'il appartient encore de déterminer en dernier lieu la forme spéciale des ordonnances de l'empereur et de les promulguer.

La volonté du souverain de la Chine se manifeste sous cinq formes principales, savoir :

1° Par « règlement » ou *tchi*, forme usitée pour annoncer où régler les dispositions prises pour les grandes cérémonies;

2° Par « déclaration » ou *tchao*, et par « proclamation » ou *kao*, usitées pour annoncer aux mandarins et au peuple les choses qui concernent la grande administration de l'État;

3° Par « ordonnance » ou *tchhi*, qui sert à conférer des rangs ou des titres [1];

4° Par « édit impérial » ou *chang-yu*, forme la plus solennelle de toutes.

Il nous est impossible d'entrer dans tous les longs détails mentionnés dans les « statuts » relativement aux importantes fonctions du *neï-ko*, mais nous tenons à faire connaître ici, d'après le « commentaire impérial », avec quelle solennelle et sérieuse attention sont traitées les affaires soumises aux délibérations de ce haut tribunal.

« Après qu'un document ou demande quelconque a été adressé au conseil par une des cours

---

[1] Voyez la *Chine moderne*, par M. G. Pauthier, p. 143.

souveraines ou grands tribunaux supérieurs (ministères spéciaux), et avant d'avoir obtenu à son sujet la décision de la volonté impériale, le document est ouvert par le conseil, qui le renvoie au bureau (ou section) qu'il concerne. Les documents ainsi reçus chaque jour sont réunis dans dix bureaux spéciaux, quelquefois dans onze ou douze. L'heure de l'audience ou de la tenue du conseil pour vaquer aux affaires du gouvernement arrivée, l'empereur se rend à la *porte de la pureté céleste* (ainsi s'appelle le pavillon où se réunit le conseil), monte sur son trône, et là chaque département ministériel lui communique les affaires qui sont de son ressort pour les expédier. Deux des lecteurs assistants se placent devant une table destinée à cet usage, et reçoivent, de chaque cour souveraine (ministère) représentée dans le conseil, la liasse des affaires à expédier. Un des dix *hio-ssé,* ou *docteurs en science politique,* membres du conseil, reçoit la liasse des documents décachetés et ouverts, et les dépose silencieusement sur la table. Après les avoir classés selon un certain ordre méthodique, il fait part de leur contenu à l'empereur. Ensuite un des membres, *ta-hio-ssé,* ou *docteurs en grande science politique,* reçoit la décision impériale. Chaque décision, inscrite à part sur une cédule, est annexée aux documents ou pétitions présentées[1]. »

La célérité que le grand conseil met à expédier les affaires qui sont de sa compétence n'est pas

---

[1] *Ta-thsing-hoeï-tien,* K. 2, f° 8, traduction de M. G. Pauthier, *Chine moderne,* p. 144.

moins remarquable que la forme administrative avec laquelle elles sont traitées. Deux jours suffisent, un seul même, si le cas est urgent, pour que chaque pièce ou document soit examiné, approuvé et retourné à qui de droit, muni du signe exécutoire.

Aucun acte n'a force de loi ni de jugement en Chine, sans l'apposition d'un des sceaux de l'empereur. Ces sceaux sont au nombre de vingt-cinq, et varient en grandeur. C'est l'importance des pièces destinées à devenir exécutoires qui détermine l'application de tel ou tel sceau. Ils ont tous la forme carrée, et sont faits pour la plupart de pierres précieuses de diverses couleurs; le plus grand n'a pas moins de sept à huit doigts carrés de dimension; il est d'un jaspe fin, sorte de pierre précieuse appelée *yu*, et tellement estimée en Chine, que le souverain seul a le droit d'avoir un sceau de cette matière. Ceux accordés aux princes, aux vice-rois, aux grands mandarins et magistrats d'un ordre inférieur, sont d'or, d'argent, de cuivre ou de plomb, selon le rang; la dimension en est aussi plus ou moins grande et proportionnée, en quelque sorte, au degré que ces hauts dignitaires ou petits fonctionnaires occupent dans l'ordre des mandarins et dans les tribunaux.

Lors donc qu'il est nécessaire de faire connaître publiquement quelque décision émanant du souverain, les sceaux sont remis aux membres du conseil privé, chargés de les appliquer. Ces mêmes personnages les reçoivent encore pour en faire usage et accompagner l'empereur, lorsqu'il quitte la capitale, soit pour visiter quelque partie de l'empire, soit pour habiter, hors de la cité, quelque palais de plaisance; car en Chine les affaires de l'État ne souffrent aucune espèce d'interruption et doivent continuer d'être traitées et expédiées, en quelque lieu que se trouve le souverain.

§ III.

Le *kiun-kin-tchou* ou « conseil privé »; sa composition. — Fréquence de ses réunions. — Son action sur les grandes cours souveraines. — Étendue et variété de ses attributions. — Cérémonial de la séance présidée par l'empereur. — Mode des délibérations. — Le « pinceau de vermillon ».

Le *kiun-ki-tchou* ou « conseil privé » est, ainsi que le *neï-ko* ou « cabinet intérieur », composé des plus hauts dignitaires de la couronne, mais le nombre de ses membres est illimité. Les fonctions de ce tribunal sont telles, qu'il supplée presque ordinairement le grand conseil même du *neï-ko*, qui ne se tient guère que dans les cas extraordinaires; son action permanente est de fait comme le point de départ de la direction donnée à toutes les affaires de l'État, à laquelle, sans y présider comme le premier conseil des ministres, il participe activement par la charge qui lui incombe de veiller d'une manière effective aux besoins généraux de la nation et de l'armée. C'est ce même tribunal qui prépare la rédaction des édits impériaux, et de toutes les ordonnances de l'autorité souveraine qui doivent être soumises en dernier ressort à l'approbation du grand conseil ou cabinet, *neï-ko*. Mais un grand nombre d'actes émanés directement de ce tribunal sont très-souvent publiés sans avoir besoin de ce haut contrôle.

Les grandes cours souveraines ou ministères spéciaux relèvent, pour un grand nombre de cas, du conseil privé ; c'est ainsi qu'en temps de guerre, par exemple, il doit, au moyen des ordres qu'il transmet au tribunal des armes, pourvoir aux approvisionnements divers de l'armée, fournir aux généraux tous les renseignements possibles sur la topographie des lieux destinés à servir de théâtre aux futures opérations militaires. C'est dans ce but qu'un des tribunaux subalternes de la quatrième cour souveraine est chargé de lever des plans et de dresser des cartes stratégiques. Mais à ces attributions concernant la guerre, le tribunal en joint d'autres d'un genre tout pacifique, comme de présenter au choix de l'empereur les noms des mandarins civils et militaires inscrits sur les listes d'avancement par les soins de leur département respectif, ou recommandés à la faveur du souverain par des actions d'éclat ou des services éminents. A l'exception de certains présents, dont la distribution concerne particulièrement le tribunal des rites, c'est encore le conseil privé qui est chargé de faire remettre aux princes mongols et autres, ainsi qu'aux résidents politiques envoyés dans l'une et l'autre Mongolie, intérieure et extérieure, les largesses dont les gratifie chaque année la munificence impériale.

Le conseil privé a sous sa dépendance trois tribunaux subalternes, destinés à l'aider dans ses opérations ; le premier ou le *fang-lio-kouan*, est chargé de préparer tous les documents politiques du conseil ; le second, de traduire du chinois en mantchou, ou réciproquement, les édits et autres documents émanés du grand conseil de l'empereur, *neï-ko;* et le troisième, ou le *chang-yu-tchou*, de faire exécuter les édits impériaux.

Les fréquentes délibérations du conseil privé en font, pour ainsi dire, un conseil permanent ; ses réunions sont quotidiennes, et ont lieu dans une salle située à l'intérieur de la porte *loung-song-men*, ou « porte des ancêtres éminents ». La première séance de chaque jour se tient dès l'heure extra-matinale *yin*, c'est-à-dire entre trois et cinq heures du matin, et n'est close qu'après l'expédition complète des affaires et l'avis, donné par les eunuques de service, des intentions de l'empereur. D'autres réunions ont lieu dans le courant de la journée. Avant de se présenter à celles que l'empereur préside en personne, chaque membre du conseil a soin de se munir d'une natte pour l'étendre par terre dans la salle des délibérations, et sur laquelle il lui sera permis de s'asseoir en présence du souverain. Dès que tous ont pris place, il leur est donné connaissance des matières à traiter ; puis chacun reçoit en particulier plusieurs cédules, portant écrites, au sujet de chaque question, plusieurs décisions différentes ; il les examine avec la plus grande attention, et, dès qu'après avoir réfléchi il s'est formé une conviction, il marque, en motivant son avis, la décision qui lui paraît la meilleure ; puis tous, tenant leur cédule avec les deux mains, vont la présenter respectueusement à l'empereur, et reviennent à leur place. Le souverain examine à son tour, puis fait connaître la décision qu'il adopte, et la marque du pinceau de vermillon, pour être suivie et exécutée selon qu'il a paru bon à sa volonté souveraine.

CHAPITRE VI.

INSTITUTIONS PUBLIQUES DES CHINOIS. — PREMIÈRE COUR SOUVERAINE OU GRAND TRIBUNAL DES FONCTIONNAIRES PUBLICS.

§ Ier.

Composition de ce grand tribunal; ses attributions. — Divisions administratives de l'empire chinois : les *seng* ou les dix-huit provinces ; le *king-khi* ou « territoire de la capitale », et le *ching-king* ou « territoire de Moukden ». — Subdivisions : les départements, les arrondissements, etc. — Classification des villes : villes du premier ordre ou les *foŭ* ; du second ordre, ou les *tcheou* ; du troisième ordre, ou les *hien* ; — les *tching*, les *tchang* et les *chi* ; les *tsun* et les *y*.

Les « cours souveraines », chargées, chacune à titre de ministère spécial, d'une branche particulière de l'administration générale de l'empire, ont en conséquence des attributions moins étendues que celles des deux grands conseils du *neï-ko* et du *kiun-ki-tchou*, auxquels elles sont subordonnées.

La première des six grandes cours souveraines de la Chine est le *li-pou*, ou « grand tribunal des fonctionnaires civils. » Ce tribunal, auquel incombe dans son entier l'administration civile de tout l'empire, est donc, à proprement parler, dans le gouvernement chinois ce qu'est le « ministère de l'intérieur » dans les gouvernements modernes de l'Europe. Ses fonctions sont aussi délicates qu'importantes, car c'est lui qui fournit de mandarins toutes les provinces de l'empire, surveille leur conduite, tient registre de tout ce qu'ils font de bien ou de mal, et les signale à la faveur ou à la sévérité de l'empereur, etc. Ce que nous allons dire des divisions administratives de l'empire chinois, du nombreux personnel des fonctionnaires qu'elles comportent, des devoirs et obligations de chacun d'entre eux, en un mot, de l'organisation de tous les services publics qui tiennent de l'ordre administratif, nous fera connaître, mieux que toutes les indications générales possibles, l'étendue des attributions propres à ce haut tribunal.

Outre les dix-huit provinces connues sous le nom de *seng*, la division administrative de l'empire chinois comprend les deux territoires désignés, le premier sous le nom de *king-khi*, « territoire de la capitale » ou « résidence impériale »; le second, sous le nom de *ching-king*, ou « territoire de Moukden », en Tartarie.

Ces deux dernières circonscriptions administratives, considérées comme lieux privilégiés de la résidence ordinaire de l'empereur, sont administrées par de hauts fonctionnaires appelés *yin*, « gouverneurs ou administrateurs spéciaux », tandis que les dix-huit autres provinces sont confiées à une autre catégorie de fonctionnaires connus sous le nom de *thsoùng-tou*, « gouverneurs ou vice-rois », et de lieutenants gouverneurs, que la langue chinoise appelle *foù-youen*.

La subdivision de ces trois grandes circonscriptions principales constitue d'autres portions de territoire que l'on peut, à la rigueur, désigner sous le nom de « départements », « arrondissements », « cantons », « districts » et « communes ». Mais nous n'entreprendrons pas, comme quelques écrivains l'ont fait, de chercher dans ces juridictions secondaires, comparées aux diverses divisions territoriales établies par notre administration civile française, des rapports qui diffèrent trop pour avoir avec celles-ci une analogie parfaite. Il serait impossible, en effet, d'y trouver, ainsi que chez nous, l'ordre de classification qui, par une proportion décroissante, invariable et régulière, subordonne les unes aux autres toutes les circonscriptions administratives. Nous allons le démontrer par la classification suivante des villes chinoises, et par les observations que nous ferons sur l'irrégularité des rapports qui les relient entre elles.

Les villes chinoises sont généralement distribuées en trois ordres principaux. Pour les distinguer, les Chinois ajoutent au nom propre de ces villes le mot *foù*, lorsqu'elles sont du premier ordre ; le mot *tcheou* lorsqu'elles sont du second, et le mot *hien*, si elles ne sont que du troisième ordre.

La terminaison *foù* indique le siége de l'administration générale d'un grand département, et les villes dont elle fixe le rang peuvent, pour cette raison, être assimilées à nos préfectures. Plusieurs villes cependant sont ainsi désignées, sans que leur juridiction s'étende beaucoup au delà de leur enceinte ; ce sont des villes frontières élevées à ce rang dans le but unique de leur accorder un plus grand nombre de mandarins, spécialement chargés de veiller contre les ennemis du dehors à la sécurité de l'empire.

Les villes du second rang, ou les *tcheou*, sont les chefs-lieux des arrondissements, et reconnaissent la juridiction des villes du premier ordre. Cependant la règle qui détermine cette dépendance n'est pas générale, car un grand nombre de villes *tcheou* relèvent immédiatement, à l'égal des villes *foù*, des officiers généraux de la province et des grandes cours souveraines de la capitale. Observons encore que certains *tcheou* l'emportent sur quelques *foù* par le nombre de leur population, la richesse et l'étendue de leur territoire; mais ce n'est pas sur ces avantages que se fonde, en Chine, la prééminence des villes, mais bien sur les titres, le nombre et l'autorité des mandarins qui les gouvernent.

Les villes du troisième ordre, ou les *hien*, exercent aussi une juridiction particulière qui relève assez communément des villes *foù*. Ce n'est que par exception que ces villes dépendent des *tcheou*. On peut les comparer, pour leur importance administrative, à nos chefs-lieux de canton, auxquels elles sont toutefois de beaucoup supérieures par le chiffre de leur population. Elles sont, comme les villes du premier et du second ordre, entourées de murailles fortifiées.

Les gros bourgs désignés par la désinence *tching* ou *ting*, sont des centres importants de commerce, et que régit une administration locale. Les voyageurs et les gens de négoce y trouvent pour se loger de nombreuses hôtelleries, avantage que n'ont pas les *tchin*, bourgades également considérables, mais beaucoup moins marchandes.

N'oublions pas de mentionner encore les *tchang* et les *chi*, petites villes qui se distinguent spécialement aussi par le commerce, avec cette différence pourtant que dans les *tchang* le trafic s'exerce sans interruption pendant toute l'année, tandis que dans les *chi* il n'a lieu, comme les foires en Europe, qu'à des époques fixes et pendant un temps déterminé.

Enfin, les *tsun* et les *y* sont les simples villages ; mais ces derniers sont, malgré la modeste appellation qui les désigne, les plus considérables et les plus peuplées de toutes les localités secondaires que nous venons d'indiquer.

§ II.

Mandarins civils administrateurs. — Leurs dénominations et leurs titres principaux : gouverneurs de provinces, ou les *thsoung-tou*, gouverneurs de villes, ou les *tchi-foù*, les *tchi-tcheou*, les *tchi-ting*, etc., etc. — Mandarins du second ordre et leurs dénominations.

Les mandarins que le *li-pou*, première cour souveraine, et, comme nous l'avons dit, unique tribunal ou ministère des fonctionnaires civils, a charge de préposer à l'administration des villes et circonscriptions que nous venons de faire connaître, forment, à des degrés divers et nombreux, une imposante phalange de fonctionnaires. Nous ne pouvons pas prétendre la passer ici tout entière en revue, ni répéter ce que nous avons dit ailleurs au sujet des rangs qui distinguent les mandarins entre eux. Il nous suffira, pour atteindre le but particulier que nous nous proposons, d'indiquer les titres et dénominations les plus généralement employés pour désigner ceux d'entre les nombreux fonctionnaires civils de l'empire chinois qu'il nous importe le plus de connaître.

Les désinences que nous avons dit être ajoutées au nom propre des villes, pour indiquer leur rang et le degré de la juridiction dont elles sont les chefs-lieux, servent également pour désigner et dénommer les mandarins préposés en chef à l'administration civile de leur territoire, sous la dépendance du gouverneur ou vice-roi de la province (*thsoung-tou*).

Les mandarins siégeant dans les villes du premier ordre, à titre de premiers administrateurs, appartiennent à la catégorie des hauts fonctionnaires désignés, ainsi que les villes elles-mêmes, lieu de leur résidence, par l'expression *foù*, et s'appellent *tchi-foù*. Les fonctions de ces gouverneurs ont beaucoup de rapport avec celles des préfets de nos départements.

Les « sous-préfets » chinois, résidant dans les villes du second ordre, sont par conséquent les *tchi-tcheou*. Après eux viennent les chefs de canton ou *tchi-hien*, et de district, *ting-thoung-tchi*.

Entre tous ces fonctionnaires de moindre rang et les gouverneurs spéciaux (*yin*) des résidences impériales de Péking et de Moukden, il n'existe aucune autre classe intermédiaire de hauts fonctionnaires ; mais il n'en est pas de même quant à l'administration des autres provinces, où nous remarquons comme tenant le premier rang après les gouverneurs (*tsoung-tou*) et les lieutenants gouverneurs (*fou-youen*), mais avant tout autre fonctionnaire :

1° Les trésoriers généraux (*pou-tching-ssé*) ;

2° Les grands juges criminels (*gan-tchà-ssé*) ;

3° Les ingénieurs en chef (*fĕn-chéou*) ;

Et 4° les inspecteurs des ponts et chaussées (*fĕn-siun-tao*).

L'administration civile chinoise se complète encore, ou plutôt se complique, d'un nombre considérable de mandarins secondaires (*tso-eulh*), aidés eux-mêmes par des mandarins inférieurs. Ceux adjoints aux préfets sont les *thoung-tchi*, et les *thoung-powan*, qui administrent ou dirigent une branche importante des services publics ; ceux des sous-préfets et des chefs de canton sont également des fonctionnaires adjoints pour le service des arrondissements et des cantons. « Les uns et les autres forment une magistrature mixte (*tsa-tchi*), soit dans les villes, soit dans les campagnes, qui sert en quelque sorte d'intermédiaire entre le premier ordre de fonctionnaires et les habitants, comme nos officiers municipaux, mais avec des fonctions plus variées et plus étendues [1]. »

Ajoutons qu'en dehors de cette classe déjà si

[1] Voyez *la Chine moderne*, par M. G. Pauthier, p. 148.

nombreuse des mandarins de l'ordre administratif proprement dit, la première cour souveraine compte encore dans la dépendance de sa direction tout le personnel des mandarins préposés à l'instruction publique, aux subsistances, aux salines, aux ponts et chaussées, aux côtes maritimes, les mandarins aborigènes de la Tartarie, ainsi que bon nombre encore d'autres fonctionnaires de dénominations et d'emplois divers, et nous pourrons peut-être nous faire une idée à peu près exacte de la haute importance de ce grand tribunal des fonctionnaires civils.

§ III.

Tribunaux subalternes ou sections de la première cour souveraine : la « direction du mouvement du personnel » ; — la « chambre des informations » ; — la « chambre du personnel » ; le bureau des titres ».

Les importants travaux auxquels préside la première cour souveraine se rapportent à quatre sortes d'affaires administratives, partagées en quatre sections séparées, ou *thsing-li-ssé*, dont chacune, constituée en tribunal subalterne, donne l'impulsion à tout ce qui est relatif à sa direction spéciale.

La première, chargée de choisir parmi les mandarins et les lettrés ceux qui, en raison de leur science, de leurs talents et de leur sage conduite, sont réputés capables d'exercer telle ou telle charge dans l'empire, forme ce que nous pourrions appeler la « direction du mouvement du personnel », en chinois *wen-siouen-thsing-li-ssé*. C'est, en conséquence, à ce tribunal subalterne qu'il appartient de classer chaque mandarin dans l'un ou l'autre des neuf rangs ou ordres de préséance que nous avons déjà fait connaître, de les récompenser par voie d'avancement ou de les punir par une dégradation méritée. L'action de ce tribunal est susceptible d'exercer une telle influence politique sur les affaires de l'empire, que le gouvernement actuel de la Chine n'a pas omis de faire prédominer l'élément tartare dans sa composition. C'est ainsi que sur cinq directeurs qu'il possède, trois sont Mantchoux, un Mongol et l'autre Chinois. Parmi les quatre directeurs adjoints, nous voyons deux Mantchoux et deux Chinois; mais, par contre, nous trouvons deux Chinois et un seul Mantchou avec qualité de sous-directeurs.

Les documents qui servent à établir le jugement que ce tribunal doit formuler, favorable ou défavorable, au sujet de tout mandarin, sont fournis par le second tribunal subalterne, appelé *kao-koung-ssé*, ou « chambre des informations », auquel incombe ce devoir. Ce tribunal a donc, à son tour, pour obligation principale de tenir sur les mandarins des notes exactes et détaillées; il se les procure au moyen de cette surveillance incessante à laquelle nul fonctionnaire chinois ne peut échapper, et que viennent compléter tous les trois ans les grands examens auxquels la conduite de chacun d'entre eux est soumise. Cet usage est des plus anciens, puisqu'on le trouve déjà établi sous la troisième dynastie. L'examen qui se fait à Péking a le nom particulier d'« examen de la capitale », *king-tcha;* celui qui a lieu dans les provinces s'appelle « grande information générale », *ta-ki.* Le jury qui les préside se compose des plus hauts fonctionnaires, soit de la capitale, soit de chaque province. C'est d'après le résultat de ces examens, transmis par le « tribunal » ou « chambre des informations » à l'appréciation de la grande cour souveraine des emplois civils, qu'il est pourvu à l'exécution des ordres du gouvernement qui ont rapport au mouvement du personnel administratif.

Le troisième tribunal subalterne de cette même cour souveraine est une sorte de « chambre du personnel », *ki-hiun-ssé,* connaissant de toutes les affaires particulières des mandarins. De plus, il a charge de sceller tous les actes juridiques, de donner aux différents mandarins les sceaux relatifs à leurs dignités, à leurs emplois, et de vérifier les sceaux des dépêches qu'on adresse à la cour.

Enfin le quatrième tribunal, connu sous le nom de *yén-foung-ssé,* qui complète l'organisation de la première cour souveraine, répond assez bien à ce que nous entendons par « bureau du sceau et des titres »; c'est donc une sorte de « chambre des brevets et diplômes », qui, outre le devoir qu'elle a d'examiner le mérite des grands de l'empire et de toutes les personnes décorées de titres, même purement honorifiques, est chargée de conférer, quand il y a lieu, ces mêmes titres à tout fonctionnaire civil ou militaire qui, selon l'expression chinoise, « soupire » après quelque distinction de cette nature.

Si incomplète que soit l'esquisse que nous venons de tracer du grand tribunal des fonctionnaires civils, il est facile de voir, par la nature variée de ses importantes fonctions, qu'il tient incontestablement le premier rang entre toutes les cours souveraines du gouvernement chinois. Il est, en effet, le vrai ministère d'où dépend entièrement, l'administration civile, considérée en Chine comme supérieure à toute autre.

CHAPITRE VII.

INSTITUTIONS PUBLIQUES DES CHINOIS. — SECONDE COUR SOUVERAINE OU GRAND TRIBUNAL DES FINANCES.

§ Ier.

Attributions générales de ce grand tribunal, leur nombre et leur étendue. — Les quatorze cours subalternes de ce grand tribunal.

La seconde cour souveraine, appelée *hou-pou*, est le grand tribunal chargé de l'administration et des intérêts du trésor public. Les fonctions de cet important ministère sont si multiples, et ses opérations si compliquées, que l'esprit d'ordre et de méthode qui caractérise le peuple chinois a fait instituer quatorze cours subalternes pour le seconder; établies dans les principales provinces, celles-ci l'aident, sur tous les points du territoire, dans les services nombreux et variés de sa vaste administration.

Gardienne et dispensatrice des trésors de l'empire, la seconde cour souveraine a pour premier devoir de veiller à la répartition des impôts, et doit, pour l'obtenir équitable, procéder au recensement de la population et au dénombrement des terres; elle tient un état régulier de toutes les dépenses et revenus publics, veille à l'expédition des ordres pour le payement des pensions et appointements dus aux fonctionnaires, règle les livraisons de riz, de soie, d'argent, dont sont gratifiés les grands seigneurs et tous les mandarins de l'empire. La police des monnaies, des poids et mesures, la surveillance et l'administration des greniers publics, les douanes et la perception des droits de toutes provenances, sont soumises à l'inspection de ce haut tribunal; c'est à lui encore qu'il appartient, quand il le juge utile, de répartir le territoire de l'empire en nouvelles circonscriptions non-seulement financières, mais encore administratives et militaires.

Une étude détaillée de toutes les attributions de cet important ministère peut aider aussi bien, et plus encore peut-être que celle du précédent, à faire connaître le génie administratif des Chinois. Sans dépasser les limites que nous nous sommes tracées, nous allons, dans ce but, donner au moins les notions les plus essentielles sur tout ce qui, dans l'empire chinois, se rapporte de près ou de loin à l'importante administration des fonds publics.

§ II.

Recensement de la population et dénombrement des terres. — 1° Mode de recensement, classement de la population. — Les « portes » ou « foyers ». — La tablette dite *men-paï-tse*. — Les « hommes robustes » ou contribuables et les « bouches ». — Les magistrats *pao-kia* ou « chefs de dix portes ». — Formation des rôles. — La « liste jaune ». — 2° Dénombrement des terres. — Leur classification : les *thien* et les *thi*, et leurs diverses appellations.

Tout gouvernement qui veut répartir équitablement les impôts et les faire servir aux besoins de la chose publique, sans peser arbitrairement sur les contribuables, a pour devoir indispensable d'établir tout d'abord une base fondamentale et rationnelle qui serve de point de départ à la perception des deniers publics. Depuis les temps les plus reculés, le gouvernement chinois l'a parfaitement compris, et a décrété, à cette fin, qu'il serait fait chaque année un recensement général de tous les habitants de l'empire. Ce recensement n'a pas pour but unique d'établir l'assiette des impôts, il sert encore à fournir au gouvernement les renseignements les plus propres à lui faire connaître le véritable état de prospérité ou de souffrance des populations, car n'oublions pas qu'en Chine l'empereur est avant tout le père commun de tous ses sujets, et qu'à ce titre sa sollicitude doit être universelle; son gouvernement n'a donc pas seulement pour devoir de se faire connaître aux populations par les charges qu'il est obligé de leur imposer, mais encore et surtout par les secours qu'il doit leur accorder dans les temps de calamités publiques.

Dans un empire aussi vaste que celui de la Chine, on comprend sans peine que, pour faire le recensement exact de sa nombreuse population, il est nécessaire de procéder avec ordre. Aussi la population tout entière a-t-elle été classée en douze catégories distinctes, qu'on appelle «portes», *men*, ou «feux», *hou*, expression qui est absolument la même que celle assez communément usitée chez nous pour l'évaluation collective de la population de nos bourgades.

On distingue donc en Chine :

1° Les feux ou portes du peuple, *min-men-hou;* les feux militaires, *kiun-hou;*

2° Les feux des artisans, *thsiang-hou;*

3° Les feux des *foyers* (lieux où on exploite le sel), *thsao-hou;*

4° Les feux des pêcheurs, *iu-hou;*

5° Les feux des musulmans d'origine, *hoeï-hou;* les feux des étrangers, *fan-hou;*

6° Les feux des Thibétains, *kiang-hou;*

Les feux des Miao-tseu, peuplades de l'ouest, *miao-hou;*

7° Les feux des gens de race yao, *yao-hou;*

8° Les feux des *Li* ou Noirs, *li-hou;*

9° Et les feux des *I* ou Barbares, *i-hou.*

Chaque famille est tenue d'inscrire sur une tablette de bois, *men-païe-tsé,* appendue à la porte de la maison qu'elle habite, le chiffre exact des membres qui la composent. Tout individu mâle parvenu à l'âge de seize ans, ayant atteint, d'après la loi civile, l'âge viril, est déclaré *ting,* ou « homme robuste », et par conséquent déclaré contribuable. Les femmes et les enfants mâles au-dessous de seize ans, qui sont ensemble réputés plutôt propres à consommer qu'à produire, sont classés parmi les « bouches », *keou,* et ne peuvent être soumis à aucune sorte d'impôts; mais ceci ne les empêche pas d'être, ainsi que les hommes faits ou contribuables, portés sur les rôles de recensement.

Des magistrats locaux appelés *pao-kia* ou « chefs de dix portes », sont préposés à la vérification des

INSTITUTIONS PUBLIQUES DES CHINOIS. 193

déclarations faites par chaque famille; ainsi que leur titre l'indique, chacun de ces agents du fisc ne compte que dix familles soumises à son inspection, et dont la réunion forme un *paï* ou « rôle de porte ». Dix *paï* font un *kia* ou « décurie », et dix *kia* font un *pao* ou « centurie »[1].

Ces dernières divisions ont aussi chacune, en raison même de leur supériorité et en rapport avec leur importance respective, un chef particulier, chargé de recevoir des préposés subalternes et de transmettre lui-même à ses supérieurs immédiats les rôles recueillis dans les lieux de sa propre juridiction : ces pièces arrivent, par cette voie ascendante, jusqu'aux lieutenants-gouverneurs et gouverneurs de chaque province. Toutes ces listes de recensement, auxquelles on joint l'indication exacte des impôts prélevés sur les populations mentionnées sur les rôles, sont en dernier lieu transmises par le soin de ces hauts fonctionnaires au tribunal supérieur des finances. C'est avec ces documents recueillis de tous les points de la monarchie qu'on établit la « liste jaune » ou « impériale » dite *hoang-tse*, des impôts et revenus de l'empire.

Le dénombrement des terres s'opère en Chine avec une exactitude égale à celle qui préside au recensement de la population. Ne pouvant entrer dans toutes les considérations qu'exigerait un examen complet du cadastre chinois, nous nous bornerons à indiquer ici les divisions que le gouverne-

[1] Voyez Pauthier, *Chine moderne*, page 171.

ment a fait établir de toutes les terres cultivées. Si peu intéressante que doive paraître de prime abord une semblable nomenclature, nous la croyons cependant utile, et propre surtout à nous démontrer une fois de plus l'esprit d'ordre et de méthode qui caractérise en tout le gouvernement chinois.

La nécessité de pourvoir à la subsistance d'une population aussi considérable que celle de la Chine a fait de l'agriculture, dans ce vaste empire, le premier des besoins. On n'y laisse absolument en friche que les parties du sol rebelles aux efforts laborieux de l'homme, car « partout, dit le P. Amiot, où il y a un pouce de terrain propre à la culture, il se trouve un Chinois pour le cultiver [1] ». Tout le sol que la culture a rendu productif se partage en champs, *thien*, et en terres, *thi* : on applique généralement la dénomination de « champs » à tous les terrains dont le sol est bas ou marécageux, et celle de « terres » aux terrains élevés.

La classification des champs et des terres s'établit par de nombreuses divisions désignées par des appellations particulières dont voici les principales, savoir :

Les champs du peuple, *min-thien*;
Les terres apanagères, *keng-ming-thi*;
Les champs des colonies militaires, *tun-thien*;
Les terres des foyers, *thsao-thi*;
Les terres des bannières, *khi-thi*;

[1] *Mémoires sur les Chinois*, t. VI, p. 306.

Les champs fertiles ou du domaine privé, *tchoang-thien;*

Les terres données gracieusement par les empereurs, *gan-chang-thi;*

Les terres des bergers, *mou-thi;*

Les terres d'inspection, *kien-thi;*

Les champs communs, *koung-thien;*

Les champs des études, *hio-thien;*

Les champs de secours, *tchin-thien;*

Les champs des grands roseaux, *lou-thien,* etc.

Il suffit de ces dénominations seules pour montrer tout le soin qu'on met en Chine à faire le dénombrement des terres. Les registres sur lesquels sont consignés tous les détails de nomenclature et de contenance sont établis par les soins du haut tribunal des finances : ces registres servent ensuite pour prélever l'impôt en nature, qui équivaut en Chine à notre impôt foncier.

§ III.

Répartition des impôts. — Nature des impôts : l'impôt de la terre ou impôt foncier; époque de son prélèvement, son objet, sa destination, ses avantages. — L'impôt personnel : les *thing* et les *thing-keou.* — Contributions diverses. — Revenus particuliers de l'empereur. — Abondance des ressources de l'empire chinois.

Le recensement de la population et le dénombrement des terres dont nous venons de donner un aperçu général servent ensemble de point de départ pour établir en Chine une équitable répartition des impôts : un gouvernement bien réglé ne saurait, du reste, asseoir sur une base plus normale et plus rationnelle les lois qui fixent les contributions nécessaires au bien général d'une nation, et, pour cette cause, imposées aux populations.

On trouve en Chine, depuis une époque ancienne déjà, les principaux impôts connus de la France moderne : l'impôt foncier ou de la terre, l'impôt personnel ou cote personnelle, les droits réunis ou droits divers provenant des multiples prélèvements qui se font sur les boissons, les marchandises, le transit, le bétail, la terre morte ou emplacement des marchés, etc., mais le mode de payement de ces diverses contributions en général, particulièrement celui de l'impôt foncier, diffère essentiellement du mode présentement adopté chez nous. La perception de ces impôts divers, telle qu'on la pratique en Chine, rappelle en effet, à s'y méprendre, le régime que nos pères ont connu, la dîme, puisque, à l'exception de quelques contributions particulières, comme, par exemple, la prestation pour les troupes, toutes celles qui affectent le sol se payent généralement en nature et par dixième.

L'impôt sur la terre, connu sous le nom de *thi-fou*, se prélève à deux époques principales de l'année; on perçoit en été le blé et les cocons de soie, et en automne le riz et les autres produits de la saison. S'il arrive, pour une cause quelconque, que ces divers impôts ne puissent pas être payés dans leur totalité aux époques réglementaires, il devient facultatif aux contribuables retardataires de s'en acquitter, dans ce cas, soit en nature, soit en argent ou en étoffes de soie pour les contributions de l'été, et en nature ou seulement en argent pour celles de l'automne; mais il est toujours exigé que chacun s'exonère avant le terme de l'exercice courant, à moins que l'administration n'en ait autrement décidé, ou que la contribution en retard ne soit classée parmi celles dont le gouvernement fait chaque année, pour des causes valables, une généreuse remise.

Cet impôt sur la terre constitue pour le gouvernement chinois un impôt fixe, invariable, et qui entre régulièrement tous les ans dans le trésor de l'État. C'est sur le cultivateur (en Chine l'artisan ne paye rien) que retombe tout le poids de ces contributions permanentes et personnelles. Mais on a pris les plus grandes précautions pour qu'il ne soit ni surchargé par la taxe, ni vexé pour cause de recouvrement : l'étendue de ses terres, exactement et légalement cadastrées, leur degré de fertilité, dûment constaté, déterminent et règlent sa redevance. Il trouve de plus une grande facilité à s'acquitter de sa dette envers l'État dans la faculté qu'il a de payer ses impôts en nature. Cette méthode aussi simple que commode, adoptée et conservée jusqu'à nos jours par le gouvernement chinois, a pour le contribuable l'immense avantage de le débarrasser de l'obligation, souvent onéreuse et préjudiciable, d'échanger péniblement et à contretemps les produits de ses champs ou de son industrie contre une somme d'argent.

D'un autre côté, cette facilité accordée aux sujets ne gêne pas l'État en Chine, comme elle pourrait le faire en Europe, dans la dispensation que le gouvernement doit faire des revenus publics. Chaque province de ce vaste empire compte un grand nombre de participants au budget : mandarins, officiers, soldats et pensionnaires de toute espèce, auxquels on fournit en nature de quoi se nourrir et se vêtir. C'est même, pour la plupart d'entre eux, souvent la principale portion, sinon toujours la totalité de leurs appointements. Il résulte de ce système que les denrées perçues à titre d'impôts dans les provinces y sont consommées presque sans déplacement. Ce qui en reste est vendu au profit du trésor impérial.

L'impôt personnel, *ting-fou*, s'établit d'une manière fixe et invariable pour une période de cinq ans, quel que puisse être dans ce laps de temps l'accroissement de la population [1]. Cet impôt porte sur la portion virile de la population dite *ting*, « hommes robustes ou contribuables », par opposition à la classe des *ting-keou* ou « bouches », qui comprend les femmes et les enfants mâles au-dessous de seize ans. Chaque chef de famille, soit qu'il appartienne à la population des villes, des bourgs, des villages ou des marchés, à la population qui cultive les champs ou à celle de passage, soit qu'il

---

[1] Édit de la 52e année Kang-hi (1713).

fasse partie de la classe « supérieure », « moyenne » ou « inférieure », doit déclarer exactement, sous peine du fouet, le nombre des personnes contribuables qui dépendent de lui.

Cet impôt personnel, perçu dans les conditions que nous venons d'indiquer, forme, avec l'impôt des terres, la portion la plus solide et la moins variable des revenus de l'État; mais, ne pouvant suffire à tous les besoins, il ne dispense pas de l'impôt en argent, ce nerf de la guerre dont aucun gouvernement ne saurait se passer. Les contributions de cette nature proviennent particulièrement des douanes, de la vente du sel, qui se fait au profit de l'empereur, des droits d'entrée perçus dans les ports, et des autres droits imposés au commerce. Ajoutons-y ceux établis, selon les provinces, sur la pêche, les grands roseaux, les mines, le thé, et une foule d'autres produits de diverses natures, dont les uns, selon le cas, se payent en nature et les autres en argent; et encore, les droits perçus en échange des charges publiques ou corvées, du service des postes, etc., etc., et nous pourrons nous faire une idée de la multiplicité des impôts chinois : la résultante en sera telle qu'aucun peuple de l'Europe peut-être ne sera tenté de l'envier.

Nous n'aurions pas tout dit si nous nous bornions à mentionner, comme nous venons de le faire, les sources productives du revenu fixe et constant du trésor impérial : à ces recettes déjà si considérables viennent se surajouter les sommes qui proviennent annuellement des domaines que le souverain possède à titre de propriété particulière en Chine et en Tartarie. Il faut y joindre encore la vente exclusive de la célèbre racine de *gin-seng*, plante médicinale qu'on paye sept à huit fois son poids en argent, et dont il se fait une si prodigieuse consommation dans l'empire; le produit des haras du gouvernement, d'où sortent tant de milliers de chevaux vendus au profit de l'empereur; les revenus des innombrables troupeaux qu'on élève pour lui sur les montagnes de la Tartarie; la pêche des perles dans le Hé-long-kiang; la chasse, dont le produit est le principal tribut que les Tartares Mantchoux et Moungous payent au monarque chinois; les présents que les grands officiers des provinces, les douaniers, les fermiers du sel et tous les mandarins sont obligés de lui faire dans certaines circonstances souvent répétées; les confiscations, augmentées d'une infinité de redevances en denrées de toutes sortes, mais principalement en riz, en thé, en soie; enfin le produit des mines de cuivre blanc et rouge des provinces d'Yun-nan et de Kouei-tcheou, mines si abondantes et si nécessaires qu'elles sont regardées comme l'une des principales richesses de l'État et l'un des grands revenus du prince, etc., etc. Si l'on réunit toutes ces branches de produit annuel, et si l'on remarque que le souverain a la faculté d'accroître encore ses revenus par de nouvelles impositions, on n'hésitera pas, sans doute, à accorder à cet opulent monarque un des premiers rangs parmi les souverains chargés de gouverner les empires.

§ IV.

Budget des dépenses. — Les douze chapitres des dépenses. — Épargnes du trésor. — Remise des impôts.

Le tribunal des finances, qui préside exclusivement à la régie, à la répartition et à la perception des impôts, est chargé, par une conséquence toute naturelle de ses attributions, du service des dépenses. On comprend facilement que dans un empire aussi vaste que celui de la Chine, et aussi bien pourvu de fonctionnaires de tout rang, celles-ci doivent être immenses. Nous ne pouvons entrer à ce sujet dans tous les détails que comporterait la matière ; obligés de nous restreindre, nous dirons simplement que le budget des dépenses du gouvernement chinois porte sur douze points principaux, qui forment autant de chapitres spéciaux dans l'ordre qui suit, savoir :

1° Frais de culte ou service des sacrifices et cérémonies publiques (*tsi-sse-tchi-khouan*) ;

2° Service de la magistrature cantonale, dont les fonctions sont d'enseigner et de faire observer les lois au peuple (*i-hien-tchi-khouan*) ;

3° Allocation en argent pour la nourriture et l'entretien des employés subalternes des diverses administrations et des divers services publics (*foung-chi-tchi-khouan*) ;

4° Allocation affectée aux examens publics des licenciés (*kho-tchang-tchi-khouan*);

5° Solde et entretien de l'armée (*hiang-khieu-tchi-khouan*);

6° Service des postes et courriers du gouvernement (*yi-tchan-tchi-khouan*);

7° Allocation de subsides aux gradués ou licenciés (*lin-chen-tchi-khouan*);

8° Secours aux pauvres et aux établissements généraux de bienfaisance et de charité publique (*chang-siue-tchi-khouang*) ;

9° Service de l'entretien et de la réparation des ponts et chaussées (*sieou-chen-tchi-khouan*);

10° Dépenses diverses réunies (*tsaï-pan-tchi-khouan*);

11° Allocation pour les manufactures impériales (*tchi-tsao-tchi-khouan*);

12° Traitement des mandarins civils et militaires; allocation aux établissements d'instruction publique (*koung-lien-tchi-khouan*)[1].

Cette énumération chapitre par chapitre des dépenses du gouvernement chinois, laisse à désirer peut-être sous le rapport de détails plus étendus ; elle est au moins une démonstration nouvelle de l'ordre et de la régularité qui président en Chine à l'administration de la chose publique. Il est reconnu, du reste, par tous ceux que le désir de faire connaître en Europe les institutions de ce grand empire a portés à en étudier l'organisation

---

[1] Voyez *Chine moderne*, p. 196 et suiv.

particulière, que tout y est si bien réglé et tellement combiné en matière de dépenses publiques, qu'on n'en dépasse jamais le chiffre, toujours régulièrement déterminé, à moins toutefois d'y être contraint par une nécessité absolue. Il arrive même (exemple bien rare dans notre moderne Europe!) que l'administration fait chaque année des épargnes dont s'enrichit le trésor général de l'empire; ces fructueuses économies préviennent souvent l'établissement de nouveaux impôts dans le cas d'une guerre inévitable ou de calamités imprévues.

Grâce à de telles épargnes, l'empereur Kien-long se donna par trois fois dans le cours de son règne la royale satisfaction de faire à son peuple la remise de la totalité de l'impôt sur les terres. Pourrait-on citer ailleurs des souverains ou des gouvernements qui soient en état de signaler leur munificence et l'abondance de leurs ressources par un cadeau d'environ trois cents millions fait aux populations, et qui puissent, dans le cours d'un règne ou celui d'une longue période de sessions législatives, renouveler ce bienfait par trois fois? Mais, il faut bien le dire, autres pays, autres nécessités; autre civilisation, autres besoins : les nations de l'Europe moderne en connaissent en effet que la Chine n'a pas.

Aussi, tout en tenant compte des grands avantages qui résultent pour le peuple chinois des économies que nous venons de signaler, nous ne pouvons et ne voulons pas méconnaître que, si l'état de la civilisation en Chine eût permis ou permettait à l'heure présente de couvrir ce vaste Empire du Milieu de voies ferrées semblables à celles qui sillonnent les pays de l'Occident, et de donner ainsi l'élan à toutes les industries et le réveil à des peuples qui, sous ce rapport, dorment d'un sommeil séculaire, le bienfait serait et préférable et plus grand, puisqu'au lieu de se borner au court moment d'un bienfait passager, il aurait pour les générations, même de l'avenir, les plus incontestables conséquences de prospérité et de bien-être.

§ V.

Monnaies de la Chine. — Monnaie de cuivre. — Absence d'effigie. Inscriptions en mantchou et en chinois. — Le *mao*, le *tsien*, le *pou-eurh*. — Monnaie d'argent : lingots, le *liang* ou *taël*. — Le titre de l'argent et ses divisions. — L'argent de *ouen-in*. — Le *fen*. — Balance portative. — Inconvénients de la monnaie chinoise. — Objections des Chinois au sujet des monnaies de valeur fixe. — Les mines de la Chine.

Le tribunal des finances est chargé de la police générale des monnaies, dont la fabrication cependant n'est pas de son ressort, mais appartient au tribunal des travaux publics.

Quoique l'usage de la monnaie soit très-anciennement connu en Chine, puisque les historiens le font remonter au temps des Hoang-ti et des Yao, c'est-à-dire aux commencements mêmes de la monarchie, il est loin d'y avoir reçu dans la pratique les développements et la perfection qu'ont su lui donner, même à des époques relativement anciennes, tous les autres peuples civilisés.

La Chine, à l'heure qu'il est, n'a pas encore, à proprement parler, un système monétaire parfaitement et invariablement établi ; sa monnaie n'est que de deux sortes, l'une d'argent et l'autre de cuivre, et encore serait-il plus exact de dire que la monnaie de cuivre mérite seule d'être ainsi nommée, puisque seule elle est sous forme de pièces, tandis que l'argent ne circule qu'en lingots. Il faut remarquer cependant que ces lingots ont un poids déterminé, et sont dans des conditions légales d'alliage qui en fixent la valeur : ce qui sert à leur donner dans les échanges du commerce, tout aussi bien qu'aux pièces de cuivre fondues avec un module uniforme et réglementaire, toutes les garanties propres d'une monnaie régulièrement établie.

La monnaie de cuivre, *tsien*, se compose de pièces de forme ronde, de deux centimètres environ de diamètre. Cette monnaie ne porte pas en relief, comme la nôtre, l'effigie du souverain, mais le *nom du règne* de l'empereur régnant et les mots chinois *thoung-pao*, « monnaie précieuse circulante ». Ces derniers mots sont reproduits au revers en mantchou. L'usage de marquer ainsi la monnaie chinoise ne remonte pas au delà de l'établissement de la dynastie tartare actuellement régnante. Chaque pièce, dont la valeur intrinsèque équivaut à peu près à cinq millièmes de franc, est en outre percée par le milieu d'un petit trou carré qui sert à les enfiler et à en composer des « ligatures », *tchoûan*, par quantité variable de cent, deux cent cinquante, deux cent soixante-dix. Six mille deux cent quarante-neuf ligatures de ce dernier chiffre forment ce qu'on appelle un *mao* de *tsien*. La Monnaie impériale de Péking fond quatre-vingt-six *mao* en année ordinaire. Les Monnaies de l'intérieur des provinces composent généralement leurs ligatures de deux cent cinquante pièces et produisent annuellement cinq cent trente-sept mille quatre cent trente-sept *tchouan* de *tsien*. Le *tsien* est la dixième partie de l'once d'argent chinoise et a une valeur approximative de 75 centimes. Cette pièce de cuivre se subdivise en fractions moindres, qui, au lieu de simplifier, ne servent qu'à rendre plus difficile l'usage de la monnaie chinoise. Outre le *tsien*, il existe encore une autre petite pièce de cuivre appelée *pou-eurh*, de la valeur minime de 4 centimes. Elle ne paraît pas être autre chose que le *para* turc en usage chez les populations musulmanes soumises à la domination chinoise, et dont elles se servent pour payer leurs impôts.

L'unité de la monnaie d'argent est le *leang* ou *taël*, qui égale 37 grammes 58. Le *taël* n'a pas une valeur uniforme dans toutes les provinces de l'empire, ni même dans une province. Sa valeur hausse et baisse plusieurs fois dans l'année ; sa moyenne la plus ordinaire est de 7 francs 80 centimes comparée à notre monnaie.

Les pièces d'argent chinoises ne sont point à proprement dire monnayées : le poids et le titre en déterminent seuls la valeur. On fond tout simplement l'argent en grands et petits lingots amincis qu'on coupe, selon le besoin, en morceaux de dimensions diverses. Les Chinois divisent le titre en cent parties, comme nous fixons à vingt-quatre carats le plus grand raffinement de l'or. L'argent fin est celui qui n'a pas même un centième d'alliage ; c'est ce qu'on appelle argent de cent, ou *ouen-in*. L'argent de quatre-vingt-dix-neuf, de quatre-vingt-dix-huit, de quatre-vingt-dix-sept, etc., etc., est celui qui sur une once a un, deux, trois, etc., etc., *fen*, ou centièmes d'alliage ; l'argent courant n'est guère au-dessous de quatre-vingt-dix-sept ; cependant il y a des provinces où il a cours jusqu'à quatre-vingt-douze et demi. L'empereur et le tribunal des finances ne reçoivent et ne donnent que de l'argent fin.

Les Chinois sont très-habiles à juger du titre de l'argent par la vue seule, et ils s'y méprennent rarement ; ils font usage, pour en peser les morceaux qui leur servent de monnaie, d'une petite balance portative, composée d'un petit plateau, d'un bras d'ivoire ou d'ébène, et d'un poids mobile et courant : c'est la balance romaine. Aucun Chinois n'est dépourvu de cet utile instrument, qu'il porte constamment sur lui enfermé dans une élégante petite boîte de vernis. On peut y peser depuis quinze à vingt taëls d'argent jusqu'à la valeur d'un denier, mais cette balance est plus forte ou plus faible selon les lieux : cette variété n'embarrasse cependant pas dans le commerce, parce que la balance de l'empire ou du tribunal des finances sert de règle générale pour déterminer les différences. On peut, d'ailleurs, dans les payements, spécifier la balance dont on se servira.

D'après ce qui précède il est facile de voir que la monnaie du Céleste Empire est une des plus incommodes qu'aucun peuple ait jamais employée. Que d'obstacles le poids embarrassant des ligatures de la monnaie de cuivre ne doit-il pas apporter, en effet, à la facilité des transactions quotidiennes du petit, et même du haut commerce? Les inconvénients inévitables de cette lourde monnaie nous paraîtront bien plus grands encore si nous considérons les variations dont, selon les cas, elle est susceptible quant à sa valeur comparée à celle de l'argent. On n'est pas, en effet, toujours en droit d'opposer la valeur numérique d'un nombre de petites pièces de cuivre à une seule pièce d'argent, en cas d'échange. Tantôt une once d'argent, balance de l'empire, équivaut à mille gros deniers, tantôt elle n'équivaut qu'à huit cents. C'est la valeur intrinsèque de l'une et de l'autre monnaie qui tranche la difficulté.

La valeur intrinsèque de la monnaie de cuivre étant ainsi sujette à varier, à ce point qu'elle vaut tantôt plus tantôt moins comme métal ou comme monnaie, le gouvernement pourvoit à rétablir l'équilibre au moyen des immenses réserves métalliques entassées dans les magasins de l'État, toujours abondamment remplis, puisque le souverain seul est propriétaire de toutes les mines de l'empire. Sa politique à cet égard, disent les missionnaires, « est de ne jamais souffrir que le cuivre soit à un assez bas prix pour qu'on puisse gagner à faire de la fausse monnaie, ni assez cher pour qu'on gagne beaucoup à fondre la monnaie pour la mettre en œuvre. »

Quant à la monnaie d'argent, les Chinois conviennent eux-mêmes qu'il serait d'un usage plus commode d'en avoir une, comme en Europe, d'un prix fixe et d'un poids déterminé. Cette idée paraît même avoir fait chez eux, de nos jours, un progrès tel, que l'époque de sa réalisation pourrait bien devenir prochaine ; mais, jusqu'aux temps présents, ils ont objecté que les provinces fourmilleraient de faux monnayeurs ou de gens qui altéreraient les monnaies, tandis que cet inconvénient n'est pas à craindre avec la pratique de couper l'argent à mesure qu'on en a besoin. Le gouvernement chinois, d'un autre côté, a toujours pensé que l'accroissement des matières d'or et d'argent n'ajoute en rien aux richesses de l'État. La Chine renferme plusieurs mines d'or, d'argent, même de pierreries ; toutes sont fermées. Celles de fer, de cuivre, de plomb et d'étain sont ouvertes, parce que leurs produits sont jugés nécessaires ou utiles aux usages de la vie.

§ VI.

De l'intérêt de l'argent. — Élévation exorbitante du taux. — La loi de l'intérêt en Chine. — Maximes des économistes chinois.

L'argent en Chine est à un taux qui passerait en France pour une usure punissable, si nos grands ou petits prêteurs de fonds n'avaient pas à leur usage, pour obtenir même résultat, l'habileté ou le déguisement de moyens qui les mettent en paix, sinon avec leur conscience, au moins avec la loi : ce qui pour nous revient à dire que, sous ce rapport, ils sont assurément tout aussi Chinois que les plus forcenés prêteurs du Céleste Empire. L'intérêt de l'argent en Chine ne va donc pas à moins de trente pour cent par année, et l'année n'est que lunaire. Une loi qui règle la matière, publiée il y a plus de quatre cent cinquante ans, prononce ainsi :

« Quiconque prêtera ou en argent ou en biens-
« fonds, ne pourra recevoir que trois *fen* par lune
« (un *fen* est le centième de la chose due). Quelque
« accumulée que soit la dette par les lunes et les
« années, le capital et l'intérêt resteront toujours
« les mêmes. Si on contrevient à la loi, on sera
« condamné à quarante coups de *pan-tsée*[1], et à
« cent, si on use d'artifice pour faire passer l'intérêt
« dans le capital. »

Tout en trouvant parfaite cette dernière clause

---

[1] Bâton de bambou qui sert à donner les bastonnades infligées par la justice.

INSTITUTIONS PUBLIQUES DES CHINOIS.   211

de la loi chinoise, il nous est cependant difficile d'apercevoir les motifs sur lesquels elle se fonde pour autoriser un intérêt si exorbitant. Les écrivains chinois qui ont traité cette question éprouvent le même embarras. Une des meilleures raisons qu'en donne un d'entre eux, c'est que le taux excessif de l'argent empêche celui qui en a beaucoup d'acheter une trop grande quantité de terres ; ces possessions ne serviraient qu'à l'embarrasser, qu'à l'appauvrir même, puisque leur produit sera bien inférieur au produit de son argent. Il résulte de cette loi que les propriétés foncières restent plus divisées, et qu'il arrive rarement en Chine qu'une famille aliène son patrimoine. « On ne voit point là comme ailleurs, » dit un auteur, « une partie de la nation posséder tout, et le reste réduit à n'avoir d'autre propriété que ses bras. » Est-ce un bien? est-ce un mal? question grandement débattue ailleurs qu'en Chine, et nulle part encore nettement résolue. Peut-être oublie-t-on un peu trop partout de tenir assez compte et des temps et des lieux ? La solution de ce difficile problème, croyons-nous, gît en ce point ; c'est tout ce que nous avons à en dire ici.

Un autre lettré chinois assigne à cette loi sur le taux de l'intérêt un but purement moral, et nous préférons son sentiment à tout autre. Il observe que dans un empire où les impositions sont modérées, le recouvrement facile, les mœurs simples, peu fastueuses, et où le gouvernement, loin d'emprunter, augmente sans cesse son trésor, les emprunts ne peuvent guère être faits que par les dissipateurs. L'État a cru ne pas devoir les ménager, et c'est pourquoi il autorise l'intérêt de l'argent à trente pour cent. La manière dont cet écrivain chinois exprime son sentiment nous paraît à la fois si originale et si sensée, que nous cédons au désir de le citer. « Si la guerre la plus heureuse, » dit-il, « est celle qui est le plus tôt terminée, celle que fait « l'intérêt du prêt aux prodigues et aux dissipateurs « est la plus efficace qu'on puisse désirer. Elle est « poussée avec tant de vivacité, qu'ils ne sauraient « tenir longtemps à la campagne : il ne faut aujour- « d'hui qu'un ou deux ans pour ruiner de fond en « comble l'opulent héritier d'un mandarin ou d'un « gros marchand, lequel autrefois aurait joui plu- « sieurs années de sa fortune et corrompu toute une « ville par la continuité de ses fêtes et de ses « débauches. »

§ VII.

Le *souan-pan* ou machine arithmétique des Chinois.

Puisque nous parlons d'argent, disons un mot de cette machine à compter que les Chinois appellent *souan-pan*, plus connue des Européens sous le nom d'*abaque*, que lui donnèrent les Portugais. On s'en sert en Chine pour faciliter les calculs. Cette sorte de machine arithmétique « consiste en une planche carrée, mais plus large que haute, garnie de rebords. Une planchette étroite et verticale divise ce châssis en deux carrés longs que traversent dans leur hauteur dix à douze petites verges ou fils de fer, disposés parallèlement et à égale distance. On peut, à volonté, multiplier le nombre de ces verges. Dans chacune d'elles sont enfilées sept petites boules d'or ou d'ivoire, deux dans le carré long supérieur, deux dans le carré long inférieur ; ces boules sont mobiles et glissent sur leur axe, soit qu'on les rapproche de la planchette intérieure qui divise le châssis, soit qu'on les éloigne.

« Cet instrument se pose à plat sur une table, et le calculateur qui s'en sert tourne vers lui les extrémités des verges, dont chacune porte les cinq boules. Voici sur quels principes sont fondés l'art et les propriétés de cet instrument :

« 1° Les boules ne comptent qu'autant qu'elles sont poussées près de la planchette qui forme la division intérieure ;

« 2° Les cinq boules du carré long inférieur représentent chacune une unité, et chacune des deux boules correspondantes du carré long supérieur en vaut cinq, toutes les fois néanmoins qu'on leur donne une valeur, c'est-à-dire qu'on les rapproche de la planchette intérieure ;

« 3° Les boules de toutes les verges, en parcourant celles-ci de droite à gauche, augmentent de valeur dans une progression décuple. La première verge, placée à droite, marque les unités ; les suivantes donnent successivement les dizaines, les centaines, mille, dizaines de mille, et toutes les puissances auxquelles s'élève le nombre dix dans l'ordre progressif. »

Veut-on, par exemple, marquer sur le *souan-pan* le nombre 60,737 ? on procédera comme il suit :

1° On poussera vers la planchette de division, dans le carré long inférieur, deux boules de la première verge à droite, lesquelles représentent les unités, et on approchera de la même planchette une des deux boules du carré supérieur, lesquelles valent chacune cinq unités : ces trois boules réunies donnent. 7

2° On passe, allant de droite à gauche, à la verge suivante, qui est celle des dizaines, et on fait glisser vers la planchette trois boules du carré inférieur, lesquelles indiquent trois dizaines ou le nombre. 30

3° Sur la troisième verge, dont les boules comptent pour cent, on en détache deux que l'on pousse contre la division intérieure, vers laquelle en même temps on abaisse une des deux boules du carré supérieur ; comme celle-ci vaut cinq cents, les trois boules produisent le nombre. 700

4° Sur la quatrième verge, on ne déplace aucune boule, et cette nullité de produit donne. 0

5° Parvenu, en procédant toujours de droite à gauche, à la cinquième verge, qui est celle des dizaines de mille, on approche de la planchette une des boules du carré inférieur, à laquelle on joint une autre boule du carré supérieur, et ces deux boules donneront six dizaines de mille ou. 60,000

6° On réunit ensuite toutes ces quantités numériques marquées sur le *souan-pan*, et on trouvera pour nombre total. 60,737

INSTITUTIONS PUBLIQUES DES CHINOIS. 215

Il suffira au lecteur de jeter un simple coup d'œil sur le tableau qui suit pour se rendre compte de cette opération.

	Dixaines de millions.	Millions.	Centaines de mille.	Dixaines de mille.	Mille.	Centaines.	Dixaines.	Unités.	
	ooooo	ooooo	ooooo	oooo	ooooo	ooo	ooo	ooo	
				o		oo	ooo	oo	
				o	o	o			
Total.		oo	oo	o	oo	o	oo	o	
				60,000 0		700	30	7	60,737

Les boules du *souan-pan* font absolument, comme il est facile de s'en apercevoir, le même office que les jetons sous la main d'un calculateur; il suffit en effet de disposer des jetons dans le même ordre arithmétique représenté dans ce tableau pour avoir le même système de numération, et le calcul donnera les mêmes résultats.

Les Chinois, à l'aide de cet instrument, d'une simplicité, on le voit, toute primitive, peuvent calculer les sommes les plus élevées, et ils exécutent ces calculs avec une si inconcevable vitesse, qu'ils sont capables de suivre par ce moyen la lecture rapide d'un livre de comptes.

§ VIII.

Poids et mesures des Chinois.

Les poids et mesures dépendent administrativement tout à la fois, mais sous des rapports respectifs, du tribunal des travaux publics et de celui des finances. Nous les indiquerons ici.

En Chine, comme autrefois en France, les poids et mesures varient suivant les provinces et souvent même selon des circonscriptions territoriales d'une étendue moindre encore. Nous ne donnerons ici que le tableau des poids et mesures réglementairement déterminés et adoptés par le gouvernement.

« Les mesures et les poids chinois sont compris sous ces quatre termes génériques : *liu*, fistule; *leang*, mesure cubique ou sèche; *tou*, mesure de longueur; et *hen*, poids. L'ancien chalumeau musical, nommé *hoang-tchong*, a été la base des mesures, des poids et des nombres chinois. Ce chalumeau a servi à déterminer les longueurs, le diamètre, les mesures et les poids par le nombre de grains de blé qu'il contenait. On remarquera dans les tableaux suivants que les mesures chinoises sont toutes décimales de quelque dénominateur. Ainsi un pied, *tche*, est la décimale d'un *tchang*, toise; un pouce, *tsen*, celle d'un pied, etc. Notre système décimal français n'était donc pas une invention nouvelle, comme bon nombre de personnes l'ont cru [1]. »

I.

Mesures de longueur et de distance géographique. — 1° Pied chinois. Ses composés et ses subdivisions.

Le pied chinois ou le *tche*, comparé à notre mètre, égale 315 millimètres; le *tchang*, ou « toise », comprend dix pieds, et le *yn* vaut dix toises.

Le *tsen*, ou « pouce », est la dixième partie du pied.

Le *fen*, ou « ligne », est la dixième partie du pouce.

Le *ly* est la dixième partie du *fen*.

Quoique les mesures qui suivent ne soient pas en usage, nous les indiquerons cependant. Il y a donc encore :

Le *hao*, ou la dixième partie du *ly*;
Le *see*, ou la dixième partie du *hao*;
Le *hou*, ou la dixième partie du *see*;
Le *ouy*, ou la dixième partie du *hou*;
Le *tsien* est la dixième partie du *ouy*, ou la millionième partie du *fen*. Les Chinois conçoivent et

[1] *Dictionnaire français-latin-chinois de la langue mandarine parlée*, par M. Paul Perny, provicaire apostolique de Chine.

dénomment encore quatorze autres subdivisions pour arriver à l'idée abstraite du vide.

2° Le *pas* et le *li* chinois.

Le pas, ou *mou* en chinois, égale 1 mètre 575 millimètres; trois cent soixante pas font une lieue, *chin* ou *li*.

La lieue chinoise est la dixième partie de la nôtre.

3° Le *mou* ou arpent chinois.

L'arpent chinois, appelé *mou* ou *meng*, a varié avec les temps et suivant les dynasties. Il est aujourd'hui, à peu de chose près en moins, d'environ six hectares.

D'après les anciennes divisions des possessions chinoises, cent pas faisaient un *mou*, et cent *mou* faisaient un *fu*, ou la portion d'un père de famille; il possédait en outre cinq *mou* ou cinq cents pas pour sa maison ou son habitation. Toutefois cette division du territoire fut sujette à maintes variations.

Sous la dynastie des Hia, on donnait à chaque père de famille cinquante *mou*, et il payait pour impôt le produit de cinq *mou*, c'est-à-dire la dixième partie.

Sous la dynastie des Yn, les terres furent divisées en carrés. Six cent trente *mou* formaient neuf carrés, dont l'espace se nommait *chin*. Chacun de ces neuf carrés contenait soixante-dix *mou*; huit pères

INSTITUTIONS PUBLIQUES DES CHINOIS. 219

de famille les cultivaient. Le carré du milieu, qu'on nommait le carré public, était cultivé en commun par les huit pères de famille, et il était consacré à payer l'impôt. On payait alors le neuvième. Les huit autres carrés latéraux appartenaient à chacun des huit pères de famille, sans aucun impôt.

Sous la dynastie des Tcheou, on donna à chaque père de famille cent *mou*. Dans les campagnes voisines de la métropole, on suivait la loi de la dynastie des Hia. Ces mille *mou* étaient entourés d'un canal; on nommait cet espace un *keu*. Dans les campagnes éloignées de la métropole, on suivait la loi de la dynastie des Yn; huit pères de famille cultivaient ensemble neuf carrés ou neuf cents *mou*, qu'on appelait un *chin*. Ces dix ou ces huit pères de famille payaient pour impôt un dixième. Mais sur cette dixième portion qui payait l'impôt, on défalquait, dans la part des dix pères de famille, vingt *mou* pour leurs maisons et leurs jardins. Dans la part des huit pères de famille, on défalquait quatorze *mou* sur les soixante-dix *mou* du neuvième carré, pour le même usage [1].

En examinant les anciennes divisions d'étendue pour les lieux habités, on trouve encore que quatre *chin* faisaient un *ye*, un petit hameau.

Quatre *ye* faisaient un *tien*, ou bourg.

Quatre *tien* un *hien*, ou ville murée.

Quatre *hien* faisaient un *tu*, ou contrée, ou grand carré, dont chaque côté contient trente-deux *li*.

[1] Voyez *Mémoires sur les Chinois, Description générale de la Chine.*

II.

Poids chinois.

La livre chinoise, ou *kin*, contient seize onces, comme l'ancienne livre française.

L'once chinoise, ou *leang*, ou *tael*, est de 37 grammes 58 centigrammes.

Le *tsien* est la dixième partie du *leang* ;

Le *fen*, la dixième partie du *tsien* ;

Le *ly*, la dixième partie du *fen* ;

Le *hao*, la dixième partie du *ly*.

Quand il s'agit de poids d'or et d'argent, la livre chinoise a plusieurs autres divisions au-dessous du *hao*, telles que :

Le *sé*, la dixième partie du *hao* ;

Le *fou*, la dixième partie du *sé* ;

Le *tchin*, la dixième partie du *fou* (*tchin* signifie grain de poussière) ;

Le *yai*, la dixième partie du *tchin* ;

Et ainsi de suite pour le *miao*, le *mo*, le *tsiun* et le *sun*.

Deux *kin* ou deux livres font un *yu*.

Trente livres font un *kouan*.

Cent livres font un *tan*.

Cent vingt livres font un *che*, ou la charge d'un homme fort.

INSTITUTIONS PUBLIQUES DES CHINOIS. 221

Poids chinois pour le blé, le riz, etc.

Le *che*, ou poids de cent vingt livres;
Le *teu*, dixième partie du *che*;
Le *chin*, dixième partie du *teu*;
Le *ho*, dixième partie du *chin*;
Le *cho*, dixième partie du *ho*;
Le *chao*, dixième partie du *cho*;
Le *chua*, dixième partie du *chao*;
Le *quey*, dixième partie du *chua*;
Le *so*, dixième partie du *quey*.

Le boisseau de riz pèse communément dix livres chinoises, et quatre boisseaux font le sac de riz.

Les poids et mesures usités en Chine sont loin, comme nous avons eu soin de l'observer, d'être les mêmes dans tout l'empire. Les Chinois, si enclins pourtant à tout réglementer, ne paraissent pas avoir attaché une grande importance à l'uniformité des poids et mesures. Voici les raisons qu'en donne le célèbre empereur Kang-hi dans ses *Instructions sublimes* à ses enfants.

« Quoique ces mesures soient dans quelques endroits un peu plus courtes, et dans d'autres un peu plus longues et plus grandes, lorsqu'on vient à comparer la quantité des choses à leur prix, il se trouve que toutes ces mesures se rapportent à celles qui ont été fixées par le tribunal compétent. En apparence elles sont différentes, et en réalité elles ne le sont pas. Ainsi, au lieu de faire une loi générale pour les rendre uniformes, il vaut mieux, pour le bien commun, s'accommoder à la façon de penser du peuple, et le laisser suivre ses anciens usages sur cette matière. Durant des milliers d'années, depuis l'antiquité la plus reculée, le pied ou la balance n'ont jamais changé; si on les changeait tout à coup pour rendre toutes les mesures uniformes, non-seulement le peuple n'en retirerait aucun avantage, mais cela pourrait être préjudiciable à l'État, et ce serait s'écarter de la vraie manière de gouverner. »

§ IX.

Douanes de la Chine.

Les douanes étant une source de revenus qu'aucun gouvernement n'est dans l'habitude de négliger, nous devons nécessairement les trouver en Chine. Leur surveillance est confiée aux hommes de la police, sous la direction d'un mandarin d'une probité éprouvée, nommé par le vice-roi de chaque province pour toute l'étendue de son gouvernement; il est rendu compte de leurs produits au tribunal des finances, qui les fait figurer dans le budget général de l'empire.

Les appréciations varient sur la facilité ou la rigueur avec laquelle se fait ce service : d'après certains voyageurs il s'exerce avec une sévérité désespérante, et d'après d'autres les douanes de la Chine seraient peut-être les plus douces du monde entier. Quoi qu'il en soit, il paraît néanmoins qu'elles ne concernent guère que les marchands. S'agit-il d'un voyageur ordinaire? ses malles ou paquets sont rarement fouillés par les commis, quoiqu'ils en aient le droit.

Enfin le tribunal des finances administre les magasins généraux de l'État, les greniers publics, dont la sage et prévoyante institution devrait rendre jaloux les gouvernements de l'Europe. Nous nous réservons d'en parler tout particulièrement au chapitre des institutions de bienfaisance de l'empire chinois.

CHAPITRE VIII.

INSTITUTIONS PUBLIQUES DES CHINOIS. — TROISIÈME COUR SOUVERAINE OU GRAND TRIBUNAL DES RITES.

§ Ier.

Importance des rites en Chine. — Fonctions générales du tribunal des rites. — Les différentes classes ou divisions des rites.

Les rites ou observances ont en Chine une telle importance, qu'ils sont en quelque sorte la base de la vie publique et privée des Chinois, et deviennent pour eux comme une seconde nature. Le gouvernement et les particuliers les observent, conformément aux règles qui les établissent, avec la plus scrupuleuse exactitude. Ces antiques prescriptions sont des lois vénérées de tous, et la fidélité séculaire des Chinois à les prendre pour règle, aussi bien dans toutes les circonstances de la vie privée que dans celles de la vie sociale, n'est pas une des moindres causes qui ont valu à ce peuple singulier sa prodigieuse durée comme nation. Enfin disons que pour tout Chinois les rites et leur fidèle observance sont considérés comme le dernier terme de la civilisation, l'expression même qui la caractérise et lui donne le lustre et le fini.

Nous sommes loin sans doute, à tort ou à raison, d'avoir dans l'état présent de notre société, les mêmes idées que les habitants du Céleste Empire sur l'importance et la valeur des formes cérémonieuses, mais assurément nous ne serons pas étonnés, avec la connaissance que nous avons déjà du caractère de ce peuple singulier, de trouver chez lui l'institution d'un tribunal spécial, établi pour conserver l'intégrité des rites, en rappeler les prescriptions et veiller à ce qu'elles soient, en tout temps, rigoureusement suivies.

Ces importantes fonctions incombent à la troisième des grandes cours souveraines, appelée le *li-pou*, ou « grand tribunal des rites », chargé en même temps de l'inspection des sciences et des arts. C'est donc ce troisième grand tribunal qui veille à l'entretien des temples, qui règle tout ce qu'on doit observer dans les sacrifices que l'empereur offre chaque année, comme aussi dans les banquets de cérémonie qu'il donne, soit aux étrangers, soit à ses sujets. Ce même tribunal fait encore exécuter les règlements relatifs aux distinctions littéraires et à la préséance dans les circonstances officielles. De plus, le tribunal des rites reçoit, loge, traite, congédie les ambassadeurs; c'est lui enfin qui veille à la tranquillité des différentes religions tolérées dans l'empire, et que l'empereur consulte au sujet des grâces qu'il veut répandre et des distinctions qu'il lui plaît d'accorder. L'importance de ce haut tribunal, du reste, sera mieux comprise si on considère les détails qui suivent sur le nombre, la nature et l'objet des rites vénérés des Chinois.

C'est dans le *Li-ki*, ou « Mémorial des cérémonies », le quatrième livre des *King*, ou livres sacrés des Chinois, que nous trouvons le code des rites, leurs règles et prescriptions. Les rites se divisent en cinq classes ou sections principales.

La première se rapporte aux « Rites d'heureux auspices » (*Kie-li*), et a trait à toutes les cérémonies de la religion ;

La seconde aux « Rites de joie, de satisfaction, de contentement » (*Kia-li*); elle contient toutes les formules du cérémonial des fêtes publiques à l'occasion des événements fastes de l'empire ;

La troisième aux « Rites militaires » (*Kiun-li*), observés dans toutes les solennelles circonstances qui touchent à l'armée, comme les revues, les préparatifs de la guerre, etc., etc. ;

La quatrième aux « Rites d'hospitalité » (*Pin-li*); elle donne le cérémonial qui établit le mode des relations de la cour de Péking avec les États étrangers, la réception des envoyés ou ambassadeurs, la présentation des tributs et des présents, etc., etc. ;

La cinquième enfin comprend les « Rites lugubres » (*Hioung-li*), et règle tout ce qui est relatif aux cérémonies funèbres [1].

[1] Voyez *la Chine moderne*, par M. G. Pauthier, p. 208.

§ II.

Les tribunaux subalternes de la troisième cour souveraine. — « Direction de l'étiquette », ses attributions. — « Direction des sacrifices ». — Les « grands sacrifices et les « sacrifices moindres ». — Quelques usages superstitieux des Chinois. — Direction des hôtes. — Direction des repas et festins. — Ses attributions. — Ministère de la musique.

Quatre tribunaux subalternes, ou directions de la troisième cour souveraine, sont établis pour aider ce haut tribunal des rites dans ses importantes fonctions.

La première est la « Direction de l'étiquette » (*i-chi-thing-li-sse*), ainsi nommée parce qu'elle est chargée de régler et de faire observer, en toutes circonstances, le cérémonial de la cour, soit en ce qui concerne les rapports des membres de la famille impériale entre eux ou avec les grands dignitaires de la couronne et des divers fonctionnaires de l'État, à tous les degrés de la hiérarchie, soit en ce qui concerne les réceptions, les formules de salutation à y observer, les préséances, et même la matière, la forme, la coupe des vêtements officiels et distinctifs des rangs. A cette direction se rattache encore, et ce n'est pas la moindre de ses attributions, la surveillance des établissements d'éducation publique et le droit de règlement relatif aux examens et aux promotions des lettrés.

La seconde Direction s'occupe de tout ce qui a rapport aux sacrifices, et est appelée pour cette raison « le tribunal des Sacrifices », ou *tse-tsi-tching-li-sse*. Elle est la gardienne et l'interprète du cérémonial, qui, conformément aux règles antiques et sacrées du culte, doit être observé dans toutes les solennités religieuses, telles que les grands sacrifices du solstice d'hiver et du solstice d'été, célébrés, le premier sur la « Colline ronde » en l'honneur du Ciel, AUGUSTE SEIGNEUR SUPRÊME (*Tien-chang-ti*); le second sur le « lac quadrangulaire » en l'honneur de la « Terre auguste » (*Hoang-ti*). Après ces sacrifices, les plus solennels de tous, viennent les sacrifices moindres en l'honneur des premiers empereurs de la Chine, du premier laboureur, du premier éleveur des vers à soie, et de Confucius, proclamé le premier instituteur des hommes. Un météore, une comète apparaissent-ils dans les cieux, l'astre du jour ou celui de la nuit viennent-ils à s'éclipser, les Chinois pratiquent encore, dans ces circonstances qui les terrifient, un grand nombre de cérémonies toutes fixées, approuvées et déterminées par la « Direction des sacrifices ». Si enfin, par l'effet de la loi commune à tous les hommes, la mort vient à frapper le « Fils du Ciel » lui-même, à enlever quelque illustre personnage ou même le plus humble des sujets, les rites funèbres apparaissent, et tous sont observés dans le temps et le mode également approuvés par la « Direction des sacrifices ».

La « Direction des hôtes » (*tcheou-khe-thsing-li-sse*) est le troisième, et, pour un lecteur européen, le plus curieux à connaître des tribunaux subalternes de la grande cour souveraine des rites. Ses attributions générales consistent à s'occuper des relations de la cour de Péking avec les États étrangers ou tributaires, et ont particulièrement trait à la réception des ambassades, à l'itinéraire que doivent suivre les envoyés, à la présentation des présents et des tributs, à l'investiture des princes vassaux, etc.

Le quatrième tribunal subalterne, qui complète l'organisation de la troisième cour souveraine, a la charge spéciale de procurer l'approvisionnement de la maison des ambassadeurs étrangers, de fournir aux princes et aux grands officiers de service auprès de l'empereur ce qui est nécessaire à leur nourriture. Il doit, en outre, pourvoir à tout ce qu'exige la célébration des sacrifices périodiques, comme aussi prendre soin et souci des festins publics, donnés à l'occasion de l'anniversaire de la naissance de l'empereur, du mariage des princes, des grandes fêtes du premier jour de l'an, ou de toutes autres solennelles circonstances. Ce quatrième tribunal s'appelle, en raison même de ces sortes d'attributions, *thsing-chen-thsing-li-sse,* ou « Direction des repas et festins ».

Outre ces quatre directions, le tribunal des rites comprend encore une importante division, qui forme presque comme un tribunal à part; c'est le *yo-pou*, ou « ministère de la musique », placé sous la direction spéciale d'un haut fonctionnaire appelé *kouan-li-ta-tchin*.

Les fonctions de ce tribunal sont, comme disent

« les statuts », de diriger et de surveiller tout ce qui concerne le *nombre* et la *mesure* des *tons* et des *sons musicaux* ; de les adapter harmonieusement à des chants composés exprès ; de les faire résonner sur des instruments, et de les approprier aux fêtes et cérémonies publiques, aux réceptions de la cour et aux grands sacrifices, afin d'approfondir le clair et l'obscur, et d'unir par l'harmonie le haut et le bas [1].

L'origine du tribunal de la musique en Chine est très-ancienne. On lit dans le *Chou-king*, ou « Livre sacré des Annales », que l'empereur Chun, plus de deux mille deux cents ans avant notre ère, institua un ministère de la musique. Voici le curieux passage qui s'y rapporte :

« L'empereur dit : Kouéï, je vous nomme surintendant de la musique (*tien-yo*) ; je veux que vous l'enseigniez aux enfants des princes et des grands.

« Faites en sorte qu'ils soient sincères et affables, indulgents, compatissants et graves ; apprenez-leur à être fermes, sans être ni durs ni cruels ; donnez-leur le discernement, mais qu'ils ne soient point orgueilleux.

« Expliquez-leur vos pensées dans des vers, et composez-en des chansons entremêlées de divers tons et de divers sons musicaux, et accordez-les aux instruments de musique.

« Si les huit modulations sont gardées, et s'il n'y

---

[1] *Taï-thsing-hoeï-tien*, l. XXXIII, fol. 1. Voyez aussi *la Chine moderne*, par M. G. Pauthier, p. 219.

INSTITUTIONS PUBLIQUES DES CHINOIS. 231

a aucune confusion dans les différents accords, les esprits et les hommes seront unis.

« Kaouï répondit : Quand je frappe ma pierre, soit fortement, soit doucement, les animaux les plus féroces sautent de joie [1]. »

Comme nous devons parler dans le cours de cet ouvrage plus explicitement ailleurs de la musique chinoise, nous nous bornerons ici aux indications qui précèdent sur l'organisation officielle de l'art musical en Chine, confiée, sous la direction du grand tribunal des rites, à une sorte de ministère spécial; mais, afin de mettre nos lecteurs plus à même de juger des soins multiples et minutieux qui incombent à la troisième cour souveraine, et particulièrement aux mandarins de « la Direction des hôtes », qu'il importe de connaître plus que toute autre, nous allons donner, d'après le savant auteur de *la Chine moderne*, la traduction du cérémonial chinois relatif aux visiteurs et ambassadeurs étrangers.

[1] *Livres sacrés de l'Orient*, p. 52. Voyez aussi *la Chine moderne*, p. 219, note 2.

§ III.

Cérémonial relatif aux visiteurs et ambassadeurs étrangers. — 1° Cérémonial des tributs apportés à la cour. — 2° Présentation des lettres de créance et des productions du pays. — 3° Audience solennelle de l'empereur. — 4° Remise des présents par l'empereur. — Noms divers donnés aux Européens par les Chinois.

I.
Cérémonial concernant les tributs apportés à la cour.

« Voici le cérémonial concernant les tributs (*khoung*) apportés à la cour. Tous les royaumes dépendants ou vassaux, situés dans les quatre régions barbares (des quatre côtés de l'empire chinois), à des époques déterminées pour payer leurs tributs, enverront leurs ambassadeurs présenter leurs lettres de créance, et des présents consistant en productions du pays.

« Pour se rendre à la cour, dans la capitale de l'empire, les envoyés tributaires commencent par franchir la frontière.

« Si ce sont des envoyés de la Corée, deux délégués du « ministère des Rites », instruits dans la langue et les usages des Coréens, iront au-devant d'eux, et les accompagneront à la ville impériale de Ching-king ou Moukden.

« Si ce sont des envoyés du Tonquin, des îles Lieou-khieou, d'Ava, de Siam, de la Hollande [1],

---

[1] Les Chinois, ne connaissant les Hollandais que comme maîtres de l'île de Java, ne les considéraient pas comme Européens.

des îles Philippines ou de la Cochinchine, on surveillera attentivement les routes par lesquelles passeront les tributs de tous ces royaumes. Le gouverneur ou le lieutenant-gouverneur de la province frontière dépêchera un mandarin, employé assistant, connu par ses connaissances variées, pour aller à leur rencontre jusqu'à la frontière.

« Si ce sont des envoyés de l'Océan occidental (l'Europe), l'un des directeurs de l'Intendance de la maison impériale, avec l'un des Occidentaux ou Européens qui remplissent les fonctions d'astronomes à l'Observatoire impérial de Péking, iront au-devant des ambassadeurs jusqu'à Kouang-toung (Canton). Ils iront munis l'un et l'autre de mandats sur les établissements de postes du gouvernement par où les envoyés doivent passer pour traverser le pays.

« Les chefs de ces établissements seront obligés de tenir dans leurs campements et leurs hôtelleries, à la disposition des envoyés, des provisions de bouche et autres, des chars, des bateliers et des chevaux. Pendant la marche de chaque journée, par terre ou par eau, à chaque station militaire que l'on rencontrera, les officiers et les soldats préposés à la garde des envoyés se remplaceront successivement, jusqu'à l'arrivée sur le territoire de la ville capitale de Péking.

« Le ministère des Rites déterminera à l'avance tout ce qui devra concerner la marche de l'ambassade.

« Le « ministère des travaux publics » aura soin

de préparer pour elle un logement convenable, et décoré pour sa destination. Il aura soin aussi de lui procurer tous les meubles et ustensiles propres à son usage, ainsi que le bois à brûler et le charbon dont elle pourra avoir besoin.

« Le « ministère des finances » la pourvoira de maïs ou blé d'Inde, de fourrages et de plantes légumineuses.

« L'Intendance des approvisionnements de la maison impériale la pourvoira de bestiaux, de poissons, de vins ou liqueurs spiritueuses, de sirops, d'herbes potagères, de fruits, et de tout ce qui dépend de cette administration.

« Le commandant en chef des troupes de Péking et des dignitaires du quatrième rang de la chambre des interprètes pour les quatre points cardinaux, *sse-i-kouan,* ainsi que la cour de l'étiquette du palais, feront et prescriront soigneusement tout ce qui dépendra de leur ressort de près ou de loin ; ils entreront dans l'hôtel de l'ambassade, pour, selon les circonstances, surveiller et contenir leurs hommes et la foule, aussi bien que pour leur distribuer également le boire et le manger.

« Voilà pour la réception des arrivants.

II.

Présentation des lettres de créance, des tributs et des productions du pays.

« Les ambassadeurs tributaires se rendent à l'hôtel qui leur est destiné, et après quelques jours de repos ils se munissent des produits de leur pays, ainsi que de leurs lettres de créance; et, accompagnés des officiers de leur suite, des secrétaires et attachés de l'ambassade, chacun d'eux vêtu des habits de cour de leur royaume, ils se rendent au palais pour attendre la présentation de leurs lettres de créance.

« L'un des maîtres des cérémonies du ministère des Rites placera la table destinée à recevoir les lettres de créance au milieu de la salle dans laquelle les officiers du palais se réuniront, revêtus de leurs habits de cour ou de celui de leur dignité.

« Conformément aux dispositions prises et à l'avis qui leur sera donné, les ambassadeurs tributaires s'avanceront ensuite jusque dans la cour publique, en entrant par la porte de corne de gauche; et toute leur suite se rangera à leur gauche, en se tenant révérencieusement debout.

« Le premier de l'ambassade, qui doit présenter respectueusement les lettres de créance, précède toute la députation; le second de l'ambassade le suit immédiatement; tous les fonctionnaires de la suite viennent après.

« L'un des vice-présidents du ministère des Rites sort de l'intérieur et se rend près de la table, au côté gauche de laquelle il reste debout.

« Deux maîtres des cérémonies du même ministère, deux hérauts d'armes, un huissier de la cour d'étiquette du palais, se placeront séparément au midi des colonnades de droite et de gauche.

« Revêtu complétement de ses habits de cour, le grand maréchal, *king*, du palais montera le premier dans la salle et se tiendra debout, à droite de la colonnade gauche. Ce héraut d'armes, élevant la voix, apportera les lettres de créance.

« Deux officiers de l'intendance des hôtes étrangers introduiront l'ambassadeur tributaire, en lui faisant monter les degrés pour se rendre dans la salle, où il restera debout; l'ambassadeur en second le suivra et se tiendra debout derrière, à quelque distance; les autres attachés de l'ambassade se rangeront à la suite, en se tenant également debout.

« Le héraut criera : « Agenouillez-vous! » *khouei!*

« L'ambassadeur tributaire et toute sa suite s'agenouilleront.

« Le héraut criera : « Prenez vos lettres de créance! » *tsie-piao!*

« L'ambassadeur en premier saisira la lettre de créance. Le grand maréchal du palais la prendra respectueusement de ses mains pour la remettre à l'un des vice-présidents du ministère des Rites. Ce vice-président recevra la lettre de créance, la placera droit au milieu d'une table ou plateau de bois, et retournera vers le trône.

« Le héraut criera successivement : « Prosternez-vous! » *kheou!* « Relevez-vous! » *hing!*

« L'ambassadeur en premier et toute sa suite accompliront le cérémonial des « trois agenouillements » et des « neuf prosternements », et, s'étant relevés, les officiers de l'intendance des hôtes étrangers les reconduiront; le grand maréchal du palais, conformément à l'ordre de ses fonctions, les accompagnera jusqu'à leur sortie.

INSTITUTIONS PUBLIQUES DES CHINOIS. 237

« Les maîtres des cérémonies du ministère des Rites porteront la lettre de créance au conseil privé, *neï-kho,* où ils attendront l'ordre que Sa Majesté Impériale fera transmettre au ministère des Rites, relativement à la destination et à l'usage qui devra être fait des objets apportés par l'ambassade.

« Voilà ce qui concerne la présentation des lettres de créance, des tributs et des productions du pays.

III.

Audience solennelle de l'empereur.

« La cérémonie de la présentation des lettres de créance de la part des ambassadeurs tributaires étant terminée, ceux-ci sont conduits révérencieusement dans la grande cour du palais.

« L'empereur, revêtu de ses habits de cour ordinaires, descend dans la grande salle d'audience de la « suprême concorde », où tous les ministres et les grands fonctionnaires de l'État se réuniront pour accomplir les cérémonies prescrites.

« Ces cérémonies terminées, les officiers de l'intendance des hôtes étrangers introduiront l'ambassadeur tributaire, avec tous les officiers de sa suite. Parvenus à l'extrémité occidentale du vestibule de vermillon, les fonctions des officiers de l'intendance des hôtes étrangers cessent. Les hérauts du palais sont avertis et se présentent pour faire exécuter le cérémonial prescrit.

« Ils crient : « La faveur impériale vous permet de vous asseoir! — La faveur impériale vous accorde du thé! »

« Selon qu'il est convenable alors, et si ce n'est pas un jour de réception rituellement reconnue, le ministère des Rites délibère et fixe le jour de la réception officielle. Il en est fait part à l'empereur, qui est prié de vouloir accorder cette audience.

« Le grand maréchal du palais prépare tout pour la cérémonie en donnant les ordres nécessaires, et en prévenant l'ambassadeur tributaire avec ses interprètes de se préparer, par des répétitions, à exécuter le cérémonial prescrit.

« Le jour de l'audience arrivé, l'ambassadeur tributaire, conformément aux dispositions prises, vêtu des habits officiels ou publics de son pays, les interprètes, vêtus de leurs habits distinctifs, se rendent à l'extérieur de la porte du palais, où ils attendent avec respect qu'on les introduise.

« L'empereur, vêtu de ses habits ordinaires, se rend alors à la salle d'audience, où se trouvent réunis les grands officiers du palais et la garde impériale, commandée à cet effet. Les grands officiers du palais et la garde impériale sont rangés debout à droite et à gauche, selon l'usage constant et habituel.

« L'un des présidents du ministère des Rites, revêtu de ses habits de cour extraordinaires, à dragons brodés, entre en conduisant l'ambassadeur tributaire. Les interprètes entrent à la suite. Arrivés à l'occident du vestibule de vermillon, ils accomplissent le cérémonial des « trois agenouillements » et des « neuf prosternements ».

« Ce cérémonial étant accompli, on conduit l'ambassadeur vers la salle d'audience, en lui faisant monter les degrés par le côté occidental. Arrivé à l'extérieur de la porte de la salle ou du pavillon du trône, il s'agenouille.

« L'empereur daigne alors faire connaître son auguste volonté, et il interroge (l'ambassadeur) par des paroles bienveillantes et gracieuses.

« Le président du ministère des Rites reçoit les questions et les transmet; les interprètes les traduisent et les expliquent à l'ambassadeur tributaire.

« L'ambassadeur tributaire y répond; les interprètes traduisent ses paroles; le président du ministère des Rites les rend à l'empereur.

« Ce cérémonial terminé, on se lève; on dirige l'ambassadeur, en le faisant descendre du côté occidental. Étant sorti, on le reconduit; et s'il veut attendre, on lui procure le divertissement du spectacle.

« Voilà le cérémonial de cette journée.

« Lorsque l'empereur se rend à la salle d'audience, il est accompagné de la garde impériale, comme il a été dit précédemment.

« Les premiers ministres appelés à délibérer sur les affaires du gouvernement, avec les commandants des huit bannières, tous revêtus de leurs habits de cour extraordinaires, à dragons brodés, entrent dans la salle d'audience et prennent place sur les côtés en se tenant debout.

« Le président du ministère des Rites conduit l'ambassadeur tributaire, lequel, arrivé à l'occident du vestibule de vermillon, accomplit le cérémonial des « trois agenouillements » et des « neuf prosternements ».

« Lorsqu'il s'est relevé, on le conduit en le faisant monter à la salle d'audience par le côté occidental. Il entre dans la salle d'audience par la porte de droite, et se tient debout à l'extrémité de la file des premiers ministres d'État de l'aile droite. Les interprètes entrent à la suite. Des aliments sont placés derrière eux.

« L'empereur ayant accordé la faveur de s'asseoir, les commandants supérieurs de la garde impériale, les grands officiers du palais, les premiers ministres d'État appelés aux délibérations du conseil, les généraux commandant en chef des huit bannières, les généraux en second, le président du ministère des Rites, s'approchent du trône, devant lequel ils font un prosternement; puis ils s'assoient en ordre sur des siéges qui leur sont destinés.

« L'ambassadeur tributaire les suit; il s'agenouille, se prosterne, puis s'assied : c'est alors que la faveur impériale accorde le thé.

« Le premier échanson pour le thé le présente à l'empereur : toute l'assemblée se met à genoux et se prosterne.

« Les gardes du palais font le tour de la salle en présentant le thé aux premiers ministres et à l'ambassadeur tributaire. Tous s'agenouillent en recevant ce thé et font un prosternement; puis ils se rassoient.

« Le thé étant bu, ils s'agenouillent de nouveau, et font un prosternement comme en commençant.

INSTITUTIONS PUBLIQUES DES CHINOIS. 241

« L'empereur daigne manifester alors ses volontés (littéralement *fait descendre ses ordres*), en faisant (à l'ambassadeur) des questions pleines d'aménité et de bienveillance. L'ambassadeur tributaire s'agenouille et prête l'oreille avec attention, afin de pouvoir répondre à Sa Majesté.

« Le président du ministère des Rites recueille toutes les questions faites par l'empereur et les transmet (à l'ambassadeur). Les interprètes traduisent les paroles de l'un et de l'autre, comme il a été dit précédemment.

« Le cérémonial terminé, le président du ministère des Rites reconduit l'ambassadeur tributaire jusqu'au dehors du palais. Arrivés au secrétariat de la cour, le président reçoit communication des ordres de l'empereur et des faveurs accordées par lui à l'ambassadeur tributaire. La collation terminée dans la salle destinée à cet usage, le grand maréchal du palais reconduit l'ambassadeur, en se conformant aux dispositions prescrites.

« Après quelques jours de repos, les étrangers sont invités à se rendre en dehors de la porte du sud pour remercier l'empereur des faveurs qu'il leur a accordées. Un huissier de la chambre de l'étiquette les introduit par séries. Les envoyés tributaires, arrivés à l'occident du vestibule de vermillon, le visage tourné vers le nord, accompliront le cérémonial des trois agenouillements et des neuf prosternements, selon qu'il est prescrit, puis ils s'en retourneront.

« Voilà ce qui concerne l'audience solennelle de l'empereur.

IV.

Remise des présents par l'empereur.

« Le cérémonial concernant les tributs apportés à la cour ayant été accompli, le référendaire du ministère des Rites demande que des dons soient conférés aux rois vassaux (qui ont envoyé la députation), et qu'en même temps des faveurs spéciales soient accordées aux ambassadeurs tributaires, ainsi qu'aux attachés de l'ambassade et à toutes les personnes de sa suite : en conséquence, il obtient à ce sujet un ordre de l'empereur pour faire transporter par chaque surintendant spécial tous les objets qui doivent être offerts (dans le local destiné à cet usage); et, au jour final (au jour où l'ambassade prendra congé), les surintendants ayant tout disposé selon l'usage prescrit, la distribution des présents et des faveurs accordés par l'empereur se fera à gauche de la rue extérieure de la porte méridionale.

« Les peaux, les étoffes de soie unie, les toiles, les pièces de taffetas, les *métaux blancs,* sont disposés en ordre sur une table ; les chevaux sont rangés dans une salle, ainsi que les selles, les rênes et tout ce qui concerne leur harnachement.

« Le grand maréchal du palais, revêtu de ses habits de cour, est présent.

« Conformément aux dispositions prises, l'ambassadeur tributaire avec tous les attachés de sa suite, chacun revêtu des habits de cour de leur pays, passent par la porte du long repos de l'orient, par la porte du repos céleste, par la porte du vrai principe, et arrivent devant le secrétariat de la cour de l'ouest. Le visage tourné vers l'orient, ils se tiennent debout, rangés en ordre, en attendant tranquillement d'être introduits.

« Un des vice-présidents du ministère des Rites se tient là debout au côté sud de la table, la face tournée vers l'occident. Le directeur général de l'intendance des hôtes étrangers se tient debout à sa suite. Quatre historiographes impériaux, deux hérauts de la cour du cérémonial ou de l'étiquette se tiennent debout, partagés à droite et à gauche de la rue impériale, la face tournée à l'orient et à l'occident. Deux huissiers se tiennent debout au nord de l'ambassadeur tributaire, la face tournée à l'orient. Tout le monde indistinctement est revêtu de ses habits de cour.

« Des hérauts d'armes faisant retentir leur voix, des officiers de police et des huissiers conduisent l'ambassadeur tributaire jusque dans l'intérieur du vestibule de vermillon de l'ouest : là, ces officiers se placent au second rang, la face tournée au nord et penchant vers l'orient. Les hérauts d'armes s'avancent; tout le monde s'avance à leur suite.

« Les hérauts d'armes crient : « Agenouillez-vous ! — Prosternez-vous ! — Relevez-vous ! »

« Alors s'accomplit le cérémonial des trois agenouillements et des neuf prosternements.

« Ce cérémonial accompli, le directeur général de l'intendance des hôtes étrangers remet aux rois

16.

vassaux les dons et les présents de l'empereur. Comme antérieurement, lorsque l'ambassadeur tributaire a présenté les tributs envoyés par son souverain, il s'agenouille pour recevoir les présents de l'empereur.

« D'autres présents sont distribués à la ronde à toute la suite de l'ambassade; il en est donné en second lieu à l'ambassadeur tributaire, ainsi qu'à tous les officiers ou attachés de l'ambassade et à toutes les personnes de la suite.

« Pendant que le directeur général de l'intendance des hôtes étrangers offre et distribue ces présents, chacun s'agenouille en les recevant; la distribution faite, le héraut d'armes crie : « Prosternez-vous ! — Relevez-vous ! »

« On répète le cérémonial des agenouillements et des neuf prostrations, puis on se relève. Ensuite l'ambassade est reconduite.

« Le grand maréchal du palais, conformément à ses instructions, accompagne l'ambassadeur tributaire, les attachés et les personnes de sa suite jusqu'à leur sortie. Des faveurs spéciales de l'empereur sont accordées au ministère des Rites, selon qu'il est convenable, et chacun s'en retourne.

« Voilà le cérémonial de la remise des présents conférés par l'empereur.

V.

Reconduite de l'ambassade.

« Les affaires de l'ambassadeur tributaire étant terminées, il se dispose à retourner dans son pays.

INSTITUTIONS PUBLIQUES DES CHINOIS. 245

L'intendance des provisions de la cour le pourvoit de bestiaux, de vins, de fruits et de légumes. L'un des vice-présidents du ministère des Rites fait garnir de nattes de bambou et de tout ce qui est nécessaire pour se reposer les hôtelleries dans lesquelles l'ambassadeur et sa suite s'arrêteront ; le tout conformément à l'usage du ministère.

« Si ce sont des ambassadeurs de la Corée ou du Tonquin, ils seront accompagnés, à leur départ, jusqu'à leur sortie de la frontière, comme on a envoyé au-devant d'eux, aussi jusqu'à la frontière, des mandarins pour les recevoir et les accompagner à la cour.

« Si ce sont des ambassadeurs de la Cochinchine, des îles Lieou-khieou, d'Ava, de Siam, de la Hollande, des îles Philippines, ils seront accompagnés et reconduits par l'un des directeurs du ministère des Rites, chargé de rendre compte à l'empereur du résultat de sa mission.

« Si ce sont des ambassadeurs européens, deux fonctionnaires ou mandarins natifs de leur pays[1], et préposés antérieurement pour aller à leur rencontre, leur fourniront des mandats sur les postes et les relais du gouvernement dont ils pourront avoir besoin ; et, dans leur marche par terre ou par eau, ils leur procureront des hôtelleries, des chars et des bateaux, le boire et le manger. Les mandarins civils et les mandarins militaires veilleront à la sûreté de leur marche. On observera le même cé-

[1] Ce passage du cérémonial chinois se rapporte aux temps où les missionnaires étaient attachés au tribunal d'astronomie de Péking.

rémonial qu'à l'arrivée des tributs; ils seront protégés sur toutes les routes où ils passent pour se rendre à leur destination. Les présents gracieux de l'empereur seront dirigés par un employé de l'intendance des routes, qui conformera ses instructions à celles du ministère des Rites. Un grand mandarin, préposé par le lieutenant-gouverneur de chaque province, chargera plusieurs autres mandarins de conduire et d'accompagner l'ambassade jusqu'à la sortie de la frontière. Les mandarins qui auront accompagné l'ambassade, leur mission terminée, se rendront à la cour pour rendre compte de leur mandat.

« Voilà le cérémonial qui concerne la reconduite des ambassadeurs [1]. »

Le tribunal des rites est donc en quelque sorte le « ministère des affaires étrangères » du gouvernement chinois; indépendamment de la réception des ambassades venues du dehors, c'est à lui qu'il appartient encore de régler toutes les relations commerciales avec les nations étrangères, et particulièrement avec les peuples de l'Europe, connues en Chine sous la dénomination générale de *si-yang-jin*, « hommes des mers occidentales », et que le vieil orgueil chinois a cessé à peine encore de considérer comme peuples tributaires du Céleste Empire.

« Ces royaumes, dit le commentaire du cérémonial de la réception des ambassadeurs étrangers, sont :

---

[1] *Taï-thsing-toung-li*, k. XLIII, f° 9, traduit par M. G. Pauthier, *la Chine moderne*, p. 211 et suiv.

« Le Portugal, *Po-eurh-tou-kia-li-ya;*
« L'Italie, *I-ta-li-ya;*
« Et l'Angleterre, *Ying-ki-li.*

« La neuvième année *kang-hi* (1670), le roi du premier de ces royaumes, *A-foung-sou* (Alphonse VI), commença à ouvrir des relations, en envoyant un ambassadeur avec une lettre de créance et des tributs.

« En 1727, le roi *You-wang* (Juan ou Jean V) envoya aussi un ambassadeur avec des tributs.

« En 1725, le roi d'Italie, *Pé-na-ti-to* (Benedictus ou Benoît XIV, pape), envoya un ambassadeur apporter un tribut.

« En 1793, le roi d'Angleterre envoya aussi un ambassadeur apporter un tribut [1]. »

A la dénomination de *In-ki-li* « English », donnée aux Anglais, les Chinois substituent volontiers celle de *houng-mao-jin* « hommes à poils rouges », comme aussi, au lieu d'appeler les Américains *Ya-mé-ly-kien*, conformément au génie de leur langue, ils disent *hoa-ki-jin*, « hommes de la bannière fleurie », à cause des diverses couleurs des pavillons qu'ils voient flotter au mât de leurs navires. Remercions ces aimables Orientaux de la gracieuseté qu'ils nous font, à nous Français, de nous désigner par notre vrai nom, en nous appelant, en leur idiome, tout simplement *Fou-lang-saï-jin,* c'est-à-dire « hommes français ».

[1] Voyez *la Chine moderne,* par M. G. Pauthier, page 209, note 5.

CHAPITRE IX.

INSTITUTIONS PUBLIQUES DES CHINOIS. — QUATRIÈME COUR SOUVERAINE OU GRAND TRIBUNAL DES ARMES.

§ Ier.

Cause générale chez les peuples et nécessité particulière en Chine de l'organisation militaire. — Ancienneté de la science et de l'art de la guerre chez les Chinois. — Principaux écrivains militaires de la Chine. — Documents authentiques. — *Sun-tseu* et le *Sun-tseu-ping-fa;* curieux extraits. — Règles et principes de l'art militaire. — Portrait d'un bon général. — Mode de recrutement de l'armée chinoise. — Permanence du service militaire. — Exemptions. — Effectif des forces militaires de la Chine.

Le « grand tribunal des armes » ou de la guerre, appelé *Ping-pou*, a sa raison d'être chez les Chinois, ainsi que semblable ministère chez toute nation régulièrement gouvernée, dans le besoin qu'éprouvent les peuples de se maintenir forts et indépendants, et de posséder par conséquent, au gré de leur ambition ou à cause des impérieuses nécessités de la conservation, des moyens puissamment organisés d'attaque ou de défense.

Jeté par l'homme lui-même sur la terre, l'implacable fléau de la guerre a été, depuis le péché d'origine, de tous les temps et de tous les lieux : l'histoire tout entière du genre humain nous l'atteste de sa voix inflexible et véridique ; et, certes, ce n'est pas en notre siècle, où tant d'intelligences dévoyées se fatiguent d'une manière aussi déplorable que criminelle à écarter des relations fraternelles et amies, que les peuples ou les enfants d'une même patrie devraient avoir entre eux, tout principe de charité, de justice, de respect du droit de tous, conséquemment de vraie liberté, qu'il nous sera possible de prophétiser, malgré tant et tant de trompeuses annonces, le terme prochain des luttes meurtrières et fratricides. La loi chrétienne, si elle était respectée, pourrait, il est vrai, opérer un tel miracle; mais quel oubli n'en fait-on pas de nos jours!

Châtiment redoutable ou déplorable nécessité, la guerre est donc un fléau que l'humanité folle d'orgueil et de vices, poussée en outre par des intérêts qui diffèrent, ou passionnée pour une idée, souvent même aveuglée par une pure utopie, ne peut espérer, tant qu'elle restera sourde à la voix du Christ et de son Église, voir rentrer dans l'abîme de perdition qui l'a vomi sur la terre. Il n'appartient point, du reste, à la prévision de l'homme, mais bien à la science de Dieu seul, de connaître combien de congrès, dits de la paix, seront nécessaires encore, s'ils ne sont impuissants, pour donner aux peuples la paix universelle, et faire enfin que l'histoire des nations ne soit plus le récit de leurs guerres implacables et de leurs sanglantes inimitiés.

Il n'a donc pas été plus possible aux Chinois qu'aux autres peuples d'échapper à la terrible loi de guerre et de discorde qui pèse sur l'humanité.

Aussi trouvons-nous chez eux l'art de l'attaque et de la défense cultivé dès la plus haute antiquité, et porté à une sorte de perfection relative que l'Europe militaire a dépassée depuis longtemps sans doute, mais qu'il est néanmoins très-intéressant de connaître : car le génie vraiment supérieur avec lequel les Chinois ont su établir et pratiquer d'une si remarquable manière les règles d'une bonne administration civile et gouvernementale, ne leur a pas fait défaut davantage quand il s'est agi d'assurer, par le moyen des armes, la grandeur et la sécurité de leur empire.

Il est incontestable que tous les grands peuples de l'antiquité, dont les empires et la puissance furent, à des époques diverses, contemporains de la puissance et de l'empire des Chinois, ont eu également en partage une vraie science de l'art militaire. Autrement, ils n'auraient pu asseoir leur domination ni fournir la carrière qu'ils ont parcourue. Mais voici des siècles que ces empires ne sont plus ; et, dans le naufrage qui les a emportés, les monuments de leur savoir ont péri avec eux. La Chine au contraire, grâce à son étonnante durée, a pu conserver jusqu'à nos jours les documents les plus anciens et les plus précieux, tant sur les sciences que ses hommes de génie lui ont enseignées, que sur les arts antiques que ses peuples ont connus. Aussi possède-t-elle sur l'art de la guerre en particulier des traités célèbres, qu'on chercherait vainement ailleurs. Les principes exposés dans ces curieux écrits, les préceptes qui y sont formulés, les théories qu'ils enseignent, sont, aussi bien que la date plusieurs fois séculaire de ces antiques monuments, de nature à provoquer tout à la fois l'attention de l'homme de guerre et les réflexions du philosophe. Nos lecteurs pourront eux-mêmes en juger par les extraits que nous allons bientôt citer.

Parmi les nombreux ouvrages des Chinois traitant de l'art militaire, on en distingue six principaux, qu'ils appellent *king* ou livres classiques, sur lesquels tout aspirant à la carrière des armes doit subir un examen. Le plus renommé de ces traités spéciaux est dû au célèbre général Sun-tseu, dont les préceptes sur l'art de la guerre ont pour les Chinois une autorité égale à ceux de Confucius en matière de morale et de philosophie. Sun-tseu composa son ouvrage vers la fin du sixième siècle avant notre ère. Ce traité célèbre a pour titre : *Sun-tseu-ping-fa,* « Lois ou règles militaires de Sun-tseu ». Il a été traduit en entier, ainsi que quelques autres ouvrages chinois du même genre, par le P. Amiot.

L'ouvrage de Sun-tseu est divisé en treize livres ou chapitres, où il est traité avec ordre et méthode :

1° Des principes fondamentaux de l'art militaire ;

2° Des commencements de la campagne ;

3° De ce qu'il faut avoir prévu avant le combat ;

4° De la contenance des troupes ;

5° De l'habileté dans le gouvernement des troupes ;

6° Du plein et du vide ;

7° Des avantages qu'il faut se procurer ;

8° Des neuf changements ;

9° De la conduite que les troupes doivent tenir ;

10° De la connaissance du terrain ;

11° Des neuf sortes de terrains ;

12° De la manière de combattre avec le feu ;

13° De la manière d'employer les dissensions et de mettre la discorde.

L'auteur dans son ouvrage s'adresse aux militaires en général, mais particulièrement aux généraux et aux officiers ; il débute ainsi :

« Sun-tseu dit : Les troupes sont la grande affaire
« d'un État ; c'est d'elles que dépend la vie ou la
« mort des sujets, l'agrandissement ou la décadence
« de l'Empire : ne pas faire de sérieuses réflexions
« sur ce qui les concerne, ne pas travailler à les
« bien régler, c'est montrer une trop grande indif-
« férence pour la conservation ou pour la perte de
« ce que l'on a de plus cher, et c'est ce que l'on
« ne doit pas trouver parmi nous[1]. »

Ne dirait-on pas que ces paroles ont été écrites pour les temps mêmes où nous vivons ? Car en vérité, dans l'état actuel de l'Europe, les peuples ne semblent-ils pas rivaliser à qui mettra le mieux et le plus vite en pratique les affirmations du célèbre général et vieil écrivain militaire de la Chine ?

Sun-tseu pose en principe que cinq choses principales doivent faire l'objet des continuelles médi-

[1] Voyez *Mémoires sur les Chinois*, traduction du P. Amiot, t. VII, p. 57.

INSTITUTIONS PUBLIQUES DES CHINOIS. 253

tations et des soins assidus de tout chef militaire désireux de bien conduire une armée.

« Si nous voulons, dit-il, que la gloire et les suc-
« cès accompagnent nos armes, nous ne devons
« jamais perdre de vue la *doctrine*, le *ciel*, la *terre*,
« le *général* et la *discipline*. »

Par la doctrine, l'auteur entend la grande loi morale qui apprend aux hommes à se conduire par les lumières de la raison ; par le ciel, il entend les lois naturelles qui, selon la différence des climats et des saisons, produisent les changements de la température et les autres phénomènes du monde physique ; par la terre, il entend la connaissance qu'un chef d'armée doit avoir de la géographie et de la topographie de chaque lieu en particulier.

Il dit du général : « La doctrine, l'équité, l'amour
« pour ceux en particulier qui nous sont soumis, et
« pour tous les hommes universellement, la science
« des ressources, le courage et la valeur, telles sont
« les qualités qui doivent caractériser celui qui est
« revêtu de la dignité de *général ;* vertus néces-
« saires, pour l'acquisition desquelles nous ne devons
« rien oublier ; seules elles peuvent nous mettre en
« état de marcher dignement à la tête des autres.

« Aux connaissances dont je viens de parler, —
« ajoute-t-il, — il faut joindre celle de la discipline.
« Posséder l'art de ranger les troupes ; n'ignorer
« aucune des lois de la subordination et les faire
« observer à la rigueur ; être instruit des devoirs
« particuliers de chaque officier subalterne ; savoir
« connaître les différents chemins par où on peut

« arriver à un même but; ne pas dédaigner d'entrer
« dans un détail exact de toutes les choses qui peu-
« vent servir, et se mettre au fait de chacune d'elles
« en particulier; tout cela ensemble forme un corps
« de discipline dont la connaissance pratique ne
« doit point échapper à la sagacité ni aux attentions
« du général [1]. »

Sun-tseu n'oublie pas l'importante question de l'approvisionnement et de l'équipement des troupes; il veut que rien ne manque sous ce rapport et que tout soit prévu d'avance et avec soin; il exige surtout que chaque jour la paye du soldat soit assurée et lui soit remise à temps et avec exactitude.

« Dans ce cas, dit-il, vous pouvez aller droit à
« l'ennemi; l'attaquer et le vaincre seront pour vous
« une même chose. Je dis plus : ne différez pas de
« livrer le combat, n'attendez pas que vos armes
« contractent la rouille, ni que le tranchant de vos
« épées s'émousse. S'il s'agit de prendre une ville,
« hâtez-vous d'en faire le siége; tournez d'abord
« toutes vos vues de ce côté-là, dirigez là toutes
« vos forces : il faut ici tout brusquer; si vous y
« manquez, vos troupes courent risque de tenir
« longtemps la campagne; en ce cas, de combien
« de malheurs n'allez-vous pas devenir la funeste
« cause? Les coffres du prince que vous servez
« s'épuiseront, vos armes perdues par la rouille ne
« pourront plus vous servir, l'ardeur de vos soldats
« se ralentira, leur courage et leurs forces s'éva-

---

[1] Voyez *Mémoires sur les Chinois*, t. VII, p. 58 et suiv.

« nouiront, les provisions se consumeront, et peut-
« être même vous trouverez-vous réduits aux plus
« fâcheuses extrémités, etc.

« Si l'armée ennemie a *une* mesure de grain dans
« son camp, ayez-en *vingt* dans le vôtre; si votre
« ennemi a cent vingt livres de fourrage pour ses
« chevaux, ayez-en deux mille quatre cents pour
« les vôtres. Ne laissez échapper aucune occasion
« de l'incommoder, faites-le périr en détail, trouvez
« les moyens de l'irriter pour le faire tomber dans
« quelque piége; diminuez ses forces le plus que
« vous pourrez, en lui faisant faire diversion, en lui
« tuant de temps en temps quelque parti, en lui
« enlevant de ses convois, de ses équipages, et
« d'autres choses qui pourront vous être de quelque
« utilité. »

Le troisième livre du *Sun-tseu-ping-fa* traite de *ce qu'il faut avoir prévu avant le combat*, et débute ainsi :

« Sun-tseu dit : Voici quelques maximes dont
« vous devez être pénétré avant que de vouloir
« forcer les villes ou gagner des batailles.

« Conserver les possessions et tous les droits du
« prince que vous servez, voilà quel doit être le
« premier de vos soins : les agrandir en empiétant
« sur les ennemis, c'est ce que vous ne devez faire
« que lorsque vous y serez forcé.

« Veiller au repos des villes de votre propre pays,
« voilà ce qui doit principalement vous occuper :
« troubler celui des villes ennemies, ce ne doit être
« que votre pis-aller.

« Mettre à couvert de toute insulte les villages
« amis, voilà à quoi vous devez penser : faire des
« irruptions sur les villages ennemis, c'est à quoi la
« nécessité seule doit vous engager.

« Empêcher que les hameaux, que les chaumières
« même des sujets de votre souverain ne souffrent
« le plus petit dommage, c'est ce qui mérite égale-
« ment votre attention : porter le ravage dans les
« hameaux ou dans les chaumières de vos ennemis,
« c'est ce qu'une disette de tout doit vous faire seule
« entreprendre.

« Ces maximes une fois bien gravées dans votre
« cœur, vous pouvez aller attaquer des villes, ou
« donner des batailles, je suis garant du succès. Je
« dis plus : eussiez-vous cent combats à livrer, cent
« victoires en seraient le fruit. Cependant ne cher-
« chez pas à dompter vos ennemis au prix des
« combats et des victoires ; car s'il y a des cas où
« ce qui est au-dessus du bon n'est pas bon lui-
« même, c'en est ici un où plus on s'élève au-dessus
« du bon, plus on s'approche du pernicieux et du
« mauvais.

« Sans donner de batailles, tâchez d'être victo-
« rieux : ce sera là le cas où plus vous vous élèverez
« au-dessus du bon, plus vous approcherez de l'in-
« comparable et de l'excellent. Les grands géné-
« raux en viennent à bout en découvrant tous les
« artifices de l'ennemi, en faisant avorter tous ses
« projets, en semant la discorde parmi ses gens,
« en le tenant toujours en haleine, en empêchant
« les secours étrangers qu'il pourrait avoir de se

« déterminer à quelque chose d'avantageux pour
« lui.

« Si vous êtes forcé de faire l'attaque d'une place
« et de la réduire, disposez tellement vos chars,
« vos boucliers et toutes les machines nécessaires
« pour monter à l'assaut, que tout soit en bon état
« lorsqu'il sera temps de l'employer. Faites en sorte
« surtout que la reddition de la place ne soit pas
« prolongée au delà de trois mois. Si, ce terme ex-
« piré, vous n'êtes pas encore venu à bout de vos
« fins, sûrement il y aura eu quelque faute de votre
« part; n'oubliez rien pour les réparer. A la tête de
« vos troupes, redoublez vos efforts; en allant à
« l'assaut, imitez la vigilance, l'activité, l'ardeur,
« l'opiniâtreté des fourmis. Je suppose que vous
« aurez fait auparavant les retranchements et les
« autres ouvrages nécessaires, que vous aurez élevé
« des redoutes (littéralement, des montagnes de
« terre) pour découvrir ce qui se passe chez les
« assiégés, et que vous aurez paré à tous les incon-
« vénients que votre prudence vous aura fait pré-
« voir. Si avec toutes ces précautions il arrive que
« de trois parties de vos soldats vous ayez eu le
« malheur d'en perdre une sans pouvoir être vic-
« torieux, soyez convaincu que vous n'avez pas
« bien attaqué.

« Un habile général ne se trouve jamais réduit
« à de telles extrémités : sans donner des batailles,
« il sait l'art d'humilier ses ennemis; sans répandre
« une goutte de sang, sans tirer même l'épée, il
« vient à bout de prendre des villes ; sans mettre

« les pieds dans les royaumes étrangers, il trouve
« les moyens de les conquérir; et sans perdre un
« temps considérable à la tête de ses troupes,
« il procure une gloire immortelle au prince qu'il
« sert, il assure le bonheur de ses compatriotes, et
« fait que l'univers (l'empire) lui est redevable du
« repos et de la paix : tel est le but auquel tous
« ceux qui commandent les armées doivent tendre
« sans cesse et sans jamais se décourager. »

Il ne nous appartient pas de nous prononcer sur la valeur de ces préceptes stratégiques au point de vue de l'art de la guerre, mais il est incontestable qu'ils sont, en fait de politique militaire et au point de vue de l'humanité, dignes des nations les plus civilisées.

« La guerre, dit encore Sun-tseu, est en général
« quelque chose de mauvais en soi. La nécessité
« seule doit la faire entreprendre. Les combats, de
« quelque nature qu'ils soient, ont toujours quelque
« chose de funeste pour les vainqueurs eux-mêmes;
« il ne faut les livrer que lorsqu'on ne peut pas faire
« autrement. »

Il dit de la conduite à tenir envers les prisonniers : « Traitez bien les prisonniers, nourrissez-les
« comme vos propres soldats; faites en sorte, s'il
« se peut, qu'ils se trouvent mieux chez vous qu'ils
« ne le seraient dans leur propre camp ou dans le
« sein même de leur patrie. Ne les laissez jamais
« oisifs, tirez parti de leurs services avec les dé-
« fiances convenables, et, pour le dire en deux
« mots, conduisez-vous à leur égard comme s'ils

« étaient des troupes qui se fussent enrôlées libre-
« ment sous vos étendards. »

Les mêmes principes d'humanité se retrouvent dans presque tous les ouvrages des écrivains militaires de la Chine. « L'homme, dit de son côté Se-
« ma, autre écrivain militaire chinois, est ce qu'il y
« a de plus précieux sous le ciel : il faut épargner
« son sang, il faut abréger ses peines ; par consé-
« quent il ne faut pas faire durer la guerre ; il faut
« la terminer le plus tôt qu'il se pourra, dût-on cé-
« der quelque chose de ses intérêts particuliers,
« dût-on l'acheter à prix d'argent, pourvu que la
« gloire de l'État et l'intérêt des peuples le deman-
« dent ainsi. »

Voici le portrait que Sun-tseu fait d'un général :
« Un bon général ne doit jamais dire : Quoi qu'il
« arrive, je ferai telle chose, j'irai là, j'attaquerai
« l'ennemi, j'assiégerai telle place. La circonstance
« seule doit le déterminer ; il ne doit pas s'en tenir
« à un système général, ni à une manière unique
« de gouverner. Chaque jour, chaque occasion,
« chaque circonstance demande une application
« particulière des mêmes principes. Les principes
« sont bons en eux-mêmes ; mais l'application qu'on
« en fait les rend souvent mauvais.

« Un grand général doit savoir l'art des change-
« ments. S'il s'en tient à une connaissance vague de
« certains principes, à une application uniforme des
« règles de l'art, à certaines lois de discipline tou-
« jours les mêmes, à une connaissance mécanique
« de la situation des lieux, et, si je puis m'exprimer

« ainsi, à une attention distincte pour ne laisser
« échapper aucun avantage, il ne mérite pas le nom
« qu'il porte, il ne mérite pas même de commander.

« Un général est un homme qui, par le rang qu'il
« occupe, se trouve au-dessus d'une multitude
« d'autres hommes ; il faut par conséquent qu'il
« sache gouverner les hommes ; il faut qu'il sache
« les conduire ; il faut qu'il soit véritablement au-
« dessus d'eux, non pas seulement par sa dignité,
« mais par son esprit, par son savoir, par sa capa-
« cité, par sa conduite, par sa fermeté, par son
« courage et par ses vertus. Il faut qu'il sache dis-
« tinguer les vrais d'avec les faux avantages, les
« véritables pertes d'avec ce qui n'en a que l'appa-
« rence ; qu'il sache comprendre l'un par l'autre, et
« tirer parti de tout. Il faut qu'il sache employer à
« propos certains artifices pour tromper l'ennemi,
« et qu'il se tienne sans cesse sur ses gardes pour
« n'être pas trompé lui-même. Il ne doit ignorer
« aucun des piéges qu'on peut lui tendre ; il doit
« pénétrer tous les artifices de l'ennemi, de quelque
« nature qu'ils puissent être ; mais il ne doit pas
« pour cela devoir deviner. Tenez-vous sur vos
« gardes, voyez l'ennemi venir, éclairez ses démar-
« ches et toute sa conduite, et concluez. Vous cour-
« riez risque autrement de vous tromper et d'être
« la dupe ou la triste victime de vos conjectures
« précipitées.... »

« Ceux de nos généraux qui brillaient parmi les
« anciens étaient des hommes sages, prévoyants,
« intrépides et durs au travail. Ils avaient tous leurs

« sabres pendus à leurs côtés ; ils étaient toujours
« prêts à tout événement : s'ils rencontraient l'en-
« nemi, ils n'avaient pas besoin d'attendre du se-
« cours pour se mesurer avec lui. Les troupes qu'ils
« commandaient étaient bien disciplinées et tou-
« jours disposées à faire un coup de main au pre-
« mier signal qu'ils leur en donnaient. Chez eux la
« lecture et l'étude précédaient la guerre et les y
« préparaient. Ils gardaient avec soin leurs fron-
« tières, et ne manquaient pas de bien fortifier leurs
« villes. Ils n'allaient pas contre l'ennemi, lorsqu'ils
« étaient instruits qu'il avait fait tous ses prépara-
« tifs pour les bien recevoir ; ils l'attaquaient par
« ses endroits faibles, et dans le temps de sa pa-
« resse et de son oisiveté... »

« Enfin, un bon général doit se prémunir contre
« tous les dangers. Sans trop chercher à vivre ou à
« mourir, il doit se conduire avec valeur et pru-
« dence, suivant que les circonstances l'exigent.
« S'il a de justes raisons de se mettre en colère,
« qu'il le fasse, mais que ce ne soit pas en tigre qui
« ne connaît aucun frein. S'il croit que son honneur
« est blessé et qu'il veuille le réparer, que ce soit
« suivant les règles de la sagesse, non pas d'après
« les caprices d'une mauvaise honte. Qu'il aime ses
« soldats, qu'il les ménage ; mais que ce soit avec
« discrétion. S'il livre des batailles, s'il fait des
« mouvements dans son camp, s'il assiége des
« villes, s'il fait des excursions, qu'il joigne la ruse
« à la valeur, la sagesse à la force des armes ; qu'il
« répare tranquillement ses fautes, lorsqu'il aura

« eu le malheur d'en faire; qu'il profite de toutes
« celles de son ennemi, et qu'il le mette souvent
« dans l'obligation d'en faire de nouvelles. »

Sun-tseu dit encore : « Pour être victorieux de
« ses ennemis, cinq choses principales sont néces-
« saires à un général :

« 1° Savoir quand il est à propos de combattre,
« et quand il convient de se retirer;

« 2° Savoir employer *le peu* et *le beaucoup* sui-
» vant les circonstances;

« 3° Savoir montrer autant d'affection aux sim-
« ples soldats qu'on peut en témoigner aux princi-
« paux officiers;

« 4° Profiter de toutes les circonstances prévues
« ou imprévues;

« 5° Être sûr de n'être point désapprouvé par le
« souverain dans tout ce qu'on peut tenter pour son
« service et pour la gloire de ses armes.

« Avec cela, si vous joignez à la connaissance que
« vous devez avoir de vous-même et de tout ce que
« vous pouvez ou ne pouvez pas celle de tous ceux
« qui sont sous vos ordres, eussiez-vous cent guerres
« à soutenir, cent fois vous seriez victorieux. Si
« vous ne connaissez que ce que vous pouvez vous-
« même, et si vous ignorez ce que peuvent vos
« gens, vous vaincrez une fois; une fois vous serez
« vaincu : mais si vous n'avez ni la connaissance de
« vous-même, ni celle de ceux à qui vous com-
« mandez, vous ne compterez vos combats que par
« vos défaites. »

Il nous est impossible de donner ici une analyse

complète du célèbre ouvrage de Sun-tseu, mais disons qu'il suffit de le parcourir pour reconnaître, dans les développements donnés par l'auteur sur les divers sujets qu'on y trouve, une véritable expérience de la politique et de l'art militaire sous le double rapport des combinaisons de la guerre et des moyens d'obtenir les avantages qu'elle a pour but.

Les Chinois possèdent encore sur l'art militaire plusieurs autres ouvrages, remarquables à des titres divers, monuments antiques de leurs propres connaissances, et dont l'étude, croyons-nous, serait d'une grande utilité à quiconque désirerait se faire une idée exacte de ce qu'était également l'art de la guerre dans l'antiquité orientale.

Or, un peuple chez qui les hommes de guerre ont laissé de semblables monuments de leur science n'a pu certainement manquer de posséder une armée savamment et fortement organisée ; et en effet, si nous parcourons les annales de la Chine, nous trouvons, même dès les premiers âges de ce vaste empire, que tout citoyen était assujetti au service des armes, exercé en conséquence et requis lorsque les nécessités de la guerre l'exigeaient. C'est ainsi que généralement tous les peuples devenus grands et forts ont procédé, à l'origine de leurs destinées ; il semble même que cette loi, qui arme tous les bras valides d'une nation, préside pour ainsi dire forcément aux succès de ses développements d'abord, et qu'ensuite, là où elle tombe en désuétude, l'instinct conservateur des peuples les y ramène presque fatalement, sous peine de déchoir.

Les Chinois eurent donc, dès les siècles les plus reculés, une armée dans laquelle tout citoyen valide était susceptible d'être incorporé. Mais plus tard, sous l'empire des temps et d'autres besoins, les aspirations nationales changèrent cet état de choses et amenèrent entre les citoyens la distinction des classes que nous avons déjà mentionnée : l'enrôlement volontaire et la perpétuité de la profession des armes dans les familles des anciens soldats, surtout dans les familles d'origine tartare, dont tout enfant mâle est destiné par fatalité ou privilége de naissance à suivre la même carrière que son père, sont devenus depuis lors les deux sources où doivent se recruter les forces militaires de l'empire; présentement la Chine n'a pas d'autres moyens de former son armée, et, vu l'énorme population de cet empire, un tel mode de recrutement suffirait seul à lui donner des forces militaires considérables, si la désorganisation générale, que l'incurie des derniers empereurs de la dynastie actuelle a fini par amener dans toutes les institutions chinoises, ne produisait dans l'armée, tout comme dans les autres corps administratifs, ses effets désastreux. C'est ainsi, par exemple, que le recrutement des volontaires se fait aujourd'hui dans les conditions les plus défectueuses que l'on puisse imaginer : il se réduit le plus souvent à enrôler sous les drapeaux une foule de gens de la pire espèce ou sans ressources, qu'on se hâte, dans les moments urgents, de capter par l'appât de la paye que le gouvernement leur octroie; on leur donne un uniforme et des armes quelconques, et les voilà soldats.

Telle quelle, l'armée chinoise se partage en deux grandes divisions, dont la première est composée de huit corps principaux que distingue entre eux la couleur ou la bordure des étendards, et que pour cette raison on appelle « bannières », *pa-ki*, et la seconde des troupes du drapeau vert, *lou-yng*.

La première bannière porte l'étendard jaune;
La seconde, l'étendard jaune à bordure rouge;
La troisième, l'étendard blanc;
La quatrième, l'étendard blanc à bordure rouge;
La cinquième, l'étendard rouge;
La sixième, l'étendard rouge à bordure blanche;
La septième, l'étendard bleu;
La huitième, l'étendard bleu à bordure rouge.

Toutes ces bannières sont divisées en compagnies de cent cinquante hommes; les trois premières, comprenant tous les Mantchoux et quelques Mongols, forment la garde impériale et sont dites supérieures; les cinq autres conséquemment sont dites inférieures; on trouve dans celles-ci, complétement assimilés aux Tartares, les *han-kiun*, ou descendants des Chinois qui se réunirent à ces conquérants de leur patrie sous l'empereur Chun-tché.

Les troupes du drapeau vert sont, à l'exception de presque tous les officiers supérieurs, entièrement formées de Chinois, et méritent d'être plutôt considérées comme une garde de police intérieure que comme une véritable armée de combattants : les principales fonctions de ces forces sont, en effet, de découvrir et de prévenir les vols, les contrebandes, les brigandages, etc., d'escorter les munitions, les transports de grains appartenant au gouvernement ou de l'argent sortant de la mine, etc., d'accompagner les courriers chargés des dépêches ou de conduire les criminels d'une juridiction à l'autre.

En dehors des deux divisions principales de l'armée chinoise, les districts fournissent encore, en temps de guerre, des corps de *y-yong*, ou volontaires, qui forment une espèce de landsturm. Ces corps d'armée prennent les armes spontanément ou lors de l'appel fait en vertu d'une proclamation impériale.

Il serait difficile de dire d'une manière positive quel est l'effectif réel de l'armée chinoise. Les écrivains qui ont essayé de nous le faire connaître varient tellement entre eux qu'on ne sait le cas qu'il faut faire de leurs appréciations. Les uns évaluent à plus de huit cent mille hommes le chiffre effectif des forces chinoises [1], les autres le portent jusqu'à un million huit cent mille [2]. Ajoutons que les plus récents documents sur lesquels sont basées ces diverses évaluations ne sont pas postérieurs à l'an-

---

[1] L'abbé Grosier, *Description générale de la Chine*, t. V, p. 17. M. G. Pauthier, *Chine moderne*, p. 222, d'après les contrôles de l'année 1812, donne les chiffres suivants : Cavalerie, 3,329 ; infanterie, 659,331.

[2] *Ambassade du lord Macartney*, d'après des renseignements obtenus des grands mandarins de la cour : Cavalerie, 800,000 hommes ; infanterie, 1,000,000.

née 1812. Il est donc à croire que si, depuis cette époque, le gouvernement chinois n'a pas cru devoir dépasser le dernier de ces chiffres pour constituer l'effectif de ses troupes, il n'a pas dû davantage s'en tenir au premier, depuis surtout que ses guerres avec les Européens et les rebelles qui dévastent l'empire lui ont révélé des nécessités qu'il ne connaissait pas auparavant.

On aurait chance, croyons-nous, d'être plus près de la vérité en prenant une moyenne entre les énumérations extrêmes que nous venons d'indiquer. Appréciées ainsi, les forces de l'empire chinois ne nous paraîtraient nullement exagérées, peut-être même peu en rapport avec sa vaste étendue et son exubérante population, pour peu surtout qu'on songe aux forces, pour le moins égales, que certaines nations de l'Europe, numériquement inférieures à la Chine, s'efforcent présentement de mettre sur pied, dans l'expectative des nécessités qui, d'un jour à l'autre peut-être, peuvent les mettre en mouvement.

Quoi qu'il en soit, il ne nous appartient guère de prononcer si les forces présentes de la Chine sont en rapport avec ses besoins, pas plus que nous n'entendons le faire sur l'excellence ou la défectuosité des théories militaires de ses hommes de guerre. Après avoir fait des unes et des autres un exposé aussi exact que possible, nous préférons laisser ce soin aux lecteurs compétents et continuer la description commencée de l'organisation et de l'administration militaires chez les Chinois.

§ II.

Attributions générales du grand tribunal des armes. — Ses divisions en quatre directions principales ou tribunaux subalternes. — Tribunal du mouvement militaire. — Collation des grades. — Désignation de séjour et de campement des troupes. — Garnisons chinoises.

Outre l'administration générale de la milice entière de l'empire, le grand tribunal des armes embrasse dans son ressort tout ce qui se rapporte aux forteresses, aux arsenaux, aux magasins d'armes, aux munitions de guerre et de bouche, s'occupe de la fabrication de toutes les armes, tant offensives que défensives, et fait procéder aux examens et au choix des officiers de tout grade. On comprend sans peine toute l'étendue d'une aussi vaste administration et la nécessité qu'il y a eu de la partager en plusieurs branches chargées, par des attributions spéciales, d'en faciliter le fonctionnement. Ces divisions forment les quatre tribunaux subalternes de la quatrième grande cour souveraine, et ressemblent sous plus d'un rapport aux directions et bureaux de nos ministères.

Il y a donc :

Le tribunal du mouvement militaire, *wou-siuen-thsing-li-sse;*

Le tribunal des positions militaires, *tchi-fang-thsing-li-sse;*

Le tribunal des chars et des chevaux, *tche-kia-thsing-li-sse;*

INSTITUTIONS PUBLIQUES DES CHINOIS. 269

Le tribunal des provisions et fournitures militaires, *wou-khou-thsing-li-sse*.

Le premier de ces tribunaux subalternes du grand tribunal des armes, dit du mouvement militaire, a pour première attribution de s'occuper de la promotion, de l'avancement des mandarins d'armes, et de leur conférer les rangs et grades qu'ils ont mérités par leurs services militaires ou obtenus par la voie des examens. Nous avons parlé ailleurs des rangs et des grades des mandarins de guerre [1]. Nous dirons seulement ici que le nombre de ces officiers ne s'élève pas à moins de dix-huit à vingt mille. Il est facile de voir par là quels soins incombent au tribunal du mouvement militaire, quand il s'agit de constater les droits de chacun à l'avancement et de classer régulièrement un personnel aussi considérable.

Ce tribunal dirige également le mouvement général des troupes et leur assigne les garnisons qu'elles doivent tenir, le campement qu'elles doivent faire sur les frontières et le long des canaux et des fleuves.

Le mode de garnison pour l'armée chinoise diffère essentiellement de ce qui se pratique dans le même but en Europe. Ce n'est pas tantôt un régiment et tantôt un autre qui garde telle ville ou tel poste : loin d'être ambulants comme chez nous, les soldats en Chine font un séjour de dix ou vingt ans dans un même lieu et vivent entièrement séparés du reste des habitants. Les espèces de casernes

[1] Voyez ch. IV, p. 148.

qu'ils occupent forment comme une autre ville, dans l'enceinte de laquelle chaque homme a sa petite maison, d'environ trois ou quatre mètres en carré; chacune de ces maisons est précédée d'une petite cour et accompagnée d'un petit jardin. La cour et le jardin ont à peu près la même étendue de superficie que la maison. Il faut qu'il y ait là de quoi loger un soldat, sa femme et ses enfants; car, en Chine, les soldats sont tous ou presque tous mariés. De plus, ces maisons ne communiquent point les unes aux autres : elles sont séparées par des murs de la hauteur de deux mètres au moins, afin que les familles ne puissent pas voir ce qui se passe les unes chez les autres, et que les femmes ne soient point vues dans la liberté de leurs ménages, ou se trouvent moins exposées entre elles à de faciles querelles.

Les plus remarquables de ces sortes de villes militaires se voient surtout à Péking, où elles occupent, près des faubourgs et même dans les campagnes environnantes, de vastes terrains. Celles-ci sont généralement occupées par les familles militaires tartares; indépendamment de chaque appartement séparé habité par les familles des simples soldats, elles renferment pour les officiers des maisons proportionnées à leur grade; on y trouve aussi des écoles publiques où la jeunesse tartare reçoit une bonne éducation. Ce sont les Tartares, nous l'avons dit, qui remplissent le plus grand nombre des emplois militaires; rien en conséquence n'est omis pour les en rendre capables : cette précaution aussi sage que politique a été prise par la nouvelle dynastie pour maintenir sa conquête; du reste, le caractère tartare, naturellement plus belliqueux que celui des Chinois, suffirait seul à la justifier.

Quant aux lieux de campement que le tribunal du mouvement militaire juge à propos d'établir le long des fleuves et des canaux pour en faire la police, ils sont loin d'avoir l'importance des casernes proprement dites. Il en est autrement des points stratégiques choisis aux frontières pour veiller contre les ennemis du dehors à la sécurité de l'empire.

§ III.

Tribunal des positions militaires. — Ses attributions. — Étude et confection des cartes et plans stratégiques. — Places militaires et forteresses de la Chine. — La grande muraille. — Tenue des états de service militaire. — Moyens d'émulation; honneurs rendus aux soldats morts dans le combat. — Peines et châtiments.

C'est donc au tribunal du mouvement militaire, *wou-siuen-thsing-li-sse,* qu'il appartient de déterminer l'emplacement des différentes garnisons ou campements qu'il est utile d'occuper; mais comme il importe partout de bien connaître un pays pour être à même d'y faire avantageusement la guerre, le second tribunal subalterne du grand tribunal des armes ou des positions militaires, *tchi-fang-thsing-li-sse,* est chargé de lui fournir les documents et plans stratégiques propres à le diriger dans ses déterminations. Grâce aux soins et aux travaux de cette autre *direction* de la quatrième cour souveraine, la Chine possède des cartes détaillées de son vaste territoire. Les divisions et subdivisions militaires, les places fortes, les lieux de campement, les postes des frontières, etc., y sont parfaitement indiqués. La vue d'une de ces cartes suffirait seule à faire comprendre toute l'intelligence que les Chinois ont déployée dans l'intérêt de la défense de leur pays contre l'étranger et du maintien de l'ordre à l'intérieur.

La Chine autrefois ne comptait pas moins de deux à trois mille places d'armes, répandues sur tous les points de ce vaste empire et divisées en six classes, savoir : six cents de la première, plus de cinq cents de la seconde, trois cents et plus de la troisième, un pareil nombre de la quatrième, cent cinquante de la cinquième, et trois cents de la dernière. A ce nombre de places s'ajoutaient encore environ trois mille tours ou châteaux, tous pourvus d'une garnison. Ces châteaux avaient le double objet de contrarier les incursions de l'ennemi et de prévenir les dissensions ou la révolte parmi les sujets. On y montait une garde perpétuelle ; et, à la première apparence de désordre, la sentinelle placée au sommet de la tour en donnait le signal en arborant un étendard pendant le jour, et une torche allumée si c'était pendant la nuit. Les garnisons voisines devaient alors se porter vers le lieu où le désordre avait besoin d'être apaisé ou prévenu. La plupart de ces lieux fortifiés sont aujourd'hui en ruine ou délaissés.

Les places de guerre, même celles du premier rang, qui existent encore aujourd'hui, tirent leur principale force de leur situation, qui en général est bien choisie, mais qu'on n'hésite pas à délaisser pour une autre meilleure dès qu'une nécessité ou une circonstance nouvelle l'exige. C'est à quoi servent les travaux et les études topographiques dont est chargé le tribunal des positions militaires. Indépendamment de l'excellence de leur situation, toutes les places fortes en Chine sont défendues par un rempart, une muraille de briques, des tours et un fossé plein d'eau. On pourrait citer plus d'une ville de l'antiquité qui, sans avoir d'aussi bons moyens de défense, a pu soutenir un siége de dix ans. Ces ouvrages fortifiés de la Chine nous paraîtront, du reste, avoir été, pour le passé du moins, dans des conditions d'autant meilleures que ses plus redoutables voisins ont longtemps manqué des vrais moyens d'attaque.

Quant aux frontières de ce vaste empire, la nature, plus encore que la main de l'homme, a pris soin de les fortifier : des montagnes presque inaccessibles le couvrent à l'occident de leur formidable barrière, et la mer borne, au sud et à l'orient, le tiers de ses provinces : elle est généralement, sur ces vastes côtes, d'une si faible profondeur, qu'un grand navire peut difficilement en approcher ; le reste de ses frontières est défendu par la grande muraille.

Ce prodigieux ouvrage, monument éternel de la puissance des Chinois, efface tout ce que l'antiquité nous offre de plus imposant et de plus gigantesque.

Les pyramides si vantées de l'Égypte sont bien peu de chose si on les compare à ce rempart cyclopéen : il couvre trois grandes provinces et parcourt cinq cents lieues d'étendue ; l'épaisseur de ses murailles est telle que six cavaliers peuvent aisément y marcher de front.

Cependant, cette étonnante barrière, le prix de tant de sueurs, de tant de travaux et de trésors, est devenue à peu près inutile depuis la réunion des Chinois et des Tartares, contre lesquels elle avait été principalement élevée. Ceux-ci pourtant ne l'ont pas forcée. Ils furent appelés dans l'intérieur de la Chine pour combattre et chasser un usurpateur : il fut vaincu, chassé, disparut pour toujours ; mais le Tartare vainqueur prit sa place.

On dit que cet immense rempart, unique au monde, était autrefois gardé par un million de soldats ; mais depuis qu'un même souverain commande à la Chine et à la Tartarie, les garnisons qu'on y entretient ont été considérablement restreintes. L'administration de la guerre, sur les renseignements que lui fournit le tribunal des positions militaires, se contente d'en faire garder les postes les plus importants, devenus aujourd'hui comme autant de forteresses intérieures.

Les fonctions de ce tribunal ne se bornent pas à établir les documents propres à faire connaître les meilleures positions stratégiques, à dresser les cartes et plans de guerre ; elles touchent encore au personnel même des officiers et soldats, dont par ses soins les états de service sont tenus avec exactitude. Les notes recueillies dans ce but doivent établir le rang et la position de chacun dans les différents corps d'armée auxquels ils appartiennent, faire connaître leurs aptitudes et talents militaires, signaler leurs actions d'éclat sur terre ou sur mer, tous les droits, en un mot, qu'ils peuvent avoir aux faveurs ou aux récompenses.

En Chine, où nul genre de service rendu à l'État n'est ni méconnu ni oublié, les services militaires, moins encore que tous les autres, ne pouvaient échapper à la juste sollicitude du gouvernement. Dans ce but, rien n'a été négligé pour exciter parmi les gens de guerre une noble émulation, aussi avantageuse, du reste, à l'empire qu'à eux-mêmes. Un genre d'avancement grandement ambitionné, dans le Céleste Empire aussi bien que dans beaucoup d'autres pays, c'est d'être choisi pour faire partie de la garde particulière du souverain. Ce choix se fait, pour les simples soldats comme pour les officiers, parmi les hommes d'élite. On y met, peut-être même plus en Chine qu'ailleurs, un déploiement extraordinaire de soins et de formalités. Nous avons déjà dit que c'était aux trois premières bannières de l'armée qu'appartenait le privilége d'un tel honneur. Qu'on juge du mérite des officiers et des soldats qui les composent, si on considère que ces corps d'élite se recrutent dans trois autres corps de troupes, sortis eux-mêmes d'autres corps choisis et formés aussi d'après le même principe et avec un mode semblable d'élection.

Ce puissant moyen d'efficace émulation n'est pas

le seul dans l'armée chinoise qui mérite d'être remarqué : les notes soigneusement recueillies par le deuxième tribunal subalterne de la quatrième cour souveraine sur l'intelligence et la capacité des hommes de guerre, sur leurs actions de valeur extraordinaire ou de courage habituel, servent naturellement à leur avancement; les mérites qu'elles constatent ont de plus l'avantage d'attirer, en temps utile, les libéralités de l'État sur les veuves de ceux qui ne sont plus, et de faciliter l'avenir de leurs enfants.

Mais c'est surtout en temps de guerre que le gouvernement pourvoit avec une attention particulière à tous les besoins des gens de guerre, songe aux nécessités de leur famille et prodigue à chacun, en proportion de son rang et de ses services, les distinctions et les honneurs. Une campagne de guerre, si courte que soit sa durée, compte pour deux années de service. Quiconque y est appelé reçoit des avances d'argent et une double paye, dont la moitié est réservée à sa famille, qui en jouit jusqu'à son retour. C'est bien le moins que des hommes qui vont verser leur sang, affronter ou recevoir la mort pour le bien et la sécurité de tous, retrouvent, dans ces moments de crises suprêmes pour les nations, l'attention et l'estime, dont presque partout on est trop souvent avare envers eux dès que le danger a disparu.

En Chine, le guerrier qui rentre sain et sauf dans ses foyers après s'être signalé dans les combats n'est pas seul honoré par le gouvernement; on a encore un soin particulier de la mémoire de ceux qui ont succombé; sous ce rapport, la sollicitude du gouvernement s'étend même jusqu'au dernier des rangs de l'armée, jusqu'au dernier des individus qui lui appartiennent. Qu'un simple cavalier, un simple soldat périsse dans une bataille, on envoie à sa famille ou sa chevelure, ou son arc, ou son sabre, pour être déposé, à défaut de sa dépouille mortelle, dans la sépulture de sa famille. On y joint un éloge proportionné à ce qu'il a fait, pour être gravé sur la tombe qui renferme ces objets, souvenirs muets du soldat mort au champ d'honneur, mais éloquents témoignages de sa valeur. Les officiers morts sont encore traités avec plus de distinction. On fait transporter chez eux, ou leur armure complète, ou leurs cendres, ou leurs ossements, ou même leur cadavre entier. Leur grade ou la manière dont ils se sont distingués sert de règle dans cette circonstance. C'est souvent d'une extrémité de l'empire à l'autre qu'on fait transporter ainsi le corps d'un officier ou la chevelure d'un simple soldat. Le nom de ces braves est cité dans les feuilles publiques; il passe ainsi sous les yeux de tous et de là, quelquefois, dans l'histoire générale de l'empire. Chez un peuple comme le peuple chinois, qui porte si loin le culte des tombeaux et sait plus que tout autre honorer la mémoire des ancêtres, rien, mieux que ces honneurs posthumes rendus aux soldats morts sur le champ de bataille, n'était propre à inspirer l'ardeur guerrière et le mépris du danger.

Si la récompense est prompte, grande, honorable pour tout homme de guerre qui a fait son devoir, la punition est à son tour également inévitable pour ceux qui ont négligé de le remplir. La sévérité du code militaire chinois s'accroît en proportion même de l'élévation du grade de celui qui a démérité : l'officier supérieur, aussi bien et plus même que l'officier d'un rang inférieur, peut devenir passible des peines les plus rigoureuses : c'est tantôt la dégradation partielle ou la destitution absolue qu'ils encourent, et tantôt la mort même qu'ils ont à redouter, suivant les cas. Mais, en vertu d'une singularité particulière à la Chine, ces châtiments encourus par le père ne peuvent nuire à l'avancement de son fils; la solidarité d'honneur ou de honte s'établit là à l'encontre de ce qui se pratique sous ce rapport chez tous les autres peuples. Il est plus commun d'y voir les mérites du fils réhabiliter la mémoire, illustrer même celle des ancêtres les plus éloignés, que de voir ceux du père devenir pour sa descendance un titre de gloire ou de privilége : tant il est vrai, d'un côté, que toute faute, généralement parlant, ne doit être imputée qu'à la personne, et qu'heureusement d'autre part, en vertu de l'efficacité réelle de la réversibilité des mérites, la rédemption qui efface le passé est toujours possible. L'humanité, qui vient de Dieu et a été faite à son image, n'a pu, malgré sa chute, altérer tout à fait les traits de sa ressemblance divine. Où pourrait-on aller en chercher des preuves meilleures, ailleurs que dans les manifestations de la miséricorde? Les législateurs chinois paraissent l'avoir ainsi compris.

§ IV.

Tribunal des chars et des chevaux. — Ses attributions. — Cavalerie militaire de la Chine. — Habileté des Tartares dans l'art de l'équitation. — Curieuses paroles de l'empereur Kang-hi. — Division de la cavalerie chinoise en deux catégories. — Ses moyens de remonte. — Les postes impériales. — Leur ancienneté. — Stations des postes. — Règlements de ce service.

Tout ce qui a rapport à la cavalerie de l'armée, à sa répartition dans les garnisons et postes de chaque province, aux chars et autres équipages de cette arme, aux remontes des chevaux, ainsi que le service des postes, fait dans l'empire par la cavalerie militaire, rentre dans les attributions du *tche-kia-thsing-li-sse,* quatrième tribunal subalterne, ou « quatrième direction » du grand tribunal des armes.

Dès les temps les plus reculés, les Chinois ont fait usage du cheval dans les combats. La cavalerie doit donc être comptée comme un des principaux éléments de force dans leur armée. Son importance s'est accrue par des développements successifs, mais on peut dire qu'elle a acquis son apogée depuis la domination des Tartares, race essentiellement guerrière et d'une habileté rare dans le maniement du cheval. Il n'en est point, sans excepter même la race arabe, qui soit plus qu'elle familière à toutes les audaces de l'équitation. « Nous autres Tartares, » — dit l'empereur Kang-hi, dans ses *Instructions familières,* — « nous savons tous manier habile-
« ment nos chevaux en tirant de l'arc, parce que

« nous avons appris dès l'enfance à monter à
« cheval. Dès l'âge de dix ans, nous savons le faire
« courir et sauter : la grande habitude nous rend
« habiles à le conduire et à le faire obéir. Dans les
« chasses d'hiver et d'automne, il y a vraiment
« plaisir à voir nos Tartares, aussi agiles que les
« nuages, les vents et la foudre, atteindre les bêtes
« fauves à la course, en faisant pleuvoir sur elles
« une grêle de flèches. Le cavalier et le cheval,
« comme d'intelligence, volent au sommet des
« montagnes, dans le fond des précipices : ils joi-
« gnent leurs proies, et l'on ne voit pas un seul trait
« lancé en vain. Tout en galopant ils décochent des
« flèches dont le sifflement, lorsqu'elles partent,
« ressemble au bruit qu'on entend quand on déchire
« une étoffe de soie. Ces braves chasseurs ne font
« point attention à la distance ; ils tirent également
« en courant et au pas. Ils dressent si bien leurs
« chevaux qu'ils les rendent en quelque sorte ca-
« pables de comprendre l'intention de leur maître.
« Si la bête est trop loin, le cheval sait la mettre à
« portée ; si elle est trop près, il augmente la dis-
« tance ; et dans l'instant même où le chasseur tire,
« son cheval prend la position la plus favorable
« pour assurer le coup. On donne à juste titre le
« nom de braves chevaux à ceux qui montrent au-
« tant d'intelligence. »

Le Tartare a su porter du côté de la guerre toute l'ardeur qui l'anime dans ces courses de chasse aussi périlleuses que furibondes, et faire preuve à un égal degré de son habileté consommée à monter et à dompter pour le service des camps les coursiers les plus fougueux. C'est parmi les hommes de cette race vigoureuse et guerrière que la Chine aujourd'hui recrute les soldats les plus propres à former ses régiments de cavalerie.

Deux sortes de services assignés par le tribunal des armes à la cavalerie de l'armée chinoise partagent celle-ci en deux catégories distinctes. L'une, répartie en divers cantonnements épars dans toutes les provinces intérieures et extérieures de l'empire ou sur certains points des frontières, s'appelle *tchoufang-ma*; l'autre, dite *lou-ying-ma*, occupe les grands centres de garnison. D'après les documents qu'il nous est possible de consulter, les forces de la première catégorie peuvent s'élever à cent seize mille cent soixante-quatorze chevaux, celles de la seconde à cent neuf mille huit cent quatre-vingt-onze, ce qui porterait le chiffre total de la cavalerie de l'armée chinoise à deux cent vingt-six mille soixante-cinq chevaux.

Le tribunal des chars et chevaux pourvoit à la remonte de cette nombreuse cavalerie de différentes manières : tous les ans on achète un grand nombre de chevaux dans diverses provinces de l'empire ou sur les marchés du Turkestan chinois, fréquentés, en vue des ventes qu'ils peuvent y faire, par les Kirghis-Kaïssaks; on dispose encore des contingents fournis à titre de contributions par les chefs indigènes de certaines provinces, mais c'est surtout dans les nombreux haras que possède l'empereur, soit en Chine, soit dans ses vastes domaines de la

Tartarie, qu'il est possible de se procurer le nombre de chevaux nécessaires pour les besoins de l'armée et le service des postes impériales.

C'est encore au troisième tribunal subalterne du grand tribunal des armes qu'il appartient de diriger et de faire exécuter dans tout l'empire, par l'emploi de la cavalerie militaire, cet important service.

D'après des recherches dues au travail des savants missionnaires français qui nous ont fait connaître, relativement à la Chine, tant de choses ignorées, l'institution des postes paraît y remonter à près de cinq siècles avant l'ère chrétienne; mais ce n'est que plus tard cependant (230 ans avant Jésus-Christ) qu'on trouve ce service établi d'une manière constante et régulière. Les Chinois n'en ont pas moins eu, en ce point encore, la priorité sur les autres peuples, puisque ce n'est que sous le règne d'Auguste que les postes furent connues des Romains, et sous celui de Louis XI qu'elles s'établirent en France, pour devenir, à partir de là, d'un usage général en Europe.

Les postes chinoises embrassent tout l'empire dans leur service : elles s'étendent depuis le bord du fleuve Hé-lang-kiang en Tartarie jusqu'aux côtes de Canton, et depuis la mer de Corée jusqu'assez près de la mer Caspienne; mais elles ont cela de différent avec les postes européennes, et de tout à fait semblable avec les postes romaines, qu'elles ne sont établies que pour le service de l'État. Néanmoins, il arrive, à cause des besoins urgents du commerce, que le gouvernement permet aux négociants de déposer leurs lettres au bureau des postes, mais ce n'est qu'une simple faveur de tolérance que bien des circonstances font cesser. L'empereur Kang-hi lui-même n'avait pas osé donner aux missionnaires, qu'il affectionnait pourtant, une permission juridique de faire venir par la poste leurs lettres d'Europe. Ce n'est que sous le règne de l'empereur Kien-long qu'ils obtinrent cette faveur.

A l'origine de cette institution on se servait de chars pour faire le service; mais à partir du troisième empereur de la dynastie des Han [1], on commença à le faire à franc étrier. Des stations sont établies le long des routes pour le rechange des chevaux; la distance qui les sépare n'est pas toujours égale, mais elle est rarement moindre de cinq lieues. Les chevaux qu'on y trouve n'ont pas souvent une grande apparence, mais ils n'en sont pas moins bons et en état de soutenir les longues courses qu'on exige d'eux.

La célérité du service se règle sur l'importance et la nature des dépêches. Les courriers ordinaires ne font guère que vingt-quatre à trente lieues par jour; les courriers du cabinet font depuis cinquante jusqu'à quatre-vingts et quatre-vingt-dix lieues en vingt-quatre heures. S'il arrive des retards, pour qu'on sache à qui en attribuer la faute, on tient un registre exact, dans tous les bureaux de poste, du jour et de l'heure où passent les courriers. La surveillance des corps de garde établis sur les grandes routes

[1] L'an 179 avant Jésus-Christ.

contribue grandement aussi à assurer la promptitude et la régularité du service, et à faire passer, avec une diligence incroyable, les dépêches d'un bout de l'empire à l'autre. Un courrier de l'empereur va de Péking au fond de la Tartarie, comme autrefois en France on allait de Paris à Marseille, sans autre moyen de locomotion que la solide agilité du jarret des chevaux chinois ou tartares. Le temps viendra sans doute aussi pour la Chine, où les merveilleux moyens de transport et de communication que possède l'Europe moderne couvriront un jour ses vastes espaces de réseaux de fer et de fils télégraphiques. Mieux que l'anarchie révolutionnaire, l'électricité et la vapeur doivent faire le tour du monde, et, pour le bonheur des peuples, cela vaudra mieux.

§ V.

Tribunal des provisions et fournitures militaires. — Ses attributions. — Paye du soldat. — Uniforme et fourniment militaire. — Armes du cavalier et du fantassin.

Le quatrième tribunal subalterne du grand tribunal des armes peut être considéré comme l'équivalent de notre intendance militaire. Chargé en général de tout ce qui a rapport aux approvisionnements de l'armée, ce tribunal pourvoit aux fournitures en vivres, en effets d'équipement et d'armement, en un mot, aux munitions de guerre de toutes sortes. C'est encore lui qui veille à la tenue des contrôles et dirige les revues annuelles, ainsi que les examens pour l'obtention des grades et l'avancement.

L'histoire de l'antiquité nous a laissé le souvenir des grandes armées de Ninus et de Sémiramis en Assyrie, de Sésostris en Égypte, de Darius et de Xerxès en Perse, mais elle ne nous a laissé trace ni du génie organisateur ni du mode administratif qui présidaient à leur formation, à leur discipline, à leur entretien. Nous sommes, sous ce rapport, plus favorisés du côté de l'armée chinoise, dont l'organisation, plus que contemporaine de la formation de ces mémorables armées de l'antiquité, est à peu près encore dans les temps présents telle qu'elle était dans ces âges reculés. A cause même de cette absence de progrès, il serait difficile de pouvoir établir une juste comparaison entre cette curieuse armée de la Chine et les armées modernes de l'Occident. Cependant, si on considère que le perfectionnement de celles-ci date d'époques assez récentes, il n'est pas, en réalité, nécessaire de remonter bien loin dans le passé pour trouver des temps où l'armée chinoise aurait pu soutenir un parallèle avantageux avec les vieilles armées qui firent autrefois la gloire de quelques nations de l'Europe, mais dont l'insuffisance et le défaut de bonne organisation seraient très-certainement de nos jours par trop manifestes.

Tout ce que nous venons de dire au sujet de l'armée chinoise doit suffire, pensons-nous, pour donner à nos lecteurs une idée satisfaisante de l'entente administrative qui préside à son organisation.

Les soins par lesquels le *wou-khou-thsing-li-sse* ou tribunal des provisions et fournitures militaires est chargé de pourvoir à son entretien, présentent en effet un ensemble de moyens qui, s'ils étaient toujours parfaitement appliqués, pourraient sans contredit concourir à faire de l'armée chinoise une armée des mieux organisées : considérée sous le rapport de la paye régulière du soldat, de la fourniture réglementaire des vêtements auxquels il a droit, et sous celui des armes appropriées à sa manière de combattre, que lui manquerait-il?

Nous l'avons déjà dit, en Chine le soldat tient un des premiers rangs parmi les citoyens; et, comme sa vie tout entière se passe au service de l'État, celui-ci se charge de fournir à chaque militaire et à sa famille une subsistance honnête et suffisante. Les cavaliers ont six onces d'argent par mois, dont la moitié leur est payée en argent et l'autre en riz; les fantassins, obligés à de moindres dépenses, n'ont que quatre onces d'argent, dont une moitié leur est également fournie en argent et l'autre en riz; ce qui revient à peu près, pour les cavaliers à quarante-cinq francs par mois, et pour les fantassins à trente francs de notre monnaie. L'empereur fournit le cheval, et le cavalier reçoit par jour deux mesures de petites fèves pour le nourrir. Ce qu'on appelle en France le décompte se fait en Chine tous les trois mois; passé ce terme, il n'est plus rien dû aux troupes. Pendant la guerre, les soldats sont défrayés de tout, et, nous avons eu lieu de le constater déjà, leurs femmes perçoivent dans les villes ou les villages où elles font leur séjour une partie de la solde de leurs maris, jugée suffisante pour leur entretien et celui de leur famille.

Sous le rapport du costume et du fourniment militaire, le soldat qui fait partie de l'armée permanente est pourvu avec autant de propreté confortable que d'originalité. Les cavaliers tartares et chinois ont un casque de fer, qu'on prendrait à première vue pour un entonnoir renversé. La crête, qui répond au tuyau de l'entonnoir, est haute de six à sept pouces et se termine comme une lance. Le casque est orné d'un gland rouge. Le cou du cavalier est couvert d'une étoffe de drap piqué et garni de fer : cette pièce s'étend tout autour du visage. Ils portent une veste et des culottes également piquées et garnies de fer, que les Chinois ont l'art d'amincir extrêmement ; la veste descend un peu au-dessous de la taille, et les culottes vont jusqu'à mi-jambe. Les officiers ont des casques de fer poli garnis d'or, la crête en est beaucoup plus élevée que celle du casque des soldats. Leur vêtement est bleu ou couleur de pourpre et leurs bottes sont de satin noir fort épais. L'ensemble de ce costume est toujours riche et brillant. Le fantassin chinois n'est ni moins bien ni moins confortablement équipé et vêtu que le cavalier.

Les armes de l'armée chinoise sont offensives et défensives. Outre le casque, celles des cavaliers consistent en une cuirasse, une lance et un large sabre. Le fantassin est armé d'une pique, d'un sabre, et les uns d'un fusil, les autres d'un arc, d'un carquois et d'un bouclier, sur lequel sont peintes des figures fantastiques visant au terrible, mais beaucoup plus propres à faire peur aux enfants qu'à des ennemis, même de médiocre valeur. Ceux qui sont armés d'un fusil portent en bandoulière, à la manière des Circassiens, des étuis de bois qui contiennent leurs cartouches. Ils sont en outre munis d'une mèche de nitre qu'ils enroulent autour de leur bras et tiennent toujours allumée pour enflammer, dès qu'il le faut, la poudre du bassinet de leurs fusils sans batterie.

Le soldat chinois doit avoir le plus grand soin de ses armes et les entretenir dans le meilleur état possible de propreté et de conservation. On en fait l'inspection dans les revues qu'ordonne le tribunal des provisions et fournitures. Si quelqu'une de ces armes se trouve en mauvais état, si l'on y remarque tant soit peu de rouille, cette négligence est à l'instant même punie par trente ou quarante coups de bâton, si le coupable est Chinois, ou d'un pareil nombre de coups de fouet, s'il est Tartare.

Contrairement à ce qui se pratique en Europe, les gens de guerre, en Chine, n'ont le droit de porter leurs armes que lorsqu'ils sont en fonctions : hors de là, qu'ils soient officiers ou simples soldats, rien ne les distingue des autres citoyens : ils ne peuvent, en dehors du service militaire, porter que les marques des dignités particulières dont ils peuvent être décorés.

§ VI.

Artillerie ancienne et moderne des Chinois. — Diverses sortes d'armes à feu connues en Chine. — Instruments de musique militaire.

La poudre à canon est connue en Chine depuis un temps immémorial. Mais si les Chinois ont devancé tous les autres peuples dans l'art de préparer cette composition fulminante, ont-ils également su fabriquer avant nous des armes à feu? De fortes preuves établissent l'affirmative en leur faveur; mais il paraît certain que l'usage de ces engins meurtriers s'était insensiblement perdu parmi eux, et que ce n'est que depuis le temps où les Européens ont commencé à les fréquenter qu'ils sont revenus au maniement de ces armes terribles.

Le P. Amiot, auteur d'un excellent mémoire sur l'art militaire des Chinois, sera notre guide dans ce que nous avons à dire de leur artillerie. D'après ce savant missionnaire, l'ancienneté des connaissances des Chinois sur cette partie de l'art militaire est incontestable : il dit, en parlant des recherches qu'il a faites à ce sujet, s'être utilement servi de l'ouvrage d'un habile mandarin d'armes, lequel s'est borné lui-même à extraire des livres les plus anciens et les plus célèbres tout ce qui concerne les diverses manières de combattre, sous les différentes dynasties. Cet écrivain chinois, après avoir observé

qu'on devint insensiblement cruel en faisant la guerre, ajoute : « Les sabres et les piques ne suf-
« fisant pas, on inventa d'autres armes, et surtout
« les armes à feu. On trouva l'art destructif de
« brûler des villes entières dans un court espace de
« temps, au moyen de quelques étincelles. Il faut
« avouer cependant que depuis les Han jusqu'aux
« Ming (c'est-à-dire depuis environ le commence-
« ment de l'ère chrétienne jusqu'au seizième siècle),
« il n'y a eu que peu de guerriers qui entendissent
« bien l'usage des armes à feu. Khoung-ming est
« presque le seul qui les ait employées avec succès.
« Après Khoung-ming, tous ceux qui étaient in-
« struits de ce cruel artifice n'osèrent le mettre en
« usage, à raison du danger où l'on s'exposait sou-
« vent de nuire aux siens et à sa personne en vou-
« lant s'en servir. » Khoung-ming vivait vers la fin de la dynastie des Han, et les historiens qui parlent de cet illustre général chinois ne disent pas seulement qu'il faisait usage de ces terribles engins, mais qu'*il s'en servait avec beaucoup plus de succès qu'aucun autre*, « ce qui suppose, » ajoute le P. Amiot, « que les autres s'en servaient aussi. »

Une des plus redoutables armes à feu en usage chez les Chinois, dans les anciens temps, est le canon appelé *ta-chen-tchong*, c'est-à-dire « grand esprit », à raison de la promptitude et de l'effet de son action. Ce canon ne mesurait cependant pas plus d'un mètre et demi de long, et il ne fallait pour le fondre que mille livres de fer purifié. On le fortifiait sur la longueur avec neuf cercles de fer ; celui qui approchait le plus de la lumière était plus fort que les autres. Un affût roulant sur trois roues, dont deux plus grandes, placées sur le devant, et une plus petite, en arrière, servait de support à cet engin de guerre.

Après ce canon, dont la dénomination nous paraît plus terrible que les coups, la machine à feu la plus meurtrière était le *nid d'abeilles* ou l'*essaim d'abeilles*. Cette arme, par sa masse et par sa forme, tenait le milieu entre les canons et les fusils; elle faisait, dit-on, plus d'effet dans une bataille et causait plus de ravages dans les rangs ennemis que les uns et les autres. Sa charge était d'une centaine de balles, et ces balles tuaient jusqu'à la distance de quatre à cinq cents pas. Un homme la portait sur ses épaules à l'aide d'une courroie passée dans des anneaux. Les Chinois nous auraient-ils devancés encore, sauf le perfectionnement, dans l'invention du mystérieux canon portatif, ou de quelque autre *mitrailleuse?*

Une autre arme à feu employée à la même époque était le *ty-lei* ou « tonnerre de terre ». Cette machine était un globe de fer, creux en dedans, capable de contenir une grande quantité de poudre. On enfouissait plusieurs de ces globes, à quelque distance les uns des autres, dans l'endroit où l'on prévoyait que l'ennemi devait passer ou séjourner. Des cordelettes souffrées, introduites par une de leurs extrémités dans chacun d'eux et cachées sous terre dans de longs tubes de bambou, aboutissaient par leur autre extrémité à la main de celui qui devait y mettre le feu. L'explosion en était à volonté simultanée ou successive.

Le *tien-ho-kieou,* ou « globe contenant le feu du ciel », rappelle, quant à ses effets, l'idée qu'on se forme communément de l'ancien feu grégeois. « Mais comme cette arme, » dit notre auteur chinois, « est presque aussi dangereuse pour ceux qui « l'emploient que pour ceux contre qui elle est em- « ployée, on en a discontinué l'usage. »

Le *ho-iao,* « feu dévorant », était une sorte d'artifice, dont on faisait usage dans un siége ou dans un combat naval. Il consistait en un globe de fort papier, enduit en dehors de résine, d'huile et de cire jaune; on remplissait ce globe de poudre mêlée de résine et de mitraille, et lorsqu'on y avait mis le feu au moyen d'une mèche, on le lançait sur l'ennemi.

C'était presque la bombe, dont ces essais rudimentaires finirent par donner aux Chinois une connaissance plus complète, si nous nous en rapportons à un fait relativement moderne consigné dans leur histoire, sous la date de l'an 1232, à l'occasion du siége de Kaï-fong-fou, où périrent plus d'un million de personnes :

« Il y avait à Kaï-fong-fou, » lisons-nous dans les Grandes Annales, « des *ho-pao* ou *pao à feu* ap-
« pelés *tchin-tien-lei,* « tonnerre qui fait trembler
« le ciel », dans lesquels on mettait de la poudre
« qui, prenant feu, éclatait comme un coup de ton-
« nerre et se faisait entendre à plus de cent *li* (dix
« lieues). Son effet s'étendait à un demi-arpent de

« terre autour du lieu où il éclatait, et il n'y avait
« aucune cuirasse, de quelque bon fer qu'elle fût,
« qu'il ne brisât. Les Mounghous, couverts de leurs
« boucliers de peau de bœuf, s'avancèrent au
« pied de Kaï-fong-fou et travaillèrent à saper ses
« murs, dans lesquels ils pratiquèrent des retraites
« où ils étaient à l'abri des coups, sans qu'il fût pos-
« sible de les en déloger. Quelqu'un s'avisa de lier
« avec de fortes chaînés de fer les machines appe-
« lées *tchin-tien-leï*; on les descendait où étaient
« les sapeurs mounghous; elles prenaient feu et
« mettaient en pièces les hommes et les boucliers,
« sans laisser subsister de vestiges. Outre cette ter-
« rible machine, les assiégés avaient encore une
« espèce de javelot qu'ils appelaient *feï-ho-tsian*,
« c'est-à-dire « javelot de feu qui vole ». Dès que
« la poudre qu'ils y mettaient prenait feu, il était
« poussé à plus de deux cents pas et faisait des
« blessures mortelles. Ces deux machines étaient
« ce que les Mounghous craignaient le plus [1]. »

Les Chinois ont abandonné la plupart de ces anciennes armes, et ils sont aujourd'hui pourvus d'une artillerie fondue et servie d'après des méthodes vieillies déjà pour l'Europe, mais qui sont pour eux un véritable progrès. Ils ont les *houn-i-pao*, le *fa-koan-pao*, les *ta-tsian-kiun-pao*, c'est-à-dire des canons de toutes les grandeurs; les *si-koa-pao*, les bombes; les *kouo-chan-niao*, les *pi-chan-pao*, les *ma-ti-pao*, ou toutes les espèces de pièces de campagne

---

[1] Traduction du P. de Mailla.

et de fusils, le canon rayé et le fusil à aiguille, toutefois, encore exceptés. Mais il est indubitable que le génie chinois, qui n'a pas hésité une première fois à accepter des Européens des perfectionnements qu'il ne connaissait pas, ne se fera pas faute, en présence des nécessités nouvelles que subit l'empire, de recourir aux inventions meilleures de l'Europe moderne. L'avenir nous dira quel fusil : prussien, chassepot, anglais ou américain, choisira le tribunal *wou-khou-thsing-li-sse,* ou « tribunal des provisions et fournitures militaires », pour doter d'une arme supérieure les défenseurs du Céleste Empire [1].

Nous arrivons à la description d'instruments moins redoutables, non pas peut-être pour les oreilles délicates, mais à coup sûr pour la vie humaine : nous voulons parler des instruments de musique en usage dans l'armée chinoise. Ces instruments sont le *lo,* la trompette, le tambour et la conque.

Le *lo* est un grand bassin d'airain d'environ un mètre de diamètre sur quinze à dix-huit centimètres de profondeur; on le tient suspendu et on le frappe avec un maillet de bois; le son que rend cet instrument est très-aigu et se fait entendre de fort loin. Pour arrêter la marche ou faire cesser le combat on frappe le *lo;* mais pour le signal d'avancer contre l'ennemi et de charger, on bat le tambour.

Les trompettes en usage parmi les troupes chinoises sont de deux sortes et de forme différente

---

[1] Voyez pour plus de détails sur les armes anciennes et modernes de la Chine les *Mémoires sur les Chinois.*

Elles sont à une octave l'une de l'autre, et l'une des deux est à peu près à l'unisson de nos cors de chasse. Toutes deux sont de cuivre battu, et chacune du poids de sept livres.

On se sert de la conque, autre instrument militaire, pour sonner la retraite, indiquer l'exercice, et pour les opérations auxquelles un corps entier doit être employé. On a une de ces conques dans chaque quartier de l'armée et une dans chaque corps particulier. Elles tiennent aussi lieu de porte-voix; les sons qu'on en tire sont agréables et mélodieux.

---

§ VII.

Revues et inspections militaires. — Examens pour l'obtention du mandarinat d'armes et des grades militaires. — Description d'une de ces épreuves à Ning-po. — Héroïque dévouement des hommes de guerre en général. — Caractère particulier de l'armée chinoise. — Belle défense des troupes tartares à la bataille de Pa-li-kiao.

Nous avons déjà dit que, en dehors de l'approvisionnement général de l'armée, le quatrième tribunal subalterne du grand tribunal des armes était chargé de diriger les revues et les inspections réglementaires des troupes et de faire procéder aux examens qui ont lieu pour l'obtention des grades et l'avancement dans les rangs de la hiérarchie militaire. Nous n'avons pas autre chose à constater au sujet de ces inspections et de ces revues, sinon que, en Chine comme en Europe, elles sont établies pour constater la bonne tenue des troupes et entretenir parmi les officiers et les soldats l'émulation, toujours utile au bien général et stimulant par excellence de l'amour-propre individuel. Ces inspections deviennent aussi, suivant les cas, les occasions pour plusieurs de récompenses ou de punitions méritées.

Pour être admis, en Chine, dans la classe des mandarins d'armes, il faut, comme pour le mandarinat de lettres, franchir trois degrés : il faut avoir été successivement bachelier d'armes, licencié d'armes, docteur d'armes. La force du corps, l'adresse dans les exercices, l'aptitude à saisir les préceptes de l'art militaire : voilà ce qu'on exige des aspirants ; et tel est le but des différents examens qu'on leur fait subir. Nous donnons ici le récit descriptif qu'a fait d'une de ces épreuves pour l'obtention du mandarinat militaire un écrivain qui dit en avoir été témoin oculaire à Ning-po, où s'étaient rendus les hauts commissaires spécialement députés à cet effet sous le sceau impérial de Sa Majesté Chinoise.

« L'examen... se fit en plein air... Le lieu choisi était un champ de manœuvre en dehors des murs de la ville..... Jetant un coup d'œil sur ce « champ de Mars », je vis à une de ses extrémités un bâtiment d'une étendue considérable. Le maire de la ville, président, était assis sous un dais, entouré d'un groupe orné de boutons, fumant de longues pipes, se donnant l'air digne, et faisant repousser quelques intrus qui se faufilaient dans l'enceinte. Le président avait devant lui une table sur laquelle étaient placés les objets pour écrire. Il examinait les compétiteurs, et leur donnait des notes bonnes, mauvaises ou indifférentes. Je vis au bas des degrés qui conduisaient à son siége vingt-deux candidats seulement pour les honneurs militaires. Ils portaient des robes de soie et de satin de diverses couleurs et plus ou moins riches; leur bonnet de cérémonie était orné de houppes de soie, et ils étaient armés d'arcs et de flèches. La lice occupait un espace de plusieurs centaines de mètres de longueur sur quatre-vingt-dix pieds de large seulement. Les spectateurs, hommes et femmes, étaient rangés des deux côtés, avides de contempler le spectacle, et ne se gênant pas pour exprimer par des cris ou des huées l'impression que leur causaient le succès où l'échec des compétiteurs. Pour maintenir l'ordre, plusieurs hommes de la police se tenaient le long de la lice; mais ils ne servaient guère qu'à exciter la rage ou les quolibets de la multitude; à l'autre bout de la lice, vis-à-vis le dais du président, était le point de départ des archers montés. Lorsque les épreuves commencèrent, un crieur s'avança et cria le titre de chaque division et le nom de chaque candidat. Ceux-ci répondirent un par un en s'agenouillant sur le genou droit et en inclinant la tête. Chaque compagnie reçut ensuite l'ordre à mesure qu'elle défilait.

« La première épreuve était celle des archers montés, et c'était peut-être la plus intéressante. On les envoya à l'autre bout de la lice.... Au moment où le candidat montait à cheval, deux trompettes sonnaient et donnaient le signal. Ce n'était point une lutte entre compétiteurs ; c'était une expérimentation de leur adresse à tirer à cheval. La carrière à fournir avait plus de deux cents mètres ; sur la droite étaient placés à égale distance trois grands cylindres de serge noire, dans chacun desquels étaient tracés trois globes rouges. Celui du milieu était le but offert à l'adresse des archers. Lorsque l'un d'eux était parti, on agitait un petit drapeau pour l'animer ; si sa flèche atteignait le but, on battait le tambour, en inclinant une grande bannière. Pour manier l'arc et la flèche pendant que le cheval était au grand galop, il fallait au candidat beaucoup d'adresse, puisqu'il n'y avait pas moyen de tenir la bride. La plupart des archers firent preuve de coup d'œil. Chacun devait parcourir la lice trois fois, et à chaque fois il venait au tribunal recevoir des reproches ou des éloges.

« Vint ensuite le tour des archers à pied. Les candidats étaient divisés en compagnies de quatre. Chaque homme envoyait six flèches à distance de cent mètres. Lorsqu'il touchait le but, on en prenait note, et le nombre de marques réglait le degré d'adresse. Le troisième exercice consistait à bander des arcs très-forts, exigeant une force de quatre-vingts à cent livres. Le quatrième exercice était le maniement du sabre. La cinquième épreuve de force et d'adresse consistait à soulever de grosses pierres et à manier de pesants marteaux. L'examen se termina par cet exercice [1]. »

[1] William C. Milne, *la Vie réelle en Chine*, 2ᵉ éd., p. 184 et suiv.

Ces examens militaires ne se bornent pas, comme on serait tenté de le croire peut-être après avoir lu la description qui précède, à ces simples épreuves d'agilité, d'adresse et des forces physiques; ils portent encore sur les preuves que chacun doit donner de ses connaissances sur l'art et les théories militaires. Ces examens, d'une importance supérieure, sont subis surtout par les candidats qui, déjà parvenus au rang de mandarins d'armes, se présentent dans l'intention de se créer des droits à l'avancement. Les notes recueillies par les commissaires délégués du tribunal de la guerre servent à confirmer leurs espérances ou à causer leurs déceptions.

De tout ce qui vient d'être exposé sur l'organisation militaire de la Chine, il résulte avec une grande évidence que rien n'a été omis, de la part du gouvernement chinois, pour donner à l'empire une bonne et solide armée. Mais ses efforts ont-ils été couronnés de succès? L'affirmative nous paraît, dans une certaine mesure, incontestable. On trouve, en effet, dans l'armée chinoise les qualités principales qui doivent être, chez tous, les peuples, l'apanage des hommes de guerre : ordre, discipline et courage. Le Chinois est, par nature, méthodique et ami des règles, et il accepte avec autant de facilité les exigences que lui commande la discipline militaire que celles que lui impose presque en tout la loi de l'ordre civil. Il est également constant qu'en Chine les gens de guerre sont peut-être les citoyens les plus paisibles de l'empire : exemple qui n'est pas rare en Europe. C'est, du reste, le propre de tout homme vraiment dévoué à son pays, et nul ne l'est mieux et davantage que celui qui l'aime jusqu'à la mort. D'après la parole même du Christ, le plus grand témoignage de l'amour ne consiste-t-il pas à donner sa vie pour celui qu'on affectionne? Qui donc oserait alors assigner le second rang, dans l'amour qu'on doit à la patrie, au citoyen toujours prêt à verser son sang pour l'honneur de son pays ou pour la défense de ses frontières? Un semblable dévouement, n'est-ce pas le sacrifice dans la plus haute acception du mot? Or, le sacrifice, c'est l'héroïsme porté à sa plus haute puissance : il n'y a rien au dessus.

Honneur donc à ces traîneurs de sabre, comme les appellent trop souvent quelques insulteurs de la plume! Honneur à eux! Sans peur et sans reproche, ils versent généreusement leur sang pour le salut de tous; or, chez toutes les nations, ce sacrifice est réputé grand, noble, illustre; et cela vaut mieux que de verser sans honte comme sans danger l'encre de la calomnie. A la reconnaissance des peuples, et surtout en ce qui nous concerne, à l'honneur français de répondre!

Pareil héroïsme s'est vu souvent dans l'armée chinoise, et c'est une grave erreur, trop accréditée en Europe, de la croire dépourvue de courage. A la bataille de Pa-li-kiao [1], les troupes chinoises se défendirent contre les alliés avec une rare intrépidité. Leurs phalanges, composées de vingt-cinq mille hommes de cavalerie tartare et de nom-

[1] **21 septembre 1860.**

breuses milices indigènes, vinrent se briser, il est vrai, contre une poignée d'Européens. L'artillerie française et anglaise avait beau jeu contre leurs flèches, leurs lances, leurs sabres émoussés et leurs canons asthmatiques. Malgré leurs cris sauvages et leurs charges impétueuses et réitérées, ce fut tout d'abord une déroute effroyable! Mais les chefs militaires avec les braves de l'armée vinrent se rallier sur le pont de Pa-li-kiao, et alors on les vit pendant une heure soutenir le feu écrasant qui les décimait, et, sans reculer d'un pas, tenir ferme et mourir tous sur place, héroïques mais inhabiles guerriers, plutôt que d'abandonner à l'ennemi le champ de bataille.

---

§ VIII.

Marine chinoise. — Infériorité de la marine chinoise; ses causes. — Structure des navires chinois. — Divisions de la marine chinoise : marine fluviale de l'État et du commerce; son importance. — Les maisons flottantes. — Marine maritime et militaire. — Les diverses sortes de navires de guerre. — Adresse du matelot chinois. — Navigation sur les torrents.

Jetés aux extrémités les plus reculées de l'Orient, voisins pendant des siècles de peuples peu redoutables sur les mers, protégés jusque-là par leur position géographique contre toute invasion de nations plus à craindre mais plus éloignées, les Chinois, endormis dans leur longue sécurité, ne pouvaient guère supposer que des armées parties des points les plus reculés de l'Occident, portées sur des navires plus prompts que les vents et puissants comme la foudre, viendraient, un jour, forcer toutes les entrées de leur Céleste Empire, briser ses barrières et pénétrer victorieuses au sein même de leur antique et inviolable capitale. Jusque-là, la nécessité, cette incomparable révélatrice des industries et des ressources, toujours salutaire aux peuples comme aux individus, ne leur ayant fait ni sentir ni apprécier les avantages immenses de défense ou d'attaque procurés par les forces navales, ils n'accordèrent à la marine chez eux qu'une importance secondaire. Si nous considérons, d'un autre côté, que le commerce de la Chine sur mer n'a jamais guère fréquenté de plus lointains parages que les côtes mêmes de l'empire et du Japon, il nous sera facile de voir que toutes les causes défavorables semblent s'être trouvées réunies pour ôter au génie maritime des Chinois les heureuses occasions qui, partout ailleurs, ont amené le perfectionnement et enfanté le progrès.

La marine en Chine est donc restée au second plan. Aussi ne la voyons-nous pas, dans ce vaste empire comme chez les grands peuples maritimes de l'Occident, être l'objet d'une administration particulière, constituée à l'état de ministère ou de grand tribunal spécial : dépendant absolument de la quatrième cour souveraine, elle se rattache, en ce qui la concerne, à ce grand tribunal des armes, sans en former même une direction proprement dite ; mais c'est le lieu d'en parler ici.

Il y a des siècles que les Chinois construisent des

navires, et il y a des siècles aussi qu'ils n'ont fait dans cet art aucun progrès : la fréquentation des Européens sur leurs côtes, la vue des vaisseaux montés par ces hardis navigateurs, pas plus que la supériorité évidente de ces étrangers, explorateurs intrépides de tous les océans, rien n'a pu les déterminer à quitter au plus vite les voies de leur antique routine, pour apporter dans leur architecture navale des perfectionnements nécessaires; ils en sentent néanmoins aujourd'hui la nécessité, et on commence à voir en possession des Chinois quelques navires de construction européenne.

Les navires que jusque-là ils ont su construire, appelés par eux *tchouen* et généralement connus des Européens sous le nom de *jonques,* n'ont guère d'autre rapport que celui de flotter sur les eaux avec ces constructions navales que nos chantiers maritimes produisent à volonté agiles et puissantes, pour aller sans crainte, sous l'haleine des vents ou sous la pression de la vapeur, parcourir les mers les plus lointaines comme les plus redoutées. Rien de pareil ne se voit en Chine, où la construction des vaisseaux de guerre même diffère peu de celle des bâtiments affectés au commerce et n'annonce pas plus que ceux-ci qu'ils soient destinés à entreprendre de longues et périlleuses excursions : tels qu'ils sont, pourraient-ils s'y risquer ?

La structure générale du navire chinois est assez curieuse à connaître pour que nous en donnions ici une description sommaire. La proue, qui est coupée et sans éperon, se termine, dans sa partie supérieure, par deux espèces d'ailerons ou cornes d'une forme assez bizarre. La poupe est fendue par le milieu pour faire place au gouvernail, qui se trouve renfermé dans une espèce de chambre qui le met à l'abri des coups de mer. Ce gouvernail, large de cinq à six pieds, peut aisément s'élever et s'abaisser par le moyen de deux câbles qui le soutiennent sous la poupe.

Les vaisseaux chinois n'ont ni artimon, ni beaupré, ni mâts de hune. Toute leur mâture se réduit au grand mât et à celui de misaine, auxquels ils ajoutent quelquefois un petit mât de perroquet, qui ne peut être que d'un faible secours. Le grand mât occupe à peu près la place du nôtre ; le mât de misaine est fort sur l'avant. Celui-ci est à l'autre dans la proportion de deux à trois, et le grand mât a ordinairement plus des deux tiers de la longueur du vaisseau.

Des nattes de bambou sont la matière des voiles chinoises : elles sont renforcées par des bambous entiers couchés sur la largeur de la voile, à la distance d'un pied les uns des autres. Deux pièces de bois garnissent les extrémités supérieure et inférieure de la voile ; celle d'en haut sert de vergue ; celle d'en bas, large d'un pied sur cinq à six pouces d'épaisseur, contient la voile lorsqu'on veut la hisser ou l'amener. Un grand nombre de petites manœuvres, qui pendent des bords de la voile où elles sont placées de distance en distance, sont assemblées et fortement tendues sur les écoutes pour assujettir toute la longueur de la natte et en faciliter le mouvement quand il faut virer de bord. Ces sortes de voiles peuvent se déplier et replier comme des feuilles de paravent. La voile du mât de perroquet est d'une forte toile de coton, mais on ne la porte point pendant les gros temps. Les Chinois se servent d'ancres de fer dans les mers du nord; mais dans celles du midi, qui sont peu profondes, ils n'emploient que des ancres de *tié-li-mou* ou bois de fer, qui est très-pesant. Les câbles sont faits de chanvre, de filasse de coco ou de rotin [1].

Au lieu de goudron, les Chinois emploient un mélange d'une huile ou gomme particulière, de chaux et d'étoupes de bambou. Cette composition a d'abord le double avantage de ne pas répandre sur les navires chinois l'odeur forte et désagréable que le goudron communique aux nôtres, et de ne pas les exposer, comme le brai, aux accidents du feu : d'un autre côté, son adhérence est tellement solide, qu'elle a fait imaginer aux Chinois une distribution différente de la nôtre pour la cale de leurs vaisseaux et de leurs barques. Ils la partagent en un certain nombre de soutes ou de compartiments par des cloisons de fortes planches, dont tous les joints sont enduits de ce mastic que l'eau ne peut pénétrer. Il est impossible de ne pas être frappé des avantages et des conditions de sécurité que présente cette ingénieuse disposition. S'il arrive que ces barques viennent à toucher par un endroit à quelque pointe de rocher, il n'y a pour l'ordinaire

---

[1] Voir pour plus de détails les *Mémoires sur les Chinois*.

qu'une partie de la cale qui se remplit, tandis que le reste demeure à sec et donne le temps d'arrêter la voie d'eau qui s'est faite.

La marine de l'État, en Chine, se distingue en marine fluviale et en marine maritime. Cette dernière seule constitue, à proprement parler, la marine militaire de l'empire. Mais la première, malgré sa dénomination, qui semble la rendre inférieure, est d'une telle importance, qu'il est à peine possible de lui assigner le second rang.

Un des spectacles, en effet, qui frappent le plus les étrangers et qui donnent aux explorateurs de la Chine la plus haute idée des immenses richesses de cet empire, c'est de voir sur tous les cours d'eau navigables, et principalement sur toute la longueur du « grand canal », les barques impériales, partagées en escadrilles commandées par des mandarins, transporter dans la capitale les tributs annuels des provinces, qui se payent en riz, en étoffes, en soieries et en productions de toute espèce. Leur nombre, d'après les calculs les plus modérés, n'est pas moindre de cinq mille.

Ces barques, de dimension différente, sont partagées en trois classes : les unes portent les vivres, les autres les étoffes et les marchandises, et celles de troisième ordre, plus légères, sont destinées à transporter les mandarins, les gouverneurs et les autres personnes de haut rang que la cour envoie en mission ou qui sont appelées par elle. Quoique plus petites que les autres, ces dernières barques sont assez grandes pour qu'on y trouve une assez vaste salle, plusieurs chambres fort commodes, une cuisine, des offices, et un endroit où les domestiques se retirent : toutes ces pièces sont de plainpied. L'intérieur du salon et des chambres est ordinairement orné de riches vernis, de sculptures dorées et d'un plafond en panneaux peint à la manière chinoise.

Ce n'est pas seulement l'empereur qui entretient pour le service de l'État ces jonques ou barques de transport : le commerce, de son côté, en couvre, pour ses trafics, les fleuves et les canaux. Dans le voisinage de Han-yang, par exemple, où le Kiang, fleuve presque sans rival, a près d'une lieue de largeur, il n'est pas rare de compter de huit à dix mille de ces bâtiments marchands, dont la plupart sont à même de porter jusqu'à deux cents tonneaux. Tous les environs de cette ville offrent à l'œil étonné une forêt de mâts : spectacle assez extraordinaire au milieu des terres et à cent cinquante lieues de la mer. Dans d'autres lieux l'étonnement se fait plus grand encore quand on voit, comme à Hang-tcheou et à Canton, des myriades de barques, tenant lieu de maisons à des familles entières, former des cités flottantes sur les liquides fondations des eaux. Là vit un peuple pauvre et laborieux ; il en sort dès la pointe du jour pour aller pêcher, cultiver le riz ou se livrer à quelque modeste industrie ; il y rentre le soir pour se réunir en famille et se livrer au repos de la nuit.

La navigation sur mer n'a jamais pris, nous l'avons déjà dit, de bien grands développements chez les Chinois. Leur marine militaire n'est donc pas très-formidable; ils ont cependant plusieurs sortes de navires de guerre; nous décrirons les plus remarquables.

Le *vaisseau de poste,* muni de bandes de bois de bambou clouées sur ses côtés, pour qu'il résiste mieux à la lame, est un des navires les plus en usage. Il tire six à sept pieds d'eau et peut mettre à la voile par tous les temps. On s'en sert pour porter les nouvelles et courir sur les pirates, fléau des mers de la Chine.

Le *vaisseau à ouvrir les vagues* est encore d'un plus faible tirant d'eau. Il porte un gouvernail, une voile et quatre rames. Sa proue en forme de pointe divise aisément les eaux. Il peut contenir depuis trente jusqu'à cinquante soldats.

Le *bâtiment à courir sur le sable* est plat par-dessous et sert à courir sur les eaux d'une faible profondeur.

De tous les vaisseaux chinois, le *bâtiment à bec d'épervier* est le plus prompt et le plus léger à la course. Il peut à volonté avancer ou reculer sans être obligé de virer de bord; cette facilité lui vient de la similitude parfaite de ses deux extrémités. Son tillac est défendu par deux espèces de murailles faites de planches de bambou, qui mettent à l'abri des traits les soldats et les rameurs.

Le bâtiment *ou-koun,* par allusion à ses rames nombreuses, a pris son nom de l'insecte que nous appelons *mille-pieds* : la tête sculptée de cet insecte en orne ordinairement la proue. Quand il est en marche, dit un auteur chinois, on dirait que c'est un oiseau qui vole, et il ne saurait chavirer, quelque fort que soit le vent.

Les Chinois ont encore des *barques à roues,* dont la longueur varie de dix à onze mètres et la largeur de quatre à cinq. Les Chinois sont donc encore nos devanciers dans l'application des roues à la navigation. Les roues de ces sortes de barques entrent dans une profondeur d'environ trente et quelques centimètres pratiquée entre de fortes planches aux côtés du navire. Du moyeu ou centre des roues sortent des jantes en aussi grand nombre qu'on veut, lesquelles se terminent en forme de rame. Des hommes, au moyen d'une manivelle, impriment le mouvement à ces roues. Des planches mobiles, couvertes de cuir et sur lesquelles sont représentées des têtes de tigres, mettent à l'abri des coups de l'ennemi les soldats qui sont derrière. On ôte ces planches quand on veut aller à l'abordage.

Plusieurs de ces navires sont armés de quelques canons. Mais il en est de l'artillerie maritime des Chinois comme de leur artillerie de terre; elle est peu redoutable, comparée à l'artillerie des Européens.

Toutefois, si les Chinois ont encore beaucoup à apprendre sous le rapport de la science de la grande navigation proprement dite, il est juste de reconnaître que leurs mariniers des fleuves font preuve d'une habileté, souvent même d'une audace extraordinaires. Ce n'est qu'en Chine qu'il est possible de voir de grandes barques conduites par un seul homme, faisant à lui seul toute la besogne d'un équipage absent. C'est chose bizarre et amusante de le voir ramer, aller à la voile, gouverner tout à la fois : d'une main il tient la bouline, de l'autre la barre du gouvernail, et de ses pieds il fait mouvoir deux longs avirons, toujours plongés dans l'eau, et qu'il pousse, tire et repousse continuellement pour faire avancer le bateau. Il complète cette étrange manœuvre en tenant serré entre ses lèvres le long tuyau de sa pipe, qu'il fume sans relâche, en vrai Chinois qu'il est.

Mais c'est surtout dans la navigation des torrents que ces mariniers des fleuves et des canaux font preuve d'une prestesse étonnante, d'une habileté rare et d'un sang-froid intrépide. Ils y bravent en quelque sorte la nature et naviguent, avec une hardiesse propre à donner des frissons, au milieu d'écueils, de courants et d'abîmes, dont la vue seule inspire l'effroi. Ces torrents ne sont rien moins que des rivières qui coulent ou plutôt se précipitent à travers une multitude de rochers, irrégulièrement semés dans l'étendue de soixante ou quatre-vingts lieues; çà et là ils sont interrompus par des chutes d'eau se brisant sur des roches blanches d'écume, qui laissent à peine l'espace nécessaire pour le passage du bateau : ce ne sont que détours subits, cascades multipliées, courants rapides et opposés, qui s'entre-choquent, tournoient et emportent la barque avec la vitesse d'un trait. On se trouve toujours à deux pas d'un écueil, qu'on n'évite que pour être porté vers un autre, et tomber de là sur un troisième, à moins que le pilote, par un coup d'œil juste et la promptitude des mouvements, n'échappe au danger et n'évite à chaque instant de se briser contre les rochers. Il faut donc que l'attention et l'action la plus intelligente concourent ensemble pour diriger la manœuvre et surmonter tant d'obstacles réunis, car, en vérité, c'est moins une navigation qu'un exercice vertigineux de manége; et l'on pourrait dire qu'il n'est point de cheval dressé qui bondisse et travaille avec plus de feu sous la main d'un écuyer que ne le fait une de ces barques légères sous la main des nautoniers chinois. Il n'y a vraiment qu'eux au monde assez intéressés pour entreprendre de pareils voyages et ne pas se rebuter des malheurs que, malgré toute leur habileté, ils ne parviennent pas toujours à éviter. Mais généralement c'est plutôt au défaut de forces qu'à leur imprévoyance qu'il faut attribuer les accidents fréquents dont ils sont victimes. Au lieu de huit matelots qui montent ordinairement ces barques, qu'on leur donne un équipage de quinze à vingt hommes, ils braveront alors les chutes d'eau, les écueils, et toute la violence des torrents.

Il ne serait donc pas impossible à la Chine d'avoir, un jour, des hommes de mer capables de rivaliser en hardiesse et en courage avec les meilleurs marins des autres nations.

CHAPITRE X.

INSTITUTIONS PUBLIQUES DES CHINOIS. — CINQUIÈME COUR SOUVERAINE OU GRAND TRIBUNAL DE LA JUSTICE.

§ Ier.

Variété d'appréciation sur la justice chinoise. — Organisation de l'état judiciaire de la Chine. — Composition et attributions générales de la cinquième cour souveraine. — La cour des censeurs impériaux ou grands informateurs. — La haute cour judiciaire ou cour de cassation. — Droit d'appel. — Les dix-sept tribunaux subalternes ou directions du grand tribunal de la justice. — Les prétoires et les tribunaux inférieurs des provinces.

Les lois d'un peuple et leur application juridique sont une des plus hautes et des plus manifestes expressions de l'état même de sa civilisation. Jusqu'à ce jour les appréciations émises au sujet de la justice chinoise varient beaucoup. Cette divergence de sentiments parmi les auteurs qui ont traité cette matière vient de la différence même des points de vue où chacun s'est placé : les uns ont considéré l'organisation judiciaire des Chinois dans son ensemble et y ont trouvé une perfection digne des nations les plus civilisées ; les autres n'ont porté leur attention que sur quelques détails d'une sévérité d'application pénale plus qu'excessive, et n'ont pu voir en conséquence, dans la manière de rendre la justice en Chine, que défectuosités monstrueuses.

Il importe donc, pour éviter l'un ou l'autre de ces deux écueils et pour juger sainement des institutions d'un peuple, de les envisager, toujours et en même temps, sous le double aspect de leurs principes généraux et de l'application particulière qui en est faite : cette règle, qui est la vraie, ne doit pas être omise surtout quand il s'agit de la Chine, puisque là souvent, sinon plus qu'ailleurs, si parfaite que soit la théorie, le côté de la pratique laisse toujours plus ou moins à désirer : vérité que nos lecteurs connaissent déjà, et dont ils pourront se convaincre davantage par ce que nous allons dire de l'organisation judiciaire de l'empire chinois, de ses lois et procédure criminelles, de la nature des peines et châtiments encourus, en un mot, de tout ce qui sert et concourt à sanctionner la loi.

Au sommet de l'organisation judiciaire de la Chine nous trouvons tout d'abord la cinquième cour souveraine ou « grand tribunal de la justice », composé de deux présidents, l'un Mantchou, l'autre Chinois, et de quatre vice-présidents également d'origine chinoise et mantchoue. A ce haut tribunal se rapporte tout ce qui a trait à l'administration de la justice dans l'empire ; outre ce soin général, il se constitue en cour criminelle dans toutes les circonstances graves, surtout dans celles où il s'agit de la peine capitale; il s'adjoint alors la cour dite des « censeurs impériaux », *tou-tcha-youen,* ou « grands informateurs », et la haute « cour judiciaire », *ta-li-ssé,* dont les attributions équivalent à celles d'une véritable « cour de cassation ». La réunion de ces trois grands corps forme ce qu'on appelle la « cour ou le tribunal des trois pouvoirs judiciaires », *san-fa-ssé*. Sur l'appel facultatif des parties intéressées, cette cour connaît à nouveau de l'accusation et de la défense, et, après un examen approfondi, confirme ou casse l'arrêt des premiers juges.

Le droit d'appel existe donc en Chine, et, malgré les difficultés qu'il souffre quelquefois dans la pratique, il n'en est pas moins la plupart du temps une garantie d'impartialité de la part des tribunaux en général, et devient souvent une sauvegarde réelle contre la corruption particulière et possible des juges. De plus, les circonstances atténuantes sont admises en Chine, et la rétroactivité, défendue.

La loi chinoise veut en outre, sans même qu'il soit besoin d'appel de la part du condamné, que toutes les sentences de mort prononcées dans l'empire pendant le cours de l'année judiciaire soient soumises à un nouvel examen dans les « grandes assises d'automne ». Le grand tribunal ou « cour suprême », chargé de cette importante révision, siége à Péking ; le plus grand soin préside à sa formation : il se compose de neuf membres, dont l'un est pris parmi les hauts dignitaires du grand tribunal même de la justice, cinq parmi les membres des cinq autres « grandes cours souveraines », et trois parmi ceux du « tribunal des censeurs », de la « cour de cassation » et du « tribunal des référendaires près du conseil privé ». Toute condamnation portant peine de mort est soigneusement examinée ; si elle est maintenue, il en est référé à l'empereur, qui juge seul en dernier ressort, confirme la sentence ou fait grâce, en vertu de son droit souverain.

Dix-sept tribunaux subalternes, formant comme autant de directions de la cinquième cour souveraine, siégent également à Péking. A chacun de ces tribunaux se rattache la direction de la justice provinciale pour l'étendue de territoire déterminée qui relève de sa juridiction particulière.

Enfin, le grand tribunal de la justice se complète :

1° Par une « chambre du dépôt des lois », *liu-li-kouan*, chargée de faire un recueil quinquennal de tous les édits juridiques émanés de l'autorité souveraine, et de publier, tous les dix ans, une nouvelle édition authentique du code entier des lois ;

2° Par une « intendance générale des prisons », *ti-lao-ting* ;

3° Par la « trésorerie des amendes et rachats de peines », *thsang-fa-khou* ;

4° Par un « bureau d'approvisionnements et de recettes », *fan-yin-tchou*, approvisionnements et recettes qu'on tire des provinces pour subvenir aux dépenses générales de la cinquième cour souveraine.

Au moyen des dix-sept directions que nous venons de mentionner, le grand tribunal de la justice étend sa juridiction sur tous les autres tribunaux de l'empire. Ceux-ci diffèrent entre eux par le degré et l'importance de leurs attributions : dans les chefs-lieux de chaque province siégent les prétoires de justice, présidés par un magistrat spécial qui porte le titre de « grand juge criminel », *gan-tcha-*

sse; dans les villes de deuxième et de troisième ordre, on trouve des tribunaux inférieurs, dont le juge unique n'est pas autre que le mandarin civil, préfet ou sous-préfet du lieu; dans les localités d'une importance moindre encore, les « doyens » ou chefs de village y arrangent les différends à la manière de nos juges de paix.

Les peines appliquées par ces divers tribunaux inférieurs ne dépassent pas les limites d'un pouvoir purement correctionnel. Quand l'information démontre que le crime ou délit mérite un plus grand châtiment, la cause est portée devant le prétoire du chef-lieu de la province, et si ce tribunal déclare que l'accusé a encouru la peine de mort, il en est référé à la haute cour judiciaire de Péking, *ta-li-sse,* qui approuve ou rejette le jugement de condamnation et soumet sa sentence, si elle est affirmative, à la sanction suprême et seule définitive de l'empereur.

Telle est véritablement, en Chine, l'organisation administrative de la justice. Les garanties sérieuses qui doivent en résulter dans l'intérêt des justiciables, ont, bien qu'à un degré incontestablement inférieur, une évidente analogie avec celles fournies par l'organisation même de notre propre état judiciaire en France. Il est en Europe plus d'un État monarchique, voire même constitutionnel, auquel la Chine pourrait, sous ce rapport, servir de modèle.

§ II.

Procédure civile et criminelle. — Ses défectuosités et ses avantages. — Absence d'avoués et d'avocats. — Droit de défense personnelle ou par ses proches. — Salutaire lenteur de la procédure chinoise. — Responsabilité des accusateurs et des témoins. — Sévérité et moralité de la loi chinoise, relativement à certaines accusations.

La procédure tant civile que criminelle des Chinois, comparée à leur organisation judiciaire vraiment excellente, peut laisser beaucoup à désirer. Malgré certaines lenteurs voulues par la loi, apportées dans l'information et dans le jugement des causes, il est impossible de ne pas constater que très-souvent en Chine la justice se rend d'une manière par trop sommaire. Mais, dans la majorité des cas, ce malheur a sa cause beaucoup plus souvent dans l'iniquité personnelle du juge que dans les défauts ou dans les sévérités, parfois pourtant excessives, de la législation. En ce point comme en tant d'autres, nous aurons lieu de le constater bientôt, la théorie encore l'emporte de beaucoup sur la pratique.

L'accusé ne peut, en Chine, recourir à l'onéreux mais utile ministère des avoués et des avocats : il n'est trace, nulle part dans le Céleste Empire, de ces honorables gens de robe ; aussi est-il impossible de constater si l'absence de ce genre de profession libérale, tant connu ailleurs, a pu jamais contribuer à y faire la justice ou pire ou meilleure. Toutefois, ce mal, si c'en est un, trouve sa compensation dans le bon marché de la justice chinoise, qui est tout à fait gratuite, à moins qu'on n'ait à subir une amende, que l'on paye toujours, ou bien une peine, qu'on rachète quelquefois. Mais, à vrai dire, il arrive trop souvent que cette gratuité légale n'est que fictive devant la vénalité impudente ou cachée du juge, disons plutôt des officiers subalternes de la justice chargés de préparer la procédure : ils peuvent, dans maintes circonstances, la faire, à leur gré, favorable ou contraire à l'accusé.

Pour cette raison et beaucoup d'autres encore, la loi chinoise a mis à la disposition du prévenu de nombreux moyens de défense. D'abord l'instruction de la cause se fait toujours par écrit, et tout accusé a pleine faculté d'en connaître et d'y contredire par lui-même et par ses proches. La loi chinoise va même jusqu'à convoquer tous les parents de l'accusé qui se trouvent épars sur une étendue de territoire de trente lieues à la ronde pour être présents à la nouvelle instruction judiciaire : tout condamné à mort ou à la déportation est en droit de provoquer ainsi la révision de son procès.

La lenteur qu'on met en outre dans toute procédure criminelle et les multiples formalités qui en règlent la marche sont encore autant de garanties pour quiconque aurait eu le malheur (calamité fréquente en tous pays) d'être injustement accusé; cette temporisation de la procédure chinoise est pour la justice elle-même une sauvegarde excellente, et, dans la majorité des cas, elle est plus profitable aux innocents qu'aux coupables : le temps, souvent mieux que les présomptions, mieux même que la sagacité d'un juge clairvoyant, est efficace à faire connaître la vérité; c'est en outre un contre-poids, nécessaire en maintes circonstances, utilement opposé au zèle parfois trop ardent, à la passion peut-être même, ou encore à l'incapacité de l'homme appelé par position à juger ses semblables.

La justice chinoise connaît encore d'autres précautions qu'il importe de remarquer. On sait combien partout la malignité humaine est prompte à conclure plutôt à la culpabilité qu'à l'innocence : rien donc, pour l'ordinaire, de plus préjudiciable qu'une accusation, quelle que soit souvent la voix qui la formule; on n'ignore pas davantage que ce n'est pas seulement en Chine qu'il est possible de trouver, parmi les mandataires de n'importe quelle autorité, quelqu'un (fût-il le dernier en honneurs et dignités, et à cause de cela même peut-être) beaucoup plus enclin à condamner qu'à absoudre; mais ce n'est qu'en Chine qu'on trouve en faveur de l'accusé un genre de présomption inconnu partout ailleurs : à l'honneur des législateurs chinois, l'information n'est pas uniquement dirigée contre le prévenu, elle l'est encore contre les accusateurs et les témoins.

Contrairement donc à la pratique trop en usage même chez les peuples qu'éclaire une civilisation supérieure et que passionne souvent à un haut degré le sentiment de la justice, l'accusé en Chine n'est jamais seul à avoir contre lui toutes les mauvaises chances des présomptions défavorables; tout aussi bien que lui, les accusateurs et les témoins ont en perspective une responsabilité qu'un contrôle sévère de leurs dépositions rend sérieuse : elle les expose, en cas d'iniquité, aux plus terribles châtiments. Une telle mesure, aussi louable que juste, a dû sauver bien des innocents. L'accusé, toutefois, est seul détenu en prison jusqu'à la fin du procès, mais il y est traité convenablement : cette peine ne devient dure, en Chine, qu'après condamnation.

Aucune accusation criminelle n'est recevable, en outre, si elle n'est pas signée du nom personnel et du nom de famille de celui qui la dépose; toute plainte anonyme, envoyée au magistrat, trouvée même placardée ou autrement, doit être, sous peine de quatre-vingts coups de bambou, détruite immédiatement par tout individu qui le premier en a connaissance; la loi punit encore de la même peine, portée au nombre de cent coups, tout magistrat qui informerait sur des plaintes de cette nature. La moralité d'une semblable loi est évidente, et son application, parfaite pour ôter à la vraie justice ce quelque chose d'odieux qui convient à peine à une bonne administration de la police.

Ajoutons du reste qu'en Chine on vante bien moins la sagacité du juge qui a su découvrir un coupable, malgré tous les détours employés par celui-ci pour échapper au châtiment, qu'on n'estime, qu'on n'admire celle du juge qui a su reconnaître un innocent à travers toutes les ruses que la calomnie avait mises en œuvre pour le perdre.

---

§ III.

Le code chinois. — Divisions et titres principaux des lois chinoises; leur principe fondamental ou la piété filiale; leur sévérité dans les attentats contre la famille, et surtout contre l'empereur et la sécurité de l'État. — Recherche diligente des coupables de lèse-majesté. — Promptitude du jugement et du châtiment. — Fréquente et effrayante solidarité imposée aux parents du condamné.

Les lois de la Chine sont nombreuses et se trouvent disséminées dans les édits des empereurs, dans les livres canoniques et dans divers recueils de jurisprudence. Parmi ceux-ci, le livre des lois de la dynastie des Tsing est à juste titre placé en première ligne et peut être considéré comme le véritable code pénal des Chinois. Il est divisé en sept sections, dont la première comprend les « lois générales », *ming-lieï-li*, et les autres, toutes les lois se rapportant aux six grandes cours souveraines.

Il y a donc :

Les « lois civiles », *li-liu*, pour le tribunal des offices civils;

Les « lois fiscales », *hou-li*, pour le tribunal des finances;

Les « lois rituelles », *li-li*, pour le tribunal des rites;

Les « lois militaires », *ping-li*, pour le tribunal de la guerre;

Les « lois criminelles », *hing-li*, pour le tribunal de la justice;

Enfin, les « lois relatives aux travaux du gouvernement », *koung-li*, pour le tribunal des travaux publics.

L'ensemble de ces lois donne lieu à une nomenclature qui ne comprend pas moins de quatre cent trente-six titres, établis et divisés avec le soin minutieux et méthodique de l'esprit chinois : tous les cas possibles y sont prévus, de sorte que le moyen est toujours laissé au juge de pouvoir proportionner l'application des peines à la grièveté de chaque crime.

Sans entrer ici dans des détails qui exigeraient de trop longs développements, nous pouvons cependant affirmer que la jurisprudence chinoise, pour n'avoir jamais eu d'autres moyens d'inspiration que ses conceptions propres, n'en fournirait pas moins le fond du meilleur livre de morale. Dans l'ordre civil surtout, toutes les lois sont basées sur le principe de la piété filiale, et aussi propres à inspirer à chaque citoyen le sentiment du devoir qu'à faire régner entre tous l'ordre, la tranquillité, la paix, la concorde. Les lois pénales, elles-mêmes, découlent de ce principe fondamental, et c'est ce qui, dans bien des cas, en explique l'excessive rigueur et rend parfois en Chine l'application des peines si terrible.

Il ne faut pas, en effet, oublier que la piété filiale est le devoir le plus obligatoire des Chinois, et que chez eux ce sentiment est sorti du sanctuaire de la famille pour entrer dans le domaine politique. L'impiété majeure, par conséquent le plus grand des crimes en Chine, consiste à y manquer. « Est im-« pie », dit le code pénal chinois, « qui insulte ses « proches parents, qui leur intente procès, qui ne « porte pas leur deuil, qui ne respecte pas leur mé-« moire, qui manque aux soins dus à ceux à qui il « doit l'existence, de qui il tient l'éducation ou dont « il a été protégé et secouru. » Les peines les plus terribles sont réservées au crime d'impiété.

« Le délateur de son père ou de sa mère, de son « aïeul ou de son aïeule, de son oncle ou de son « frère aîné, est condamné à cent coups de *pan-« tsée* et à trois ans d'exil, quand même l'accusation « serait vraie. Il est étranglé, si elle est fausse. »

« Toute fréquentation criminelle entre parents « de différent sexe est punie : elle l'est plus griève-« ment selon que le degré de parenté est plus « proche.

« Le fils ou le petit-fils qui néglige de servir « son père ou sa mère, son aïeul ou son aïeule, est « condamné par la loi à cent coups de *pan-tsée* : il « est décapité, s'il ose lever la main sur eux, et, s'il « les blesse, il est tenaillé et coupé en morceaux.

« Si un frère cadet dit des injures à son aîné, la « loi le condamne à recevoir cent coups de *pan-« tsée*. Elle le condamne à l'exil, s'il ose lever la « main sur lui.

« Le lieu de la sépulture de chaque famille est « sacré, inaliénable et insaisissable. Il est défendu, « sous peine de la vie, d'en couper les arbres, sinon « lorsqu'ils sont morts et qu'une visite du manda-

« rin en a constaté l'état. On est puni et poursuivi
« comme sacrilége, si on enlève à une de ces sépul-
« tures le moindre de ses ornements. »

Tels sont en résumé les terribles châtiments dont on punit l'impiété, telle que l'entendent les Chinois. Mais ce rapport évident entre l'application pénale de la justice et l'organisation de la famille prend des proportions bien autrement grandes lorsqu'il s'agit d'une offense ou d'un attentat contre l'empereur, qui est, par excellence, le père et la mère de ses sujets. Toute tentative coupable contre l'autorité souveraine, soit dans la personne même de l'empereur ou dans celle des magistrats qui le représentent à tous les degrés dans son universelle paternité, devient un attentat contre la grande famille nationale, et rien n'égale la sévérité que la justice chinoise déploie dans la recherche et la punition de ces sortes de crimes, considérés tout à la fois comme crimes de lèse-majesté et de lèse-nation.

Dès qu'il est question d'un attentat de cette nature et que l'empereur a donné l'ordre *yen-tcha*, « examinez avec rigueur », le gouvernement prend un aspect si terrible que l'effroi devient général; et dès lors l'accusé, fût-il prince, n'a plus ni parents, ni amis, ni protecteurs; il est saisi à l'instant et gardé de manière qu'il ne peut plus communiquer qu'avec ses juges. Mais fût-il parvenu à se dérober aux premières recherches dont il est l'objet, il ne saurait échapper longtemps : en quelque lieu qu'il se réfugie, il est tellement et si promptement circonvenu, qu'il ne tarde pas à perdre toute sécurité : les ordres qui courent jour et nuit l'attendent, l'investissent et l'arrêtent partout. Les recherches sont confiées à un si grand nombre de personnes, le compte qu'il faut en rendre est si rigoureux, et la moindre négligence devient une affaire si capitale, qu'il est comme impossible que le gouvernement n'ait pas, en peu de jours, ou les hommes qu'il fait poursuivre ou les informations qu'il demande. Les recherches sont universelles et continuelles, et elles se font avec autant de soin dans le village le plus écarté que dans la capitale même. Les mandarinats sont si multipliés et s'étendent si loin, qu'aucune partie du sol chinois, quelque immense qu'il soit, ne peut échapper à leur investigation, et le mouvement de l'autorité est si fort, si rapide, si bien dirigé, qu'il arrive et agit presque partout en même temps.

A peine l'accusé est-il aux mains de la justice, qu'il est soumis au plus sévère interrogatoire; sa vie tout entière devient l'objet d'un rigoureux examen : un mot, échappé dix, vingt, trente ans auparavant, est reproduit dans les accusations, qui s'accumulent d'un instant à l'autre, et à chacune desquelles on est forcé de répondre; et comme si tant de tortures morales ne suffisaient pas, les tortures corporelles les plus violentes sont ajoutées sans pitié à cette énorme surabondance d'interrogatoires et d'informations; l'accusé, coupable ou non, devient un patient qui souffre mille fois la mort avant d'être condamné. La réalité du crime est-elle enfin reconnue, la sentence est prononcée sans délai, et, dans le jour même, suivie de l'exécution : tant, à la lenteur ordinaire de la justice chinoise, à sa timidité, à sa modération, on pourrait dire même à son indulgence pour les crimes ordinaires, succèdent, pour tout attentat contre le prince ou l'ordre public, la célérité, la rigueur, l'inflexibilité! Le coupable est condamné à subir la mort lente, c'est-à-dire la mort précédée et accompagnée des plus affreux supplices. A certaines époques de l'histoire de la Chine, on a vu même (et la chose n'est pas encore impossible de nos jours), toute la famille du criminel être enveloppée dans sa condamnation et vouée, par la peine capitale infligée à tous ses membres mâles jusqu'au troisième degré de parenté, à une épouvantable extermination. Il va sans dire que tout individu convaincu de connivence active ou tacite, directe ou indirecte, était réputé complice, et comme tel condamné au dernier supplice. Chez aucun peuple on ne vit jamais la solidarité du crime s'élever à pareil degré d'exagération, ni produire d'aussi terribles conséquences.

§ IV.

Nature et indication des châtiments infligés aux crimes et délits réputés d'un ordre inférieur. — Régime des prisons. — Substitution d'une personne à une autre en matière de châtiment, autorisée par la loi. — Touchant exemple.

Les Chinois ne connaissent pas les utopies des novateurs modernes de l'Europe qui rêvent l'abolition de la peine de mort, sans songer qu'il faudrait, avant tout, pouvoir supprimer l'assassinat; ils reconnaissent donc à la société le droit d'appliquer la peine capitale, la considérant tout à la fois comme le châtiment juste et nécessaire de certains crimes et comme une sauvegarde souvent indispensable pour la sécurité, la vie même des citoyens. Il faut toutefois reconnaître qu'ils en multiplient trop facilement, peut-être, la redoutable application : chez eux, l'homicide toujours, même quand il est le résultat d'une simple rixe, l'adultère, dans certains cas dont l'importance est plutôt relative à la qualité des personnes qu'à l'énormité du crime même, et, dans plusieurs circonstances, le vol, lorsque, par exemple, il est commis à main armée, sont punis de la peine de mort. Le bannissement perpétuel ou l'exil temporaire, la peine de tirer pendant trois ans le long des fleuves et des canaux les barques royales, véritable *condamnation aux galères*, l'empreinte d'un fer chaud sur les joues, indiquant la nature du crime, le carcan portatif ou la cangue, enfin la bastonnade, sont les châtiments infligés aux crimes ou fautes d'un ordre inférieur.

La simple réclusion, telle qu'elle est pratiquée chez nous, n'existe pas en Chine. Ce n'est pas à dire, pour cela, que les prisons y soient inconnues. Tout accusé ou condamné doit, au contraire, dans l'universalité des cas, y être enfermé; le régime est loin même d'y être doux pour le criminel qui y est détenu temporairement en sécurité pour subir une autre peine concomitante, telle que la peine des travaux forcés ou de la cangue, ou bien qui y demeure en attendant le jour suprême de son exécution. Il en est autrement pour les simples prévenus : à la liberté près, ceux-ci ne sont privés de rien; ils peuvent recevoir leurs parents et amis, et, par eux, toutes sortes d'adoucissements à leur captivité. Le mandarin inspecteur des prisons est responsable de ce qui peut leur arriver de fâcheux : malheur donc au geôlier qui vexerait l'accusé, préventivement détenu, au juge subalterne qui l'assujettirait à des gênes que la loi n'autorise pas, au juge supérieur qui oserait prendre sur lui d'ajouter à la rigueur de cette loi! Tous seraient sévèrement punis, ou, pour le moins, destitués.

Il est en Chine, par rapport à l'application de certaines peines, un usage aussi singulier que touchant, et dont les annales judiciaires des autres peuples ne nous donnent pas d'exemple. Le sentiment de la piété filiale y exerce un tel empire, qu'il est permis à tout proche parent d'un accusé, reconnu coupable, de se mettre à sa place pour subir le châtiment que lui inflige la justice, pourvu toutefois que l'accusé soit plus âgé et qu'il ne s'agisse pas d'une peine réputée majeure. Le P. Duhalde cite l'exemple d'un fils dont le père venait d'être condamné à la bastonnade. Le jeune homme se précipite sur le corps de son père, et demande à grands cris d'être puni à sa place. Le mandarin, touché de ce noble dévouement, fit grâce au coupable. L'histoire chinoise fournit une foule de traits et d'exemples semblables. Partout ailleurs, sans doute, bien des fils auraient au cœur pareils sentiments, mais ce n'est qu'en Chine que la piété filiale peut ainsi commander à la justice et la faire dévier de son cours rigoureux.

§ V.

Absence d'un corps de magistrature proprement dit en Chine. — Soin de rendre la justice généralement réservé aux mandarins administrateurs. — Aspect d'un tribunal chinois. — Description d'une séance judiciaire. — Avide curiosité du public chinois. — La bastonnade et autres tortures infligées à l'accusé. — Les soufflets. — La question ordinaire et extraordinaire. — Cynisme des spectateurs.

La magistrature en Chine n'est pas, comme autrefois les parlements chez nous ou comme notre magistrature actuelle, organisée à l'état de corps particulier. A l'exception des chefs-lieux de province, où les gouverneurs partagent leurs attributions avec les grands juges criminels, partout ailleurs c'est aux mandarins de l'ordre purement administratif, comme autrefois aux proconsuls de l'empire romain, qu'incombe le soin de rendre la justice. L'accomplissement de ce devoir est pour eux d'une obligation si rigoureuse qu'il ne leur appartient pas même de fixer le jour et l'heure de leur audience : qu'ils soient au lieu de leur résidence ordinaire ou bien en tournée d'inspection, dès qu'on se présente à eux pour affaires de justice, ils doivent être toujours prêts et toujours disposés à entendre les plaignants, et laisser sur-le-champ toute autre occupation pour remplir leur office de juges.

L'aspect d'un tribunal chinois et la manière dont s'y applique la justice dans les causes criminelles, ont un cachet trop particulier pour que nous n'en donnions pas ici une rapide esquisse.

Les Chinois ne sont pas dans l'usage de donner à leurs prétoires, ainsi que nous le faisons pour nos palais de justice, une physionomie architecturale qui en fasse précisément de remarquables monuments, mais il les approprient parfaitement, dans l'ensemble et dans les détails de leurs distributions, à leur destination redoutable. La grandeur de ces édifices, disons mieux, des emplacements qu'ils occupent, varie selon l'importance des villes qui les possèdent. Leur enceinte est défendue par un mur de clôture, dont la hauteur égale, à peu de chose près, celle du tribunal proprement dit. A la manière des maisons chinoises, cet édifice est ordinairement précédé de cours qui se succèdent à partir de l'entrée principale qui lui fait face. La première de ces cours est entourée de loges grillées de forts barreaux de bambou : ce sont les prisons où l'on enferme les détenus pendant la nuit. Durant le jour on les voit gisant, accroupis dans la cour, les membres libres ou assujettis à de cruelles entraves, selon qu'ils attendent ou qu'ils ont déjà subi leur condamnation.

Le public chinois, très-avide des scènes émouvantes de la justice, a libre accès dans cette cour ; il y pénètre par la porte principale extérieure, décorée d'éclatantes peintures représentant presque toujours des scènes mythologiques ou d'autres sujets propres à frapper l'imagination ; c'est là que les curieux stationnent en attendant le moment de pénétrer dans l'intérieur du tribunal. Dès que les portes de la salle d'audience s'ouvrent devant cette foule impatiente, elle s'y précipite en tumulte et envahit bruyamment les galeries latérales.

Si, au lieu de se rendre ainsi dans le sanctuaire de la justice pour y satisfaire, la plupart du temps, une blâmable et cruelle curiosité, le peuple chinois y venait dans le but d'en emporter un utile enseignement, il pourrait trouver de sérieux motifs de vertu et de terreur tout à la fois, soit dans le langage muet des sentences écrites sur les tapisseries rouges qui ornent l'intérieur du tribunal, soit dans la vue des monstres effroyables peints sur les lanternes appendues au plafond de la salle, ou bien encore dans l'aspect des représentations plastiques reproduisant, pour l'effroi des yeux et du cœur, les plus horribles supplices de l'ancienne pénalité chinoise ; mais rien, surtout, ne devrait être plus propre à produire ce salutaire effet que le dramatique spectacle qui va se passer sous ses yeux.

Au fond de la salle, sur une estrade élevée à laquelle donnent accès douze marches de pierre, siége avec ses conseillers le juge mandarin. Derrière lui deux enfants, revêtus de riches habits de soie, élèvent au-dessus de sa tête les insignes de sa dignité; à leur côté se tient le porte-éventail, toujours prêt à remplir son office. Sur la table placée devant le magistrat et recouverte d'un tapis rouge on remarque les cahiers des procédures criminelles, un casier où sont les codes et autres livres de jurisprudence, enfin une sorte de bourse ou de vaste étui contenant des bâtonnets de bois peints et chiffrés. Sur les marches de l'estrade sont échelonnés les officiers et les ministres subalternes de la justice. Le bourreau, tout le premier, se fait reconnaître à son chapeau de fil de fer et à sa robe couleur de sang : d'une main il tient un large sabre recourbé, de l'autre il s'appuie sur un énorme rotin ; puis viennent ses aides, tous munis de divers instruments de torture, qu'ils agitent avec bruit, en poussant à l'unisson des cris sauvages, propres à glacer de terreur et d'effroi le cœur des coupables.

L'accusé, maintenu, la chaîne au cou, tout en bas de l'estrade, subit un long et rigoureux interrogatoire. Malheur à lui si ses réponses ne paraissent pas satisfaisantes ou s'il tarde trop longtemps à faire les aveux qu'on désire ou à dénoncer les complices qu'il peut avoir! Une rude bastonnade va l'y aider. Le juge en donne le signal en tirant de son étui un des bâtonnets que nous avons mentionnés ; il le jette devant le bourreau; celui-ci ramasse ce fatal objet, remarque le nombre des coups à frapper qui s'y trouve inscrit, et sur-le-champ lui et ses aides se mettent à l'œuvre. Le malheureux patient est aussitôt saisi, étendu, ou plutôt jeté ventre contre terre; ses vêtements inférieurs sont rabattus sur ses talons, et le terrible bambou fait son office sur la partie du corps devenue alors la plus apparente. Le juge suspend ou prolonge à son gré ce barbare supplice. Pendant sa durée, les greffiers du tribunal enregistrent avec soin les demi-aveux que la victime, bien souvent sans connaissance aucune, mêle à ses cris de douleur. Ce n'est pas tout; le malheureux patient, après avoir été si cruellement fustigé, doit se tenir à genoux devant le magistrat, se courber trois fois jusqu'à terre et le remercier du soin qu'il a pris de le corriger.

La simple bastonnade n'est pas le seul supplice qu'un usage barbare fasse ainsi subir aux accusés; il est d'autres tortures plus cruelles encore auxquelles on les soumet, en raison de la gravité ou de la présomption, sinon toujours de l'évidence de leur culpabilité. Nous signalerons en premier lieu les soufflets et la manière terrible dont on les applique : deux bourreaux s'emparent du patient et le font mettre à genoux; l'un d'eux, après avoir lui-même fléchi un genou en terre, le saisit par les cheveux et lui renverse violemment la tête sur celui de ses genoux resté élevé, de façon qu'une des deux joues se trouve placée horizontalement; alors le second bourreau, la main armée d'une sorte de semelle de soulier formée de quatre lames de cuir cousues ensemble, décharge à tour de bras sur cette joue le nombre de soufflets ordonnés par le mandarin. La violence des coups est telle qu'un seul quelquefois suffit pour ôter toute connaissance, comme l'ont avoué plusieurs de ceux qui en ont fait la cruelle expérience. Si le nombre des soufflets à infliger est considérable, on les distribue sur les deux joues : toute la tête s'enfle horriblement, il arrive souvent même que les dents sont ébranlées et brisées. On a fait plusieurs fois subir ce cruel traitement aux missionnaires et aux Chinois chrétiens.

La question, cette épouvantable aberration de la justice humaine, pratiquée chez tous les peuples les plus civilisés de l'antiquité païenne et que plusieurs siècles de christianisme ont eu tant de peine à faire disparaître de chez les peuples de l'Europe, subsiste en Chine : on y distingue la question ordinaire et extraordinaire. La question, même ordinaire, y est très-rude ; elle se donne aux pieds et aux mains. On se sert pour les pieds d'un instrument qui consiste en trois morceaux de bois croisés. Celui du milieu est fixe, les deux autres sont mobiles. On place les pieds du patient dans cette machine : ils y sont si étroitement serrés que la cheville du pied s'aplatit. La torture appliquée aux mains semble devoir être moins douloureuse. On insère entre les doigts du malheureux qu'on y condamne des bâtonnets de bois diagonalement placés ; on lie très-fortement les doigts avec des cordes, et on laisse durant quelque temps le patient dans cette pénible situation.

La question extraordinaire est terrible : elle consiste à faire de légères taillades sur le corps du criminel et à lui enlever la peau par bandes, en forme d'aiguillettes. Mais elle n'a lieu que pour les grands crimes, surtout pour ceux de lèse-majesté et lorsque le criminel est parfaitement convaincu. Il s'agit alors d'obtenir la révélation de ses complices.

Tels sont en général les divers genres de tortures qu'autorise l'ancienne et que continue la moderne jurisprudence des Chinois envers les criminels dont la culpabilité reconnue ou fortement présumée est plus ou moins établie. L'horreur qu'on éprouve en songeant à ces barbares coutumes ne peut avoir d'égale que le dégoût qu'inspire le cynisme trop général des Chinois modernes en présence de ces scènes monstrueuses. On les voit, au jour d'une audience solennelle, avides et curieux, se précipiter en foule dans la salle du prétoire ; à peine y ont-ils pénétré, qu'ils s'y installent sans façon, dans les postures les moins gênées. On les entend par moments causer à haute voix, rire aux éclats, appuyer l'accusé de leurs applaudissements ou l'outrager de leurs huées et de leurs sarcasmes, selon les marques qu'il donne de la fermeté ou de la faiblesse de son caractère. On ne manque pas surtout de consommer sur place, au gré d'un appétit sans respect, les provisions de bouche que la prévoyance a fait apporter afin de mieux passer la journée. Ce révoltant cynisme est le fruit du scepticisme démoralisateur qui ronge les sociétés trop vieillies, et qui a fait, de nos jours, grandement déchoir les mœurs chinoises de leur antique excellence.

§ VI.

Principe de la pénalité en Chine. — Principaux châtiments et supplices en usage. — La bastonnade, son caractère de paternelle correction, abus qu'on en fait. — La cangue, dureté de cette peine; horrible position du patient. — La peine de mort. — La strangulation, par le lacet, — l'arc, — le collier de fer. — La décapitation, ignominie de ce supplice. — Habileté des bourreaux chinois. — Le supplice des couteaux ou la « mort lente ». — Spectacle affreux d'un pareil supplice. — Avénement désirable du christianisme en Chine.

Privé des idées chrétiennes, qui ont fait des nations de l'Occident des peuples privilégiés en leur révélant toute l'étendue de la vraie dignité humaine, le législateur chinois n'a considéré l'homme que comme un être purement sensitif, plus accessible à la crainte des peines qui le châtient dans son corps qu'à la honte des flétrissures morales qui l'atteignent dans son honneur personnel et le frappent dans sa considération extérieure. Il importe de ne pas perdre de vue ce principe de la pénalité chinoise, si on veut bien juger des châtiments qu'elle inflige, après condamnation, aux accusés déclarés coupables.

L'histoire de la Chine fait mention d'un grand nombre d'horribles supplices en usage dans les siècles passés, mais principalement sous la dynastie des Thsin, de cruelle et despotique mémoire. Malgré l'adoucissement qui s'est fait depuis du côté des supplices infligés aux coupables, on pourra se faire quelque idée de l'esprit d'inouïe barbarie qui les avait inventés, en considérant ceux qui restent encore en usage, et que consacre le code pénal actuel des Chinois.

La bastonnade, que nous avons déjà vue pratiquée en plein tribunal, dans le cours même des débats, est la moindre des punitions infligées, après jugement, par la justice chinoise. Elle se donne avec le *pan-tsée*, sorte de bâton de bambou un peu aplati et large du bas, lisse et plus mince à l'autre extrémité afin d'être manié plus aisément. Cette peine est destinée à châtier les fautes les plus légères et n'a souvent rien d'infamant; il n'est pas rare que l'empereur lui-même la fasse donner à quelques-uns de ses courtisans; ce qui n'empêche pas qu'il ne les reçoive ensuite avec la même faveur qu'auparavant. C'est le plus ou le moins de gravité des fautes qui détermine le nombre des coups de *pan-tsée* à donner aux coupables; le moindre nombre est ordinairement de vingt : dans cette proportion, la peine n'est envisagée que comme une simple correction paternelle; dans d'autres circonstances, elle a toute la réalité et la rigueur d'un rude châtiment : le patient peut recevoir jusqu'à cinquante, quatre-vingts, cent coups du redoutable bâton. A la honte de quelques nations de l'Europe, la Chine n'est pas seule à mériter les anathèmes que provoque contre elle la pratique de ces traitements inhumains : l'orgueilleuse et hypocrite Russie ne fait-elle pas de nos jours encore l'usage le plus barbare du knout? et la philanthropique Angleterre ménage-t-elle le fouet à ses soldats?

La cangue est un instrument de supplice particulier à la Chine : il consiste en deux morceaux de bois échancrés par le milieu. On les pose sur les épaules du patient, et on les réunit de manière à emprisonner son cou. Le poids de cet étrange collier varie selon les délits ou crimes que l'on veut punir; il est ordinairement de cinquante à soixante livres; mais il y en a qui pèsent jusqu'à deux cents. Le malheureux qui en est orné ne peut plus ni voir ses pieds ni porter ses mains à sa bouche; il faut qu'une main étrangère, charitable ou amie, lui donne sa nourriture; jour et nuit, il est écrasé de ce cruel fardeau.

Ce supplice est toujours subi publiquement : c'est le carcan des Chinois. Pendant toute la durée de sa peine, le coupable est contraint de se tenir en station, soit sur une place publique, soit à la porte de la ville, d'un temple ou du tribunal qui l'a condamné. Le temps de sa punition peut se prolonger ainsi pendant trois longs mois; quand le terme en est arrivé, le malheureux patient est de nouveau conduit devant le mandarin, qui l'exhorte amicalement à se corriger; puis ce magistrat ordonne qu'on le débarrasse de sa cangue; mais, afin de mieux lui graver dans l'esprit le souvenir de ses sages conseils, il ne le congédie qu'après lui avoir fait administrer vingt coups de *pan-tsée*.

La peine de mort s'applique de trois manières : par strangulation, par décapitation, et par le supplice des couteaux ou « la mort lente ».

La potence est inconnue en Chine; c'est au

moyen du lacet qu'on y pratique la strangulation. Selon le rang du condamné, ce lacet est de soie ou bien une corde vulgaire de la longueur d'un peu plus de deux mètres. On en forme par le milieu un nœud coulant qu'on passe autour du cou du criminel à genoux ; deux bourreaux s'emparent chacun d'une des deux extrémités et tirent fortement en sens contraire, puis ils lâchent tout à coup ; un instant après ils tirent comme ils avaient fait d'abord. Une troisième reprise deviendrait superflue. Dans quelques provinces de la Chine, on se sert, au lieu du lacet, d'une espèce d'arc dont, au moyen d'un tour de main, on noue la corde autour du cou du condamné ; il suffit au bourreau de tourner l'arc encore ou de tirer à lui pour que ce nœud fatal se serre plus fortement et que mort s'ensuive.

La mort par décapitation est regardée chez les Chinois comme le plus honteux des châtiments. L'espèce de culte qu'on rend aux ancêtres fait considérer comme un malheur de ne pas conserver son corps aussi entier qu'on l'a reçu de ses parents. C'est donc une ignominie à nulle autre pareille que d'en perdre, pour cause de crime, la plus noble partie. Ce supplice est le châtiment des assassins proprement dits et de tous ceux qui ont commis quelque crime de même énormité.

Les bourreaux chinois sont d'une rare habileté dans ce genre d'exécution. Le sabre est si lourd, la lame en est si tranchante, la main qui s'en sert si bien exercée, qu'il suffit d'un seul coup pour trancher la tête du coupable. Dans le même instant où l'exécuteur frappe si net et si juste, il renverse le corps avec tant d'adresse et de promptitude, qu'il ne tombe pas une seule goutte de sang sur les habits du patient, qui sont souvent, ce jour-là, plus propres qu'à l'ordinaire. Pour le malheureux qui vient de mourir et de finir par l'expiation une vie de malheurs et de crimes, ce jour ne ressemble-t-il pas, en effet, plutôt à un jour de délivrance qu'à un jour de deuil?

L'office de bourreau est ordinairement rempli en Chine par des soldats, et tout concourt pour ôter à ce triste emploi le cachet d'horreur et de réprobation qui le frappe, chez nous, d'une indélébile ignominie. A Péking particulièrement, et généralement partout ailleurs, l'exécuteur de la justice revêt, pour remplir ses fonctions, un tablier de soie jaune et porte son coutelas enveloppé d'une étoffe de soie de même couleur : c'est la couleur impériale, et ce signe suffit pour indiquer qu'il est revêtu de l'autorité même du souverain et commander le respect au peuple. Les Chinois auraient-ils donc en ce point des idées infiniment plus justes et plus philosophiques que les nôtres? Il est incontestable que beaucoup de bons esprits n'hésiteraient pas, avec de Maistre, à tenir l'affirmative.

La piété filiale, ce grand principe fondamental de la société et de la famille chinoises, a fait réserver pour le crime de haute trahison ou de lèse-majesté, pour le parricide et l'inceste, le plus cruel de tous les supplices usités en Chine. Ce redoutable châtiment est la mort lente ou « supplice *kiao* », qui consiste, comme l'indique son nom et le signifient les termes de la sentence, à dépecer le patient tout vivant « en dix mille morceaux ».

Sur une place publique se dresse un lugubre poteau : c'est le gibet où doit souffrir le malheureux condamné. On l'y attache, les pieds et les mains fortement serrés par des cordes, le cou pris dans un carcan. Tout près on remarque un panier couvert tout rempli de couteaux; sur le manche de chacun est désignée la partie du corps qui doit en être frappée. C'est donc le hasard, ou bien parfois la cruauté ou l'humanité du magistrat chargé de présider à l'exécution et de donner l'une après l'autre au bourreau ces lames redoutables qui prolongent ou abrégent les tortures du patient. Heureux est-il quand, dès le début de ses angoisses, une triste chance, pourtant désirable, fait sortir du lugubre panier le couteau qui doit lui frapper le cœur ou tout autre organe vital! Mais il est une première et douloureuse opération qu'il ne peut éviter de subir : l'exécuteur commence toujours par lui scalper la tête; à l'exception d'une faible partie adhérente au front, il en détache totalement la peau, qu'il rabat sur les yeux, à la façon d'un voile sanglant; puis, armé des couteaux, qui se succèdent dans ses mains, il enlève lentement, pour les découper en nombreux morceaux, les parties du corps que le sort a désignées; il ne quitte ce cruel travail que de lassitude. Le reste de l'horrible besogne est abandonné à la férocité de la populace, qui achève ce que le bourreau n'a pu finir.

Tirons un voile sur les lugubres tableaux que cette étude de la pénalité chinoise vient de faire passer sous nos yeux, et faisons des vœux, cher lecteur, pour que la loi de l'Évangile pénètre enfin de sa bienfaisante et salutaire influence les mœurs chinoises, et que bientôt, chez ce grand peuple, règne, sous l'empire du Christ, l'esprit de charité et de douceur, uni à l'esprit de vraie et bonne justice. Nos missionnaires, soutenus par cette foi qui transporte les montagnes, aidés par les prières et les secours de leurs frères chrétiens de l'Europe, sont là-bas les courageux apôtres qui travaillent à ce grand miracle : ils préparent ainsi, au prix de leurs sueurs et de leur sang, un immense bienfait à la Chine, et à l'Évangile un nouveau triomphe.

CHAPITRE XI.

INSTITUTIONS PUBLIQUES DES CHINOIS. — SIXIÈME COUR SOUVERAINE OU GRAND TRIBUNAL DES TRAVAUX PUBLICS.

§ Ier.

Importance de ce grand tribunal; ses attributions générales, ses quatre tribunaux subalternes ou directions principales. — Le tribunal des bâtiments et édifices publics, ses attributions particulières. — Architecture des Chinois, son style propre et son originalité. — Beautés et défauts des édifices chinois. — Abondance d'ornements, goût exagéré de la symétrie. — Les « règles officielles ». — Cause de l'uniformité des villes de la Chine. — Attributions secondaires du tribunal des bâtiments et édifices publics. — Tribunal des « instruments et objets d'art »; ses attributions.

Le *koung-pou* ou le « grand tribunal des travaux publics » est la sixième et dernière cour souveraine.

Dans un empire aussi vaste et aussi peuplé que l'empire chinois, il importait d'organiser, au moyen d'une grande administration particulière, la direction de tous les travaux d'utilité générale : une telle organisation est tout à la fois chez un peuple la source féconde d'une immense prospérité et le signe du génie tutélaire qui préside aux développements de ses intérêts. Il y a des siècles que les Chinois sont en possession de ce double avantage, et il est incontestable que la prospérité matérielle dont ils ont joui plus longtemps qu'aucun autre peuple est due à l'impulsion constante que l'État, chez eux, a su donner à l'exécution des grands travaux d'utilité publique de toutes sortes dont l'empire est couvert. Il nous sera facile de nous en convaincre par l'exposé qui va suivre des attributions nombreuses qui sont du domaine de la sixième cour souveraine. Il s'agit donc ici du véritable « ministère des travaux publics » du vaste empire chinois.

Cette grande administration comprend dans ses attributions générales non-seulement tout ce qui a rapport à la construction, à l'entretien, à la réparation des travaux d'art, de tous les monuments et édifices publics, soins auxquels se surajoutent l'intendance et la surveillance des rues, des grands chemins, des ponts, des lacs, des rivières et des canaux, mais elle régit encore les manufactures de l'État et veille à ce que tous les objets qui en sortent pour l'usage officiel du gouvernement et de la cour, tels que vases, instruments, meubles et étoffes de toutes sortes, soient exécutés et confectionnés selon toutes les règles de la forme déterminée par les « rites »; c'est encore à la sixième cour souveraine qu'incombent le soin et l'intendance des palais de l'empereur, des princes, des vice-rois, etc., et de tous les édifices publics où se réunissent pour délibérer ou expédier les affaires les grands corps de l'État et les divers tribunaux subalternes qui en dépendent; elle doit en outre veiller à l'entretien des sépultures impériales, dont l'enceinte et les monuments sont considérés comme des lieux et des édifices sacrés.

Le grand tribunal des travaux publics compte dans sa dépendance quatre tribunaux subalternes ou grandes directions principales. On distingue :

Le tribunal des « bâtiments et édifices publics », appelé *ying-chen-thsing-li-ssé;*

Le tribunal des « instruments et objets d'art », *yu-heng-thsing-li-ssé;*

Le « tribunal des ponts et chaussées », *tou-chouï-thsing-li-ssé;*

Le tribunal des « champs militaires », *tun-tien-thsing-li-ssé.*

Ces tribunaux subalternes se complètent eux-mêmes par plusieurs bureaux particuliers aux attributions multiples.

Le tribunal des bâtiments et édifices publics, considéré comme le premier des divers tribunaux de la sixième cour souveraine, a pour principale attribution de s'occuper de la fondation des villes et surtout des places fortes dont on juge la création nécessaire; il veille à la conservation de leurs remparts, ainsi qu'à l'érection et à l'entretien de tous les édifices affectés aux services publics ou destinés à l'embellissement des cités; il fournit les plans et les modèles d'après lesquels doivent être exécutées toutes les constructions qui sont du domaine de l'État, et met un soin particulier à ce que, dans ces travaux, on s'applique à suivre les règles traditionnelles de l'architecture nationale.

L'Européen qui parcourt les villes de la Chine et examine, avec la curiosité du touriste et l'attention du connaisseur, les édifices qu'elles renferment, s'il veut sainement juger de l'art architectural des Chinois, doit tout d'abord faire abstraction, en quelque sorte entière, de toutes les idées architectoniques qui lui sont familières : tout ce qu'il peut savoir, en effet, de l'architecture de la Grèce et de Rome, ou de celle des siècles chrétiens du moyen âge, loin de l'aider, ne pourrait que lui nuire dans la juste appréciation qu'il entendrait faire du même art chez les Chinois, car, en vérité, aucune comparaison n'est possible ; il vaudrait mieux songer aux vieux monuments de l'Égypte, avec lesquels les édifices de la Chine, dus comme ceux des Pharaons au génie d'une antiquité extrêmement reculée, ne sont pas sans avoir quelque similitude ; on retrouve, en effet, dans la structure des uns et des autres un goût prononcé pour la forme pyramidale et l'emploi fréquent de colonnes uniquement destinées à servir de point d'appui : les Grecs seuls ont su les premiers faire de la colonne un des plus beaux ornements de leurs édifices, et combiner dans sa structure toutes les exigences de la solidité avec la justesse des proportions et les plus délicates harmonies du beau et du gracieux. L'architecture n'est-elle pas, du reste, une des multiples manifestations du génie particulier de chaque peuple? Tout autant que le costume national de chacun d'eux, elle indique la différence de leur goût et caractérise l'originalité qui les distingue.

Les Chinois, amis jusqu'à l'excès des traditions de leurs pères, se sont appliqués à suivre, dans l'art de bâtir comme dans tout le reste, les errements des anciens âges, et se sont plu à reproduire dans tous leurs édifices l'idéal imaginé par leurs premiers architectes. Séparés en outre de tous les autres peuples, ils n'ont pu rien emprunter à ceux dont le génie, moins servile ou plus fécond, s'est ouvert dans les arts des voies plus larges que celles du passé; ils ont donc obéi à d'autres goûts et suivi d'autres lois; de là, sans aucun doute, le grand cachet d'originalité qui fait des œuvres de leurs mains des ouvrages tout à part.

Quoique abandonnés à leurs seules inspirations, les architectes chinois n'en ont pas moins produit, à leur manière, des monuments qui ne sont pas sans avoir leur genre de beauté. La plupart de ces édifices sont, en effet, aussi remarquables par l'ordonnance et les proportions qu'on y observe que par les grandes beautés des détails qui les embellissent. La symétrie, trop monotone peut-être, qu'on pourrait reprocher à la disposition de leurs différentes parties est souvent rachetée par des hardiesses surprenantes, et presque toujours par une sorte de grandeur qui étonne. Ce goût prononcé des Chinois pour l'uniformité n'est pas exclusivement, du reste, un trait particulier de leur génie : tous les peuples, créateurs d'un genre quelconque d'architecture, ont procédé comme eux et suivi pendant longtemps le type qu'ils avaient primitivement inventé. Les Chinois, il est vrai, ont fait preuve en ce point d'une constance opiniâtre à l'excès; mais si le parallélisme exagéré qu'on remarque dans presque tous leurs édifices est un défaut de leur architecture, ils sont peut-être aussi les seuls, entre tous les peuples, qui aient su allier, par l'abondance des ornements, la variété la plus extraordinaire avec l'uniformité la plus rigoureuse.

Ce ne sont pas du reste les seules règles de l'art proprement dit, telles qu'ils les comprennent et les appliquent avec scrupule depuis des siècles, qui ont empêché les Chinois de pouvoir jamais trouver un genre nouveau d'architecture ou d'inventer un « style composite » quelconque; plus encore peut-être que l'antique routine, dont ils sont esclaves, les règles *officielles* que doivent suivre les architectes du gouvernement dans la construction des édifices publics ont dû contribuer à paralyser toute inspiration de leur génie inventif et arrêter fatalement tout essor vers quelque heureuse innovation.

Nous n'étonnerons pas médiocrement nos lecteurs en leur disant que ces règles sont de véritables lois de l'État, qui déterminent, non-seulement pour les simples édifices publics, mais encore pour les villes elles-mêmes, la forme et les dimensions de leur enceinte selon la classe à laquelle elles appartiennent, le nombre de leurs portes, celui de leurs rues et la direction que celles-ci doivent suivre, la position des temples officiels, des greniers d'abondance qu'on doit y construire, de tous les édifices, en un mot, affectés à chaque service public ou à la résidence des mandarins : de là cette incroyable ressemblance de toutes les villes chinoises entre elles, et qui fait qu'il suffit presque d'en avoir visité quelques-unes pour connaître toutes les autres.

Rien n'est donc laissé à l'arbitraire ou à la fantaisie des ingénieurs et des architectes chinois dans l'exécution des travaux qui leur sont confiés par le gouvernement; ils doivent suivre en tous points les plans officiels, uniformément adoptés et faisant loi dans tout l'empire. C'est un des soins principaux du *ying-chen-thsing-li-ssé*, premier tribunal subalterne de la sixième cour souveraine, de se conformer à ces règlements dans l'exécution des travaux qu'il dirige et de veiller partout à leur rigoureuse application.

Ce même tribunal est, en outre, chargé de l'intendance des manufactures impériales de cristaux, et, conformément à la même loi générale qui réglemente tout en Chine, il doit encore procurer pour le service de toutes les autres manufactures de l'État les modèles ou patrons reproduisant la forme *légale*, d'après laquelle devront être exécutés les divers objets confiés au travail des ouvriers. Enfin, cette première direction du grand tribunal des travaux publics complète ses attributions par le soin qu'elle prend de l'aménagement et de la conservation des forêts de l'État.

La seconde direction de la sixième cour souveraine, quoique formant un tribunal distinct dit « des instruments et objets d'art », n'est à bien prendre qu'une division de la précédente direction; ses principales attributions consistent, en effet, à faire confectionner, conformément aux modèles officiels que lui fournit celle-ci, tous les instruments de guerre et les différentes armes en usage dans l'armée chinoise, comme aussi les meubles, les vases et tous les objets d'art destinés au service de la cour et du gouvernement. La fixation légale et le contrôle des poids et mesures, dont la surveillance incombe au tribunal des finances, lui appartiennent en propre; c'est aussi par ses mains que s'opèrent le choix des perles tirées des pêcheries impériales et leur classification en cinq ordres dans les riches collections du souverain.

§ II.

Troisième direction de la sixième cour souveraine ou tribunal subalterne des ponts et chaussées. — Importance de cette direction. — Nature de ses attributions. — Les fleuves de la Chine. — Le « fleuve Bleu ». — Idées des poëtes et des philosophes chinois au sujet de ce fleuve. — Le « fleuve Jaune »; rapidité de son cours. — Le fléau des inondations en Chine. — Art merveilleux des Chinois dans l'endiguement des eaux. — Leurs travaux admirables en ce genre.

Le troisième tribunal subalterne de la sixième cour souveraine compte au premier rang de ses attributions la direction des ponts et chaussées, et doit en conséquence s'occuper des voies nombreuses de communication qui, par terre et par les innombrables cours d'eau dont la nature a enrichi le sol de la Chine, ou par les canaux en nombre également prodigieux que la main de l'homme y a creusés, traversent toutes les provinces de ce vaste empire et les relient à la capitale, siége de l'autorité souveraine et centre administratif, d'où tout émane et où tout vient aboutir.

Pour peu que l'on considère l'immense étendue de l'empire chinois, le nombre de ses habitants et les soins que réclame l'administration d'une aussi vaste monarchie, on conçoit de suite combien il importait, pour faciliter l'action gouvernementale et donner satisfaction aux intérêts commerciaux des populations, d'y multiplier les moyens de communication ; il fallait donc y créer, en quelque sorte partout, des voies nombreuses, indispensables traits d'union des provinces les unes avec les autres, des villes entre elles et des sujets avec le souverain. Or, autant et plus peut-être qu'aucun autre peuple, les Chinois ont reconnu l'avantage de pareils travaux ; et il y a bien des siècles déjà qu'ils ont mis la main à l'œuvre et produit en ce genre des ouvrages qui étonnent.

Les Chinois ont surtout excellé dans l'art difficile d'endiguer les eaux. Cette science, il est vrai, a dû leur être comme imposée par la configuration même de leur territoire : avec un pays plat, où d'immenses fleuves roulent un abondant volume d'eau, que gonflent démesurément, à certaines époques de l'année, des crues considérables et qu'arrête momentanément, à de longues distances dans l'intérieur des terres, le flux même de la mer, les inondations sont fréquentes ; leurs ravages sont immenses et causent aux populations riveraines des pertes incalculables ; la disette pour l'ordinaire en est la suite, et souvent devient pour l'empire entier un épouvantable fléau.

Parmi les grands fleuves de la Chine, il en est deux qui sont particulièrement renommés. Le premier est le Yang-tsé-kiang, ou « fleuve Bleu »; c'est un des plus beaux fleuves du monde. Descendant des montagnes de l'Asie centrale, il coule d'abord du nord au sud, puis du couchant à l'orient, emportant à la mer, mêlées avec ses eaux, toutes celles que lui déversent, dans un parcours de près de sept cents lieues, ses innombrables affluents. Dans son cours, extrêmement rapide, il charrie une telle quantité de limon et de débris de toutes sortes, qu'il forme et détruit tour à tour un grand nombre d'îles, dont les grands joncs fournissent aux habitants des rives un utile combustible. Devant Nanking et à une grande distance à l'intérieur des terres, ce beau fleuve ressemble à un véritable bras de mer; son embouchure n'a pas moins de sept lieues de large. L'irruption qu'il fait dans l'Océan est si puissante, qu'il en partage violemment les eaux et continue, avant de se confondre avec elles, de courir longtemps encore à travers les vagues.

Ce grand fleuve est le fleuve aimé des Chinois : les poëtes l'appellent le « fils de l'Océan », les philosophes voient en lui l'emblème de la grandeur et de la bienfaisance; l'historien enregistre, à l'égal des grands événements, ses sécheresses ou ses débordements. Pour tous c'est un père aimé, redoutable et généreux, qui parfois s'irrite et punit, mais qui donne, plus encore, richesse et prospérité; enfin, pour mieux rendre l'idée qu'ils ont de sa grandeur, ils disent, parlant de lui : *La mer n'a point de rives, et le Kiang est sans fond.*

L'autre grand fleuve de la Chine est le *Hoang-ho*, c'est-à-dire le « fleuve Jaune ». Les Chinois l'appellent ainsi parce que les terres et l'argile qu'il charrie presque en tout temps, mais surtout à la saison des pluies, communiquent cette couleur à ses eaux. Parti des mêmes régions que le fleuve Bleu, le Hoang-ho coule d'abord à l'est ; il remonte bientôt vers le nord, descend ensuite du nord au midi, puis, reprenant sa direction vers l'ouest, il roule et va perdre ses eaux limoneuses assez près de l'embouchure même du Kiang.

Ainsi, ces deux fleuves, dont les sources voisines s'échappent des mêmes réservoirs, semblent tout d'abord se fuir l'un l'autre ; mais, après avoir arrosé, chacun dans son cours, les régions les plus distantes, on les voit se rapprocher et venir ensemble donner à la même mer le tribut de leurs eaux. Ne dirait-on pas deux frères, nés du même sein et à la même heure, nourris du même lait, grandis sous le même toit ? Voyageurs de la vie, le même jour les voit se quitter et partir pour aller chacun où sa carrière l'appelle ; mais quand arrive le temps du repos, ils mettent fin aux longs voyages qui les ont tenus séparés, et se hâtent d'accourir au rendez-vous promis ; ils font alors un commun trésor du fruit de leurs travaux pour en jouir ensemble, durant le soir de la vie ; puis, quand l'heure dernière a sonné et qu'ils ne sont plus, on voit un même tombeau les réunir fraternellement encore pour dormir l'un avec l'autre leur dernier sommeil.

Le fleuve Jaune est fort large; son cours est rapide, ses eaux, abondantes, mais son lit peu profond en rend la navigation difficile; ses débordements subits et redoutables sont l'effroi des populations et souvent la cause de la ruine entière des contrées qu'il parcourt. Que de fois ne l'a-t-on pas vu ensevelir sous ses eaux furieuses les plus populeuses cités, dévaster les plus riches contrées et porter même en des lieux distants de ses rives la désolation et la mort! Ce fleuve redouté n'est pas le seul à causer de pareils désastres; la Chine abonde en rivières dont les eaux trop souvent ravagent les contrées qu'elles avaient d'abord rendues fertiles.

Conjurer de pareils fléaux semblerait devoir défier toutes les forces humaines; mais lutter contre la nature même, n'est-ce pas, en même temps qu'une nécessité faite à l'homme, une des grandes aptitudes dont Dieu a doté son génie? Les Chinois l'ont possédée à un degré éminent, et dans aucun temps ils n'ont failli aux durs labeurs que les perturbations du monde physique, si souvent fécondes en désastres, imposent à l'humanité. Nous avons pour monuments de leurs courageux efforts les travaux vraiment gigantesques qu'ils ont exécutés pour endiguer leurs fleuves, contenir leurs lacs, creuser leurs innombrables canaux.

La Chine abonde en travaux de ce genre; et tous en général accusent, au double point de vue de la conception et de l'exécution, une incontestable supériorité chez le peuple qui les a construits. Sur certains points du littoral, c'est à la mer même que le génie des Chinois est parvenu à opposer d'infranchissables barrières ; ailleurs, ce sont les fleuves qu'ils ont réussi à diriger : ils savent, selon qu'il est utile ou nécessaire, les tenir captifs, ou bien les diviser en canaux navigables et en fertilisantes irrigations. Là ils ont entassé, pour en faire de fortes murailles, le granit sur le granit; ici c'est la terre qu'ils ont remuée et mise en remparts, que couronnent de verts bambous : ces terrassements forment, en certains lieux, une simple ligne parallèle le long des eaux; en d'autres, ils couvrent, comme autant de collines artificielles, les plaines et les vallées de leurs nombreux entrecroisements, destinés à recevoir, dans des bassins vastes comme des lacs, les eaux dévastatrices des inondations. La vallée du Yang-tse-kiang, surtout, est particulièrement remarquable par le grand nombre de travaux de ce genre : le voyageur qui la parcourt considère avec surprise les alignements de ces immenses amas de terre, élevés de main d'homme, qu'il voit, en certains endroits, multipliés à l'infini, se prolonger des bords du fleuve jusqu'au pied des montagnes; ils sont établis de manière à pouvoir contenir, en temps opportun, le trop plein des eaux et protéger les vastes contrées environnantes contre les redoutables débordements du fleuve; une admiration plus grande peut-être encore s'empare du navigateur qui longe les côtes des provinces du Kiang-nan et du

Tché-kiang, à l'aspect des digues puissantes opposées comme d'insurmontables barrières aux élancements de la mer : elles sont si admirablement disposées et si solidement construites, que les digues tant vantées de la Hollande peuvent à peine en donner une idée.

§ III.

<small>Canaux et lacs de la Chine. — Le grand « canal impérial »; son importance et son étendue; difficultés vaincues et travaux exécutés pour le construire. — Principaux lacs de la Chine. — Le lac Si-hou, son site, ses bords, ses îles, ses pêchers, ses nombreux visiteurs. — Iles flottantes des lacs, leur aspect pittoresque et leur utile destination. — Navigation des fleuves et des lacs. — Les barques impériales et les barques du commerce. — Les bateaux-transports. — Curieux spectacle. — Les jonques mandarines. — Arrosage des champs et des vergers riverains. — Roues hydrauliques.</small>

Si les eaux sont quelquefois un élément redoutable à la faiblesse de l'homme, elles deviennent souvent aussi, domptées par l'énergie de sa volonté et la force de son bras, les puissants auxiliaires de ses entreprises et les causes fécondes des richesses qu'il convoite : c'est par elles que ce roi déchu donne au sol le plus aride de son domaine la plus abondante fertilité, et qu'il trouve, au moyen de ces chemins qui marchent, la facilité de transporter au loin les produits divers de son industrie et de ses labeurs : lourde tâche que les nécessités impérieuses de la vie physique imposent à l'activité humaine.

Pour atteindre ce double but, les Chinois ne se

INSTITUTIONS PUBLIQUES DES CHINOIS. 357

sont pas bornés à utiliser uniquement les nombreux cours d'eau dont la nature toute seule a couvert leur pays, ils se sont efforcés encore d'en multiplier les directions par la création de superbes canaux, qu'ils ont creusés presque partout en nombre infini. Ces larges voies d'eau sont comme autant d'artères ajoutées à d'autres artères et qui portent en tous lieux, dans le vaste empire chinois, le mouvement et la vie; l'Européen qui les a suivies ne peut se défendre, au souvenir de pareils travaux, d'un sentiment de réelle admiration pour le génie du grand peuple qui a su les exécuter.

Le canal impérial surtout faisait, avant le terrible débordement du fleuve Jaune en 1857, qui l'a rendu innavigable sur un long parcours, le juste orgueil des Chinois. Cette immense voie d'eau se déroule, en forme de ligne brisée, depuis Canton jusqu'à Péking, et parcourt ainsi, en se confondant sur certains points avec plusieurs rivières qu'elle rencontre, une distance de six cents lieues; recevant de mille autres canaux tributaires les produits des deux tiers des provinces, elle sert à alimenter la capitale et relie le sud au nord de l'empire.

Il est un point cependant où généralement le voyageur abandonne cette voie navigable, mais pour la reprendre ensuite après dix ou douze lieues de marche sur la terre ferme; afin d'éviter un trop long détour à travers les provinces de Kouang-si et de Hou-kiang, on préfère d'ordinaire franchir le fameux passage de la montagne Mey-lin, qui conduit de Nan-hiang-fou, la plus septentrionale des villes de la province de Kouang-tong, à Nan-nganfou, ville la plus proche du Kouang-si. La distance à parcourir est de dix à douze lieues, par un chemin pavé de dalles et creusé, en certains endroits de la montagne, entre deux cimes de rochers, dont les parois à pic s'élèvent, de part et d'autre, comme deux gigantesques murailles. Au terme du voyage, on retrouve le canal et les barques.

Les Chinois ont donné le nom de « canal impérial », *Yu-ho,* à la plus belle de toutes leurs voies navigables faites de main d'homme; s'ils ont voulu par là désigner la grandeur de l'entreprise et des travaux qu'a dû coûter ce superbe ouvrage, il n'y a rien d'exagéré dans cette royale dénomination : l'œuvre est à la fois digne des puissants monarques qui en conçurent le projet et du grand peuple qui mit à l'exécuter son génie et son labeur. On comprend sans peine, en effet, tout ce qu'il a fallu d'intelligence, de patience et d'opiniâtreté pour faire communiquer entre elles un nombre aussi prodigieux de rivières et surmonter les difficultés inouïes d'une pareille entreprise. Les Titans ne l'auraient osé; les Chinois se mirent à l'œuvre, et forcèrent sur tous les points les résistances de la nature.

Dans les lieux bas et marécageux, le canal, exhaussé et contenu entre deux chaussées, coule pour ainsi dire en l'air et promène à longues distances ses eaux suspendues à une grande élévation au-dessus de leur ancien lit. Il ne présente alors aux yeux qu'un aqueduc immense, dont on admire la hardiesse lorsqu'on pense à l'énorme volume d'eau

INSTITUTIONS PUBLIQUES DES CHINOIS.   359

qu'il soutient. Partout où le canal est ainsi suspendu, les chaussées qui le renferment sont soutenues par des murs de quatre mètres au moins d'épaisseur, composés de blocs de marbre liés les uns aux autres par des crampons de fer. Dans les terrains montueux on découvre d'autres prodiges : on y a pour ainsi dire fendu les montagnes pour ouvrir passage au canal; en quelques endroits, il a fallu creuser jusqu'à une profondeur de vingt à trente mètres pour trouver le niveau. Tant d'obstacles à surmonter auraient peut-être effrayé tout autre peuple : l'opiniâtreté des Chinois en vint à bout.

Outre ses fleuves et ses canaux, la Chine possède un grand nombre de superbes lacs, qu'alimente l'eau des ruisseaux ou l'affluent de rivières considérables. Quelques-unes de ces belles nappes d'eau sont d'une telle étendue, qu'on peut les comparer à des petites mers intérieures, que sillonnent d'une rive à l'autre les barques de pêche ou du commerce, ou que coupent, aux endroits les moins larges, de gigantesques jetées, entretenues, aux frais de l'État, par les soins et la vigilance du tribunal des travaux publics.

Parmi les principaux lacs de la Chine, nous citerons le Tong-ting-hou, situé dans la province de Hou-kiang et qui a plus de quatre-vingts lieues de circonférence; le Taï-hou, dont une partie s'étend dans le Kiang-nan, l'autre dans le Tché-kiang; le Hong-tse et le Kao-yeou, qui se trouvent dans la province de Kiang-nan; et le Po-yang-hou, formé, dans le Kiang-si, par la réunion de quatre rivières considérables. Ce dernier lac a près de cent lieues de circuit; sa vaste surface est, comme la mer, sujette aux typhons et aux tempêtes.

Mais le plus charmant et le plus délicieux de tous les lacs de la Chine est le Si-hou, situé dans le Tchékiang. Ce lac à l'aspect enchanteur est célèbre dans tout l'empire par l'agrément de sa position, par ses points de vue merveilleux et les promenades délicieuses qu'il procure. Il s'étend comme une vaste nappe d'azur et d'argent au pied de la ville de Han-tcheou-fou, dont il baigne les murs. Son eau est claire, limpide, et laisse apercevoir jusqu'aux plus petits cailloux qui tapissent son fond; près de ses bords croît en abondance le *lien-hoa* ou nénuphar chinois, dont les fleurs et les feuilles entremêlées forment d'espace en espace comme autant de riches tapis de verdure embellis des plus beaux dessins, flottant à la surface des eaux. Trois longues chaussées, bâties en pilotis et pavées dans leur milieu de pierres carrées, traversent le lac en différents sens, non dans sa plus grande largeur, mais de manière à n'en détacher que des portions, alignées dans la direction du nord à l'ouest et de l'ouest au sud. Les ouvertures pratiquées de distance en distance pour donner passage aux barques et aux gondoles qui circulent, sont recouvertes de ponts à une seule arche, tous d'une forme pittoresque, et la plupart surmontés d'élégants pavillons où les promeneurs peuvent s'arrêter et s'asseoir. Les deux bords de ces belles chaussées sont plantés dans toute leur longueur de bananiers, de saules à branches pendantes et de pêchers. Lorsque ceux-ci sont en fleur, ils donnent à tout l'ensemble du lac un aspect éblouissant : les habitants des campagnes et des villes voisines s'y rendent en foule, à cette époque, empressés de jouir du spectacle enchanteur qu'offre la floraison de ces beaux arbres du Si-hou.

Du milieu de cette vaste pièce d'eau s'élèvent trois îles; l'une plus au nord, à laquelle conduit la chaussée la plus proche de la ville; la seconde est au centre, et la troisième se rapproche du rivage méridional. Chacune de ces îles est couverte de différents édifices, de temples, de pavillons et de maisons, agréables asiles où l'on se réunit après de longues promenades sur l'eau; on y mange avec délices le poisson que le lac fournit en abondance.

Aperçues du rivage, ces îles fortunées ressemblent à de splendides et gracieuses corbeilles de fleurs et de verdure posées sur une table d'argent aux superbes dimensions. Celle du nord est la plus grande de toutes; à son centre s'élève une montagne plantée d'arbres jusqu'à son sommet, d'où tous les points de vue sont délicieux. Les deux autres sont plates. En face et à peu de distance de celle du midi, trois énormes piliers ou colonnes de fer disposées triangulairement surgissent du sein des eaux. Les lettrés de la Chine leur donnent huit cents ans d'antiquité, mais on ignore absolument aujourd'hui leur destination primitive.

Le panorama qui se déroule autour du lac est un

des plus beaux que l'œil de l'homme puisse contempler. A l'est, on aperçoit la ville de Han-tcheou-fou, qui baigne ses murailles dans ces eaux dont elle est la reine, et s'y mire comme dans une glace d'argent poli ; à l'ouest, au nord et au sud, s'élève un vaste amphithéâtre de montagnes qui laissent entre elles et le rivage une bande circulaire d'un sol uni ; cette suite continue de collines et de montagnes aux ondulations douces ou grandioses, et la bordure aplanie qui est à leur base, achèvent la magnifique décoration du beau lac qu'elles encadrent, brillant comme le cristal, dans leurs verdoyants contours. Ce n'est partout, sur ces rives enchantées, que hameaux ombragés, jardins délicieux, maisons de plaisance, arcs de triomphe de pierre et pavillons aux formes les plus gracieuses et les plus originales; on y voit même plusieurs habitations impériales, remarquables de splendeur. L'une d'elles est particulièrement célèbre par le séjour qu'y fit l'illustre Kang-hi, lorsqu'il visita les provinces méridionales de son empire.

Sur les montagnes, au milieu d'arbres et de plantations de toute espèce, l'œil découvre encore, pour finir le tableau, de vastes bonzeries, des pagodes, des tours, des tombeaux, et dans les gorges qui séparent les collines, des ponts d'une structure bizarre et hardie, jetés sur tous les ruisseaux dont les eaux murmurantes vont, en courant, mourir dans le Si-hou.

Presque tous les grands lacs de la Chine contiennent des îles ou bien isolées, ou reliées entre elles et à la terre ferme par de solides et belles chaussées. Mais l'industrieux Chinois ne s'est pas contenté de ce que lui avait donné la nature : poussé par la fantaisie ou la nécessité, il a semé comme en se jouant, sur les nappes d'eau de ses lacs, un nombre surprenant d'îles flottantes, qu'on voit çà et là demeurer tantôt immobiles comme des jardins en fleur, tantôt se mouvoir au souffle de la brise, semblables à d'immenses barques pavoisées de verdure.

Sur les bords de ces beaux lacs, l'habitant du rivage a donc coupé les fortes tiges du bambou; sa main habile et dure au travail les a solidement unies ensemble comme les poutres d'un plancher; il a donné à ce radeau de larges dimensions, et puis l'a recouvert d'une épaisse couche de terre végétale. Avec le temps, les bambous vivaces dont il a fait usage pousseront des jets, entre-croiseront leurs racines et donneront au sol de sa propriété flottante la solidité de la terre ferme. C'est tout un domaine que cet ingénieux habitant des lacs s'est ainsi donné : on y voit sur un point la chaumière qui abrite sa famille, et tout près de là les toits destinés aux animaux domestiques. Alentour s'étendent les prairies et les vergers aux cultures variées, et dont la récolte abondante sera la meilleure récompense de cet agriculteur d'un nouveau genre, établi sur les eaux. Il n'est pas rare de voir, sur plusieurs des beaux lacs dont la Chine abonde, un très-grand nombre de ces îles voyageuses, véritables fermes flottantes mollement bercées par la brise, se promener à distance, leurs grandes voiles déployées, puis se rapprocher, jeter l'ancre, et former un véritable archipel.

Rien n'est émouvant comme l'activité prodigieuse qui se déploie, de toutes parts, sur les cours d'eau, les lacs et les canaux de la Chine. C'est en nombre infini qu'on voit circuler dans toutes les directions les barques impériales pour le service de l'État, et celles du commerce pour le trafic et les échanges des produits du sol et de l'industrie; les barques de pêche, qu'il est facile de reconnaître à leurs voiles de jonc plissées en forme d'éventail et à leurs filets noirs étendus pour sécher à l'extrémité des mâts, s'entre-croisent de leur côté avec les jonques destinées au transport des voyageurs : celles-ci ressemblent, par leur forme et leurs dimensions, à de véritables maisons flottantes.

Ces paquebots chinois offrent souvent à leur bord un spectacle pittoresquement bizarre ; on y voit les passagers accroupis dans toutes les postures : les uns prennent le thé ou fument l'opium, les autres jouent aux cartes, aux dés, aux échecs ; le bruyant tam-tam annonce les arrivées et les départs. Sur d'autres barques plus petites et plus élégantes, remorquées par un canot monté de six vigoureux matelots, de nonchalants mandarins naviguent avec toutes les commodités d'un confortable parfait ; à leurs côtés se meuvent avec rapidité ou lenteur des myriades de petits bateaux qu'un seul homme conduit à l'aviron, ou de longs trains de bois construits à la façon des nôtres, mais munis de mâts et de voiles. On y remarque des huttes entourées de terre végétale, véritables potagers flottants, où les mariniers cultivent des légumes pour leur usage.

L'animation est partout et s'étend du lit des fleuves et des canaux aux rives qui les bordent. Çà et là, et à des distances très-rapprochées, l'industrieux Chinois a installé des roues hydrauliques pour arroser ses champs et ses vergers. C'est plaisir de voir les femmes et les enfants mettre en mouvement ces ingénieuses machines, et les hommes diriger à travers les guérets les eaux bienfaisantes qui les fécondent. « Je désespère, dit un voyageur moderne témoin de ce spectacle, de donner une idée du travail cyclopéen, de l'énorme trafic, de l'industrie patiente, de l'incroyable fertilité, du contentement individuel, du tableau de prospérité et de paix que j'ai sous les yeux [1]. »

Le travail cyclopéen dont parle le voyageur désigne tout à la fois les immenses remparts de granit, assez semblables aux quais de Paris, qui longent les rives, et le solide chemin de halage pavé de dalles qui franchit sur des ponts de pierre les nombreux affluents du grand canal. Les Chinois ont multiplié sur leur sol en nombre incroyable les travaux de ce genre; en les voyant, on se demande combien de générations d'hommes ont dû se succéder dans ces gigantesques labeurs.

---

[1] M. Cooke, correspondant du *Times*.

§ IV.

Les ponts. — Art remarquable des Chinois dans ce genre de construction. — Quelques ponts fameux. — Le pont de Pa-li-kiao et celui de Siuen-tcheou. — Les ponts flottants et les ponts suspendus. — Le pont de la vallée de Pi-tsié. — Engouement de certains empereurs chinois pour la construction de ponts de fantaisie. — Curieuses remontrances des censeurs à ce sujet.

Il ne suffisait pas aux laborieuses populations du vaste Empire du Milieu de pouvoir descendre et remonter le cours des fleuves, ni de suivre avec leurs barques le tracé des canaux : les besoins prodigieux du trafic qui les met en mouvement exigeaient qu'il fût également facile de traverser à pied sec ces grands chemins liquides, et possible de les franchir avec tous les véhicules que l'homme appelle à son secours pour le transport des fardeaux : il fallait des ponts à la Chine; on les y trouve en quantité prodigieuse et dans les formes les plus variées. Les uns sont en voûte exhaussée, que l'on gravit et descend par des escaliers dont les marches d'une très-faible épaisseur facilitent l'accès; d'autres, d'une structure plus simple et plus primitive, n'ont ni voûtes ni arches proprement dites; on les passe sur de larges pierres posées comme des planches sur des piles : quelques-unes de ces dalles sont d'une longueur qu'on ne peut s'empêcher d'admirer.

La pierre, le marbre ou la brique entrent généralement dans la construction de la plupart des ponts que l'on voit en Chine; on en trouve aussi qui ne sont qu'en bois ou formés de bateaux. Ces derniers sont d'une invention très-ancienne, ils portent le nom de *seou-kiao*, « ponts flottants », et sont généralement établis sur les grands fleuves. Les ponts construits en forme de voûte sont naturellement les plus remarquables de tous; il en est dont les arches ne mesurent pas moins de vingt mètres de largeur; dans la plupart, les piles reposent sur un massif de marbre ou de pierre dont chaque morceau a souvent cinq ou six mètres de long. Quelques-uns de ces ponts se font remarquer par leurs arches superposées. On y voit assez souvent la forme ogivale, qu'ignorèrent les Romains et que les architectes du moyen âge ont révélée à l'Occident.

Parmi les beaux ponts de la Chine, nous citerons celui de Pa-li-kiao, devenu célèbre par la victoire qu'y remportèrent les alliés, le 21 septembre 1860. « Ce pont, qui est une œuvre d'art intéressante, mesure cent cinquante mètres de long sur une largeur de trente environ; de grandes arches très-cintrées forment à elles seules la largeur du canal, et d'autres plus petites relient le pont à la chaussée surélevée au-dessus du niveau de la plaine. Les balustrades de marbre sont ciselées avec art »; la double rangée de lions sculptés qui les surmonte dans toute leur longueur produit l'effet d'un ornement à la fois étrange et superbe; « c'est de la sculpture chinoise; l'ensemble de l'architecture est en harmonie avec le paysage, et la construction doit être d'une solidité à toute épreuve [1]. »

[1] *Le Tour du monde*, p. 111.

Mais le plus beau pont de la Chine entière est, paraît-il, celui de Siuen-tcheou. Voici ce qu'en rapporte le P. Martini : « Je l'ai vu deux fois, dit-il,
« et toujours avec étonnement; il est tout d'une
« même pierre noirâtre; il n'a point d'arcades, mais
« plus de trois cents piliers faits de fort grandes
« pierres. Ces piliers ont tous la figure d'un grand
« navire, finissent et se terminent de part et d'autre
« en angle aigu, afin de rompre avec plus de faci-
« lité la violence de l'eau. Cinq pierres égales occu-
« pent toute la largeur d'un pilier à l'autre :
« chaque pierre a en longueur dix-huit de mes pas
« ordinaires, dont je me servais pour les mesurer
« en me promenant. Il y a mille quatre cents de
« ces grosses et longues poutres de pierre, toutes
« semblables et égales : ouvrage admirable par le
« grand nombre de ces lourdes pierres et par la
« manière dont on les soutient entre ces piliers!
« Il y a des garde-fous ou appuis de chaque
« côté, faits de la même pierre, avec des lions au-
« dessus posés sur leurs bases, et plusieurs autres
« ornements de cette nature. Vous remarquerez
« qu'en cette description je ne parle que d'une
« partie de ce pont; savoir de celle qui est entre la
« petite ville de Lo-yang et le château qui est bâti
« sur le pont; car après avoir passé le château, on
« trouve l'autre partie du pont, qui n'est guère
« moindre que la première. » Le même missionnaire donne à ce pont plus de trois cent soixante perches ou toises de longueur, c'est-à-dire plus de trois mille six cents pieds chinois, et il ne parle,

comme il le fait observer, que de la première moitié du pont.

Outre les ponts fixes de pierre, de marbre, de brique ou de bois, et les ponts flottants de bateaux, jetés sur les canaux et les fleuves, les Chinois suspendent sur les vallées et les ravines à remparts escarpés, au moyen de fortes chaînes de fer, des ponts d'une étonnante hardiesse. Celui de Pi-tsié est particulièrement remarquable. A l'occident de cette petite ville, située dans la province de Koueï-tcheou, se trouve une vallée étroite et profonde, formée par des rochers à pic, et au fond de laquelle un torrent impétueux roule ses eaux avec fracas. Ces lieux escarpés ne pouvant admettre un pont d'une structure ordinaire, les Chinois ont imaginé de fixer dans les faces opposées et les plus rapprochées du rocher des crampons de fer, auxquels ils ont attaché des chaînes; celles-ci sont recouvertes de fortes planches ou madriers posés transversalement, sur lesquels on passe et l'on transporte des fardeaux d'un côté à l'autre.

Il est tel de ces ponts qui mesure jusqu'à vingt-quatre mètres de longueur. Le mouvement d'oscillation qu'ils éprouvent quand on les franchit donne souvent aux passagers un sentiment de crainte involontaire.

Les Chinois ont été habiles en tout temps à varier la forme et la structure de leurs ponts et à imaginer des moyens faciles et prompts pour obvier à leur rupture, remédier à quelque inondation subite, faciliter les communications d'une armée, ouvrir ou abréger le chemin aux vivres qu'on lui portait. Leurs livres anciens parlent des ponts en arc-en-ciel, en levier, en balancier, à poulies, en coulisses, en compas, en fagots ancrés, en poutres empaillées, en barques renversées, en cordes tendues, etc.

Que n'aurions-nous pas encore à dire des ponts de caprice et de fantaisie, dont les empereurs se plurent à orner leurs parcs et jardins de plaisance? Ce luxe, poussé à l'excès, atteignit parfois de telles limites, qu'elles valurent à quelques souverains de la Chine les remontrances des censeurs de l'empire. On cite, comme un des plus curieux documents de ce genre conservés par l'histoire, la célèbre remontrance qu'un de ces hommes courageux eut la fermeté d'adresser à Yang-ti, le Sardanapale de la Chine : « Plus, dit-il, les ponts inutiles de vos
« jardins s'embellissent et se multiplient, plus les
« nécessaires se détériorent et diminuent dans les
« provinces. Les nombreux essaims d'artistes qui
« accourent dans votre capitale de toutes les extré-
« mités de l'empire ne feront pas des soldats contre
« les Tartares qui nous menacent; et après avoir
« bâti un plus grand nombre de ponts qu'aucun de
« vos prédécesseurs, il est bien à craindre que vous
« n'en trouviez pas un seul pour fuir et vous sous-
« traire à leurs victoires. Votre humble sujet en
« sèche de douleur, et ne vous expose ses justes
« craintes que parce qu'enivré des mensonges de
« vos flatteurs, vous ne voyez que les fleurs de la
« coupe empoisonnée qu'ils vous présentent. Son-

« gez, seigneur, qu'un vieil officier qui vous dit la
« vérité au péril de sa tête craint plus la mort pour
« vous que pour lui. »

Ce grand art de jeter des ponts sur le courant des eaux, que les anciens Chinois ont su pratiquer d'une manière si remarquable, a depuis longtemps déjà, ainsi que tant d'autres connaissances utiles, subi chez eux le malheur des temps et suivi les pentes d'une réelle décadence. C'est assez de nos jours pour le ministère des travaux publics de pouvoir entretenir, à l'usage des générations présentes, les innombrables travaux que leur ont laissés les générations passées.

§ V.

Routes de la Chine, leur ancienne beauté. — Mauvais état actuel de ces routes. — Les tours ou postes militaires échelonnés sur leur parcours. — Le mont Cenis de la Chine. — Prodigieux ouvrages des Chinois. — La route du Chen-si et son viaduc.

Les fleuves et les canaux, quelque multipliés qu'ils soient en Chine, ne pouvaient seuls suffire au mouvement prodigieux et incessant d'hommes et de choses qui se fait chaque jour dans ce vaste empire; il existe souvent entre ces grandes voies navigables d'immenses étendues de plaines, de vallées et de montagnes, qui les séparent les unes des autres; il était donc nécessaire de créer, pour franchir ces espaces, des routes et des chemins solides. Les anciennes dynasties de la Chine avaient su pourvoir à cet important besoin d'utilité publique et doter le pays tout entier d'un ensemble de voies magnifiques que l'incurie de quelques empereurs de la dynastie tartare-mantchoue a laissées s'endommager d'une manière regrettable : ces routes, dites impériales, sont en effet, sur bien des points, à peine reconnaissables aujourd'hui ; il est donc nécessaire, pour les retrouver dans leur beauté antique ou même relativement récente, de se reporter un peu en arrière des temps présents ; mais quel que soit l'état actuel de détérioration des anciennes routes de l'empire chinois, elles attestent, à l'égal des voies romaines pour les anciens maîtres du monde, la grandeur du peuple qui eut le génie et le vouloir de les tracer.

Ces routes sont larges et solidement exécutées, pavées dans toutes les provinces méridionales et dans quelques autres. Afin de leur donner un plan uni, on a comblé des vallées, percé des rochers et des montagnes, au prix de labeurs inouïs. De beaux arbres plantés sur leurs côtés les ombrageaient autrefois presque partout, il n'en reste aujourd'hui que fort peu ; en certains endroits, des murs d'une élévation de trois mètres environ, ouverts de distance en distance pour donner accès aux chemins des villages, leur servent de bordure.

Le long de ces grandes voies, le voyageur aperçoit encore, alignées à la faible distance de cinq *li* en cinq *li*, des tours de forme carrée ; les plus élevées n'ont guère que quatre mètres de hauteur et alternent avec d'autres d'une élévation moindre. Sur leur sommet on voit des guérites pour les sentinelles et des mâts de pavillon pour faire des signaux en cas d'alarme. Celles qui bordent les routes conduisant à la cour sont crénelées et munies, sur leurs plates-formes, de grosses cloches de fer fondu. Ces sortes de postes militaires ont été établis par la vigilance des gouvernements de la Chine dans le double but de signaler à temps les émeutes qui pourraient troubler l'ordre public et de veiller à la sécurité des voyageurs. Disons toutefois que, sous ce rapport encore, le gouvernement actuel de la Chine est loin d'avoir la vigilance et les soins des temps antérieurs.

Pour donner quelque idée des énormes difficultés vaincues par les Chinois pour créer en certains lieux les grandes voies qui sillonnent leur empire, il nous paraît à propos de signaler, parmi les travaux dus à leur génie aussi opiniâtre qu'intelligent, quelques ouvrages particulièrement remarquables. Pour peu, en effet, qu'on les examine avec attention, on ne sait en vérité ce que l'on doit le plus admirer, ou de l'idée qui les conçut, ou du prodige de travail qui les exécuta.

Entre la ville de King-tcheou-fou, cité la plus méridionale du Tché-kiang et la plus rapprochée du Fou-kien, avec lequel elle communique, se trouve une suite de montagnes d'un très-difficile accès, passage dont le parcours n'exige pas moins de trois longues journées de marche pénible. On y remarque la montagne Sien-hoa, entre toutes celles qui l'environnent la plus roide et la plus escarpée : il faut en franchir le sommet. Il n'eût certainement pas été impossible aux ingénieurs chinois de percer un long et large tunnel d'un bout à l'autre de ce véritable mont Cenis de la Chine, ils ont préféré l'enlacer d'un chemin à ciel découvert, prodigieux escalier d'environ trois cent soixante marches en larges pierres, qui circule jusqu'au sommet sur les flancs du géant. Arrivé sur le plateau de la montagne, le voyageur fatigué trouve des hôtelleries, gîtes aériens où il peut se reposer de sa pénible ascension. Ce passage, qui fait communiquer entre elles deux grandes provinces, est tellement fréquenté par le commerce, qu'on y compte habituellement jusqu'à dix mille porteurs, occupés sans relâche au transport des marchandises et des bagages.

Dans d'autres contrées montagneuses, c'est par des tranchées et des viaducs d'une prodigieuse hardiesse qu'on s'est ouvert un passage. Il n'est peut-être rien d'aussi remarquable en ce genre de travaux que la grande voie qui conduit à travers d'affreuses montagnes à la capitale du Chen-si. Cette route, construite par une armée dans le cours d'une expédition, étonne autant par les difficultés de l'entreprise que par la promptitude avec laquelle elle fut achevée. Plus de cent mille ouvriers, dit-on, y furent employés. On combla des précipices ; on coupa, on aplanit des montagnes ; on construisit des ponts pour les faire communiquer les uns avec les autres, et lorsque les vallées parurent trop larges, on y éleva des rangées de piliers à plusieurs étages pour les soutenir. Ces ponts, qui forment une partie du chemin, sont en plusieurs endroits si exhaussés, qu'on ne voit qu'avec effroi le fond du précipice; quatre cavaliers peuvent y passer de front. On a placé des parapets des deux côtés pour la sûreté des voyageurs, et bâti de distance en distance, le long de cette route, des villages pourvus d'hôtelleries.

Grâce aux soins dont il est l'objet de la part du tribunal des travaux publics de l'empire, ce chemin suspendu sur des abîmes, ouvrage d'art vraiment extraordinaire, se voit encore, malgré l'ancienneté de sa construction, dans un état de conservation remarquable.

§ VI.

Importance de la circulation sur les routes de la Chine. — Les corporations des porteurs. — Véhicules chinois; la chaise mandarine; litières des dames chinoises; chariots et grande variété de ce genre de véhicule; la brouette à voile. — Les hôtelleries chinoises; leur genre de confort et leurs enseignes. — Philanthropie du gouvernement chinois. — Les hangars de refuge. — Droit à l'hospitalité dans les pagodes. — Autres attributions et devoirs particuliers du troisième tribunal subalterne de la sixième cour souveraine.

L'immense mouvement de circulation qui se fait sur tous les grands chemins de la Chine présente en son genre un tableau souvent tout aussi animé et tout aussi étrange que celui que nous avons pu remarquer sur les fleuves et les canaux. Les moyens de transport ne manquent pas plus en Chine par terre que par eau; et si les véhicules en usage n'offrent pas précisément toutes les commodités désirables, ils ont au moins, pour la plupart, un cachet d'originalité locale qui plaît fort aux Chinois. Quant au voyageur européen que la religion, la science ou le trafic appellent sur les voies du Céleste Empire, rien ne peut autant et mieux que les voitures chinoises lui rappeler qu'il est, en latitude, à plus de cent degrés de chez lui.

La Chine est loin sans doute encore de voir s'organiser chez elle, pour le service des voyageurs ou le transport des bagages et des marchandises, quelque puissante et utile compagnie, propriétaire non pas précisément de superbes voies ferrées, comme on en voit en Europe, mais tout au moins d'un service régulier, comme le faisaient en France, il y a peu d'années encore, nos défuntes mais célèbres diligences d'autrefois. Il existe cependant en Chine comme une ébauche rudimentaire d'entreprises semblables dans les nombreuses corporations de porteurs qu'on y trouve. Il y a dans toutes les villes plusieurs bureaux de ces sortes d'établissements, qui tous ont une correspondance établie dans les autres villes, lointaines ou environnantes. Il suffit, avant le départ, de déclarer dans l'un de ces bureaux les objets qu'on veut faire transporter. Tout est pesé sous les yeux du chef de la corporation des porteurs qui doivent être mis à votre service. On tient dans ce bureau un état exact de tous les objets confiés. Vous payez d'avance; et dès ce moment vous n'avez plus à vous mêler de rien. Quel que soit le mode de transport que vous adoptiez pour votre propre personne, vous trouverez à destination, chez le correspondant de la compagnie, tous vos effets et bagages; le tout vous sera remis avec la plus scrupuleuse fidélité.

On ne saurait s'imaginer le nombre de ces portefaix, véritables bêtes de somme humaines, affectés de la sorte, en Chine, au service des grands chemins. Il est des villes où l'opulent voyageur peut sans embarras ni délai s'en former une escorte de quelques centaines; là où s'arrêtent les jonques fluviales, c'est par milliers qu'on les voit attendre aux heures de débarquement. Une effroyable misère doit sans doute contraindre ces pauvres gens à ce dur métier : la plupart n'ont aucune espèce de chaussures; ils vont souvent tête nue : heureux sont-ils quand ils se voient possesseurs d'un vaste chapeau de paille pour les garantir de la pluie ou des ardeurs du soleil.

Nous avons été plus d'une fois témoin de la manière dont ces hommes de peine portent les fardeaux; ils se servent à cet effet d'une forte perche de bambou, à laquelle ils suspendent par le milieu, au moyen de cordes, la charge à transporter : deux hommes soulèvent et mettent, par ses extrémités, la perche sur leurs épaules, et les voilà partis! Si le fardeau est trop lourd, on emploie quatre hommes avec deux perches; mais quand le poids ne dépasse pas les forces d'un seul homme, le portefaix chinois fixe aux deux extrémités de sa perche des cordes d'une longueur souvent exagérée, y suspend, autant que possible en portions égales, les objets qu'il veut porter, place par le milieu sur une de ses épaules cette sorte de fléau auquel il sert de pivot : à distance, on dirait une balance ambulante.

Indépendamment du service de ces malheureux portefaix, les bagages et les ballots de marchandises se transportent aussi à dos de mulets, et plus souvent encore sur des chariots, dont la structure toute primitive n'a souvent d'égale que la bizarrerie de leurs formes.

Quant au voyageur, il peut, pour se voiturer lui-même, choisir entre plusieurs le mode de transport qu'il jugera devoir le mieux lui convenir. Sans être précisément très-variés sous le rapport de leurs qualités respectives, les véhicules chinois le sont assez cependant en forme et en nombre pour être en harmonie avec les goûts particuliers de chaque voyageur ou cadrer à merveille avec le trop plein ou le maigre volume de sa bourse : avantage toujours fort appréciable, du reste, en Chine comme ailleurs.

Parmi les véhicules divers usités en Chine, nous citerons au premier rang la chaise mandarine, dont la dénomination seule suffit à démontrer la distinction des hauts et riches personnages qui peuvent s'en procurer les commodes agréments. Assez semblable à nos chaises à porteurs, elle est faite de fortes branches de bambou, croisées à jour en forme de treillis, et solidement unies les unes aux autres par des liens de rotin; l'intérieur en est proprement orné et garni de coussins sur lesquels on s'assied; elle est, selon la saison, recouverte à l'extérieur d'une toile de coton coloriée ou bien d'une étoffe de laine ou de soie qu'on double, en temps de pluie, d'une autre garniture de taffetas imperméable. Deux hommes suffisent ordinairement à la porter; dans les cas où l'embonpoint du voyageur, chose fréquente en Chine, exige un plus grand déploiement de force, on a soin de mettre en travers des deux bâtons, ordinairement suffisants, plusieurs autres leviers, afin de distribuer le poids sur un plus grand nombre d'épaules.

Les mandarins chinois ou les riches particuliers peuvent, au gré de leurs désirs, faire usage de cet aristocratique véhicule. Quant aux mandarins tartares ou militaires, ils doivent, l'hiver comme l'été, voyager à cheval: telle est pour eux, dans le but évident d'entretenir l'énergie native qui les caractérise, la volonté de leurs empereurs. Les dames chinoises de haut rang voyagent le plus ordinairement dans des litières commodes, bien fermées et portées par des chevaux et des mulets.

Les voyageurs du commun ont recours à des moyens de transport moins commodes, mais auss moins coûteux. Il existe en Chine toutes sortes de chariots auxquels on attelle des chevaux, des mulets et des bœufs, mais disons de suite qu'aucune de ces voitures roulantes n'est suspendue; leurs mouvements en sont par conséquent toujours durs et fatigants. L'usage des ressorts n'est pas connu des carrossiers chinois.

Parmi ces voitures, il en est une qui se fait remarquer entre toutes par l'originalité vraiment chinoise de sa structure. Elle n'a qu'une seule roue, très-élevée, placée au milieu de l'essieu ; celui-ci, au moyen de supports fixés à ses extrémités, soutient un treillis en forme de civière. Cette voiture sert indifféremment à transporter les personnes et les effets ; on s'assied à l'avant ou à l'arrière, et l'on forme contre-poids avec son bagage ; mais si les colis sont d'un poids trop lourd, on rétablit l'équilibre en les répartissant d'une manière égale sur les deux extrémités. Dans ce cas, le voyageur se place et trône au milieu. Un seul homme suffit ordinairement à pousser ce chariot, mais si la charge est trop forte, on lui associe un compagnon qui tire en avant. On peut, si l'on veut, y atteler un cheval, un mulet, et même un âne : en Chine, comme en tout autre pays habité, il n'en manque guère, et là comme ailleurs souvent les uns portent les autres.

La simplicité de cette étrange voiture, disons mieux, de cette véritable brouette, la rend peu dispendieuse pour les voyageurs ; mais on doit présumer qu'elle n'est ni douce ni commode. Un missionnaire français, qui se rendait de Canton à Péking en 1768, paraît s'être servi de cette sorte de chariot, et il ne s'applaudit pas de l'essai qu'il en fit.

« Nous quittâmes le canal, dit-il, pour aller sur

« des charrettes ; c'est la façon de voyager dans
« cette partie de la Chine, et elle est incommode
« au delà de ce qu'on peut dire. La charrette est
« d'un massif à faire peur, elle ressemble assez à
« nos affûts de canon. Il n'y a place que pour une
« seule personne, encore faut-il croiser les jambes
« comme un tailleur d'Europe. On y est secoué
« horriblement, le soleil vous brûle, et la poussière
« est quelquefois si forte qu'elle ôte la respira-
« tion. »

L'industrieux Chinois, afin de ménager ses forces
et de diminuer ses fatigues, a fait appel aux vents et
emprunté leur secours pour mieux rouler ces singulières machines ; l'idée lui est venue d'y fixer à
l'avant un mât avec une natte en guise de voile ;
au moyen de quelques cordages ingénieusement
disposés, il prend des ris ou oriente à la brise sa
voile tendue et dirige sans effort sur la terre ferme
cette barque roulante. C'est vraiment plaisir et
étonnement tout à la fois pour l'œil européen de
voir ces brouettes voilières cingler, à la suite les unes
des autres, sur les grands chemins de la Chine.

« Sur la cage », — comme l'a dit d'une manière
charmante une illustre et trop regrettable voya-
geuse, — « sont pendus des ustensiles de toute
« espèce : marmites, pots, paquets de vieux habits,
« instruments agricoles.

« A un bout du brancard, la femme de ce navi-
« gateur d'un nouveau genre est assise les jambes
« repliées avec ses plus jeunes enfants sur ses bras,
« et quelquefois des volatiles, canards ou poulets

« entassés dans des cages d'osier. A l'arrière de la
« brouette, un ou deux autres enfants se cram-
« ponnent aux sacs de grain et aux bidons de vin
« de riz, tandis que l'aîné, s'il est assez fort pour
« travailler, aide le père, en courant à l'avant, les
« reins entourés d'une courroie qui est attachée aux
« brancards.

« Le défilé de ces brouettes sur la route de Sin-
« ho à Peh-tang, accompagné des vociférations
« habituelles et des cris de joie de ces pauvres gens,
« du bêlement des troupeaux de moutons et du
« gloussement des volailles, formait, au milieu du
« bruit et de la poussière, un spectacle pittoresque
« plein de vie et de mouvement[1]. »

Il ne suffit pas au voyageur de la Chine de pouvoir choisir entre les moyens de transport dont le pays dispose, et de confier à celui qu'il a cru le meilleur sa personne et ses bagages; quand déjà il a parcouru un long espace, et que la fatigue est venue, il désire un gîte pour se reposer. La Chine en est pourvue : on trouve sur les grands chemins, et même sur ceux des simples villages, des hôtelleries de toutes classes. Mais si jamais il prenait envie à quelqu'un de nos lecteurs d'aller voyager par le Céleste Empire, nous lui conseillons de ne pas trop se fier aux promesses des enseignes hyperboliquement originales qui décorent la devanture de ces sortes d'établissements et font appel à la clientèle : ici, c'est l'hôtel des *Cinq Béatitudes;* plus loin,

---

[1] Récit de madame de Bourboulon. *Le Tour du monde,* pag. 90.

l'hôtel de la *Félicité parfaite*, ou bien encore celui du *Plaisir sans fin*, et tant d'autres aux annonces pareilles et tout aussi menteuses. Le voyageur, s'il est prudent, fera bien de n'y descendre qu'avec de bonnes et confortables provisions, voire même parfois d'y apporter son lit; autrement, les cinq béatitudes promises pourraient bien être pour lui celles que donne l'abstinence, sa félicité parfaite, de coucher sur une simple natte; mais très-certainement son plaisir le plus vrai sera toujours de partir au plus vite et de ne plus revenir jamais en ces lieux détestables.

En dehors de ces hôtelleries, tant mal nommées, la philanthropie gouvernementale a fait établir de distance en distance des abris hospitaliers, dont l'aspect peu engageant, mais nullement trompeur, offre au voyageur fatigué un gîte agréable et sûr contre les pluies de l'automne ou les chaleurs excessives de l'été. Ce sont de vastes hangars où chacun est libre de se réfugier à son gré, sans bourse délier.

On trouve aussi le long des routes des temples et des pagodes, dont l'asile est ouvert durant le jour à tout voyageur. Mais si vous n'êtes pas mandarin, vous serez, pour la nuit, tant grande que soit votre dévotion, le plus souvent invité à continuer votre route, ou condamné, si vos jambes, vos porteurs ou vos montures s'y refusent, à contempler au dehors la magnificence des étoiles.

Nous l'avons déjà dit, l'état actuel des routes de l'empire chinois laisse beaucoup à désirer; ce n'est pas à dire cependant, ainsi que l'ont affirmé d'une manière trop absolue quelques voyageurs modernes, qu'elles ne soient plus l'objet d'aucun travail d'entretien de la part du gouvernement; un motif politique, autant peut-être que les malheurs des temps, causés en grande partie par les rebelles qui, depuis longtemps déjà, ravagent l'empire, a fait chercher dans cet abandon des grands chemins un moyen de défense et porté de préférence l'activité du tribunal des travaux publics du côté des fleuves et des canaux, moins coûteux d'entretien et plus faciles à garder.

Nous ajouterons, pour terminer ce que nous avions à dire du troisième tribunal subalterne de la sixième cour souveraine, que cette importante direction, outre les grands travaux que nous venons de mentionner, est chargée en plus de la construction et de l'entretien des barques et bâtiments de la marine impériale; à toutes ces attributions d'utilité majeure elle en joint d'autres encore, dont l'importance ne peut guère être bien appréciée qu'en Chine : tel est, par exemple, le soin que ce tribunal doit avoir de procurer à la table de l'empereur la glace qui s'y consomme pendant les mois les plus chauds de l'année. Une coutume aussi bizarre que respectable veut également que, pendant tout l'été, semblable offrande soit apportée et déposée dans les sépultures impériales, à l'intention et en l'honneur des mânes des illustres ancêtres de la dynastie régnante ; c'est à cette même direction qu'incombe ce soin pieux.

§ VII.

Quatrième direction du grand tribunal des travaux publics, ou quatrième tribunal subalterne de la sixième cour souveraine, dit « tribunal des champs militaires »; ses attributions. — Entretien des champs militaires; entretien des sépultures impériales. — Magnificence de ces sépultures. — Attributions et bureaux secondaires du grand tribunal des travaux publics.

Les champs militaires, *tun-thien*, dont le quatrième tribunal subalterne de la sixième cour souveraine tire son nom (*tun-thien-thsing-li-ssé*), et qu'il a charge d'administrer, sont les terres concédées aux troupes qui y séjournent pour protéger l'empire sur les points confiés à leur garde; les casernements nécessaires au stationnement de ces corps militaires y sont nombreux, il appartient donc au *tun-thien-thsing-li-ssé* de veiller à ce qu'ils soient tenus en parfait état.

Il est un autre soin dont ce tribunal est chargé, et qui prend aux yeux des Chinois toute l'importance d'un devoir religieux; il s'agit de la construction et de l'entretien des sépultures impériales. Le respect que les Chinois ont en général pour les morts, joint à l'orgueil dont l'homme s'accompagne jusque dans son néant, a voulu que les restes mortels de leurs souverains reposassent dans des lieux dignes de ces illustres défunts. La piété filiale envers les ancêtres est en Chine un dogme universel et vénéré; aussi, quand le « père et la mère » de la grande

famille, que son titre pompeux de « Fils du ciel »
ne rend pas plus immortel que le moindre de ses
sujets, vient, lui-même, à mourir, ce sentiment
grandit en proportion du malheur qui frappe la
nation entière, et s'affirme par tous les signes extérieurs les plus propres à le manifester. Rien ne l'atteste mieux que la funèbre magnificence des sépultures destinées aux empereurs de la Chine : ce sont
de superbes nécropoles dont la vaste étendue, autant que les monuments et les ornements à la fois
grandioses et étranges qui les décorent, est pour le
visiteur européen le sujet d'un indicible étonnement.

Chaque dynastie chinoise a sa sépulture particulière : celle des Ming, située dans le Chan-si, est
une des plus remarquables et des mieux conservées.
On y compte quatorze superbes mausolées, précé-
dés d'avenues que bornent de chaque côté des statues de héros et des figures étranges d'animaux
divers aux formes gigantesques, taillées dans le
marbre et le granit. Tous ces monuments funèbres
sont disséminés sur les flancs d'une montagne à
une grande distance les uns des autres ; l'espace
qu'ils occupent est immense. De vieilles forêts de
cyprès et d'autres arbres au vert feuillage, auxquels
la hache n'a jamais touché, forment une sombre
enceinte à ces tombeaux fameux. La sépulture des
empereurs actuels de la Chine est tout aussi splen-
dide et d'un aspect également étrange. Ces souverains d'origine mantchoue ont choisi, pour dormir
leur dernier sommeil, le pays de Moukden, en Tartarie ; ils vont ainsi reposer dans la mort aux lieux

mêmes qui furent le berceau de leur dynastie.

L'entretien et la garde de ces vastes et grandioses sépultures, comme aussi la charge d'en construire de nouvelles à l'avénement de chaque dynastie, sont la grande affaire du quatrième tribunal subalterne de la sixième cour souveraine.

Indépendamment des quatre principales directions dont nous venons de décrire les attributions respectives, l'organisation du grand tribunal des travaux publics comprend encore plusieurs intendances ou bureaux chargés d'offices particuliers. C'est ainsi, par exemple, que la fonte des monnaies, le règlement légal des poids et mesures, la fabrication des poudres, la trésorerie des arts et des manufactures de l'État, etc., sont au nombre de ses attributions.

Afin de donner à nos lecteurs une idée plus complète du genre architectural goûté des Chinois, et dont cet important ministère est chargé de conserver les règles traditionnelles, nous placerons ici la description de certains monuments d'un caractère et d'un style particuliers, dont nous n'aurions pas occasion de parler ailleurs. Il s'agit des tours célèbres de la Chine et des arcs de triomphe, sortes de monuments non moins curieux en leur genre, et que pour les motifs les plus divers les Chinois ont prodigués partout.

§ VIII.

Tours chinoises. — Nombre prodigieux d'édifices de ce genre en Chine; leur destination et leurs nombreuses variétés. — Les tours dites de « porcelaine ». — La célèbre tour de Nanking. — Les arcs de triomphe; leurs diverses destinations, leur forme architecturale.

Les Chinois ont eu dans tous les temps, mais surtout depuis l'introduction du bouddhisme chez eux, un goût particulier pour la construction de tours élevées, généralement consacrées au culte du dieu *Fo*. On donne à ces édifices le nom de *hou* et de *leou*; le nombre en est si considérable, qu'il n'est presque pas de ville, ni même de bourg, surtout dans certaines provinces, qui ne possède en ce genre quelque édifice plus ou moins remarquable. Si nous en croyons de nombreux documents historiques, les anciens Chinois ont dû pousser bien plus loin que les modernes le luxe de ces tours aériennes; on y voit, en effet, mentionnés plusieurs de ces *hou*, bâtis en marbre blanc, en briques dorées, en bois de cèdre, et même en cuivre, du moins en partie. Telle de ces tours ne mesurait pas moins de cent à deux cents mètres d'élévation; leur forme extérieure variait autant que leurs décorations extérieures. Quelques-unes avaient leur escalier en dehors, garni de sa rampe, lequel s'élevait en circulant d'étage en étage; d'autres se dressaient au milieu des eaux, assises sur un massif énorme de roches entassées, parmi lesquelles on faisait croître de la verdure et des arbres, et qu'on embellissait de cascades et de chutes d'eau. Ces derniers *leou* n'étaient quelquefois qu'un rocher pyramidal très-élevé, couvert de mousse, de petits arbrisseaux et de fleurs sauvages.

Les tours qu'on remarque aujourd'hui en Chine sont à peu près toutes construites sur le même plan : ce sont des hexagones ou des octogones divisés en sept, huit et quelquefois dix étages, qui de la base au sommet diminuent graduellement. Chaque étage est marqué par une espèce de corniche qui soutient un toit à six ou huit pans, aux angles desquels sont suspendues des clochettes. Autour de chaque étage règne une galerie ornée d'une balustrade. La plupart de ces tours sont revêtues extérieurement de porcelaine et ornées de diverses figures artistement travaillées ; les murs intérieurs sont souvent incrustés de marbres de différentes couleurs. L'idole principale à laquelle ces sortes d'édifices sont consacrés se trouve ordinairement au dernier étage ; on voit dans les autres une multitude de divinités secondaires.

Parmi les tours fameuses de la Chine, la plus célèbre de toutes est sans contredit la belle tour de Nanking, connue sous le nom de « Temple de la reconnaissance » ; elle s'élève du milieu des vastes et nombreux bâtiments d'une bonzerie située hors des murs de la ville. Cet édifice, le plus singulier peut-être de tout l'Orient, ne compte pas moins de quatre cents ans d'existence. Un massif de briques ou plate-forme entourée d'une balustrade de marbre brut, et à laquelle on monte par un escalier de dix à douze marches, lui sert de base. La tour est un octogone, dont chaque côté a près de onze mètres de long, ce qui donne une circonférence d'environ quatre-vingt-cinq mètres et un diamètre de vingt-huit à peu près.

Le pied de la tour, à la distance de cinq mètres, est entouré d'un mur d'une hauteur médiocre, de forme également octogone, sur lequel pose l'extrémité d'un toit qui prend naissance du corps même de la tour; l'espace laissé vide forme ainsi une galerie couverte.

Le mur, au rez-de-chaussée, a quatre mètres d'épaisseur : celle-ci décroît à mesure que le mur s'élève. Toute la surface extérieure de la tour, depuis sa base jusqu'au dernier étage, est revêtue d'une porcelaine grossière de couleur bleue, verte et jaune; il n'entre pas d'autre porcelaine dans la construction de cette tour célèbre que ce simple revêtement : c'est donc à tort qu'on s'imagine trop généralement encore en Europe que tout l'édifice est fait de cette sorte de matériaux. Les toits sont en tuiles vertes, vernissées et très-brillantes.

Les étages sont au nombre de neuf : chacun d'eux est marqué par une corniche placée à un mètre au-dessus des fenêtres, et par un toit en saillie qui couvre la galerie extérieure, laquelle, avec sa balustrade, règne autour de chaque étage. A chaque angle du toit sont suspendues des clochettes de cuivre, que le moindre vent agite et fait sonner d'une manière à la fois bizarre et agréable.

Toutes les corniches sont chargées d'ornements de sculpture.

Dans la salle du rez-de-chaussée, on remarque comme un dôme d'airain, ouvert vis-à-vis des quatre fenêtres de la tour : à chaque ouverture ou cintre du dôme, on voit une grosse idole dorée.

Le premier étage est le plus élevé : les suivants décroissent progressivement. Ils sont séparés entre eux par d'épaisses solives, qui se croisent en tout sens pour soutenir le plancher supérieur; ces solives sont peintes et chargées d'une grande variété de figures.

Chaque étage est éclairé par quatre fenêtres, et offre intérieurement une grande pièce : au milieu est une lourde et grosse idole dorée; les murs environnants sont tapissés d'une infinité de statues plus petites, taillées en relief dans la pierre, également embellies de dorures; c'est par centaines qu'on les compte dans chacune de ces salles.

Le couronnement de cet édifice n'en est pas une des moins belles parties. Il consiste en un toit conique surmonté d'un fort mât, long de dix mètres, qu'on a dressé et assujetti tout au sommet. Cette sorte d'aiguille est ornée de plusieurs grands cerceaux de fer, placés les uns au-dessus des autres, sans la toucher, et dont les diamètres décroissent graduellement pour imiter la forme pyramidale; ils paraissent à l'œil former un cône évidé et tout à jour. Un globe doré et d'une grosseur extraordinaire, placé à l'extrémité de cette flèche aérienne, termine ce couronnement, dont la structure légère produit un agréable effet. Cette superbe tour s'élève à une hauteur de plus de soixante-six mètres dans les airs.

Les arcs de triomphe sont, en Chine, plus nombreux encore que les tours. On en voit non-seulement dans les villes et les bourgs, mais encore sur les montagnes, sur les collines et le long des grands chemins. La reconnaissance des peuples s'est complu en quelque sorte à ériger presque en tous lieux ces monuments d'honneur, destinés à consacrer la mémoire des souverains ou des citoyens illustres que de grands bienfaits, des actions d'éclat ou des services signalés ont rendus chers à la patrie. Les vertus mêmes des femmes ont droit, en Chine, aux honneurs publics; et il n'est pas rare de voir des arcs de triomphe élevés à la gloire de celles qui, par leur modestie, leur pudeur et l'attachement aux devoirs de leur condition, ont mérité l'estime de leurs contemporains, et dont la vie est ainsi offerte en exemple aux autres personnes de leur sexe.

Les arcs de triomphe chinois varient par la grandeur, la forme, souvent aussi par la nature des matériaux employés dans leur construction. Les uns sont en pierre, d'autres en marbre, quelques-uns même simplement en bois. Ils n'ont ordinairement qu'une arcade, plusieurs cependant en comptent trois, dont une grande au milieu, et deux plus petites aux côtés. Vus à distance, ils ressemblent assez aux édifices romains de ce genre, mais ils en diffèrent totalement par la disposition des parties et le goût de leurs ornements. On n'y trouve ni chapiteaux, ni corniches, ni rien encore qui ressemble aux cariatides, aux bustes, aux statues, dont l'art, chez nous, aime à embellir ces monuments ; ce qui paraît avoir quelque rapport avec notre frise et en tenir lieu, est d'une hauteur disproportionnée, qui choque des yeux européens : c'est dans cet espace que les Chinois mettent des inscriptions, qu'ils se plaisent à encadrer dans des ornements en relief de toute espèce. Toutes les autres parties de l'édifice sont également couvertes de sculptures ; on y voit des figures d'oiseaux, d'animaux ; des fleurs, des feuillages, travaillés avec une grande délicatesse, proprement évidés et presque à jour. Toutes ces figures ont tant de saillie qu'elles paraissent se détacher entièrement du fond. Plusieurs de ces monuments sont remarquables par le fini du travail ; la beauté étrange et bizarre de leurs ornements fait parfois oublier la défectuosité de leurs proportions.

CHAPITRE XII.

INSTITUTIONS COMPLÉMENTAIRES DE L'ADMINISTRATION SUPÉRIEURE DE L'EMPIRE.

§ Ier.

Office des colonies. — Ses six divisions et leurs attributions respectives. — La cour des référendaires, ses devoirs et ses attributions.

A côté des grandes cours souveraines, véritables ministères du gouvernement chinois, se trouvent encore d'autres institutions distinctes qu'il importe de remarquer; leur action, jointe à celle des six principaux corps de l'État, dont nous avons décrit la nature et les attributions respectives, complète l'administration supérieure de l'Empire. Ces divers tribunaux sont nombreux, et déjà nous en avons mentionné plusieurs en divers endroits de cet ouvrage, comme, par exemple, la « cour d'appel », au chapitre de la Justice; la « cour de l'étiquette », dans celui des Rites, etc.; ceux dont il nous reste à parler, comme présentant un véritable intérêt, sont au nombre de quatre, savoir :

L'« office des colonies », ou le *ly-fan-yuen;*

La « cour des référendaires ou palais des représentations », *toun-tchin-sse;*

Le « tribunal des censeurs », ou le *tou-tcha-yuen;*

Et la « forêt de pinceaux », ou la célèbre académie impériale des *han-lin*.

1° L'office des colonies est une sorte de ministère des affaires étrangères, spécialement chargé de l'administration des populations de races diverses rattachées par quelque lien de dépendance à l'empire chinois ; on désigne ces peuples feudataires sous la dénomination de *aï-fan*, « étrangers du dehors ».

L'office des colonies est divisé, comme l'administration supérieure de l'empire elle-même, en six départements ou sections ; il surveille les tribus mongoles, règle du mieux qu'il le peut les affaires assez embrouillées de ces tribus nomades et turbulentes, et gouverne le Thibet, sous le couvert du grand lama, souverain déifié de ces contrées ; son pouvoir s'étend en outre sur les petits États mahométans du Turkestan, et sur les autres peuplades de la Tartarie indépendante, tributaires de la Chine.

La première division du *ly-fan-yuen* a pour attributions principales de déterminer les limites des territoires *extérieurs* et d'administrer les peuplades qui les occupent à l'état fixe ou nomade ; elle gouverne de même la Mongolie intérieure, s'occupe des routes et autres voies de communication qui donnent accès dans cette contrée, fixe les impôts ou taxes imposées aux populations, etc. ; il lui appartient encore de régler les honneurs et les dignités des chefs indigènes et leurs mariages avec les princesses de la famille impériale ; mais c'est la seconde division qui détermine leurs émoluments, fixe les tributs qu'ils doivent au suzerain, règle leurs visites à la cour et la réception parmi eux des filles de sang impérial dont ils obtiennent la main.

La troisième division exerce son contrôle et son autorité sur les populations et les chefs de la Mongolie intérieure, et sur les tribus nomades des Gorkas, des Tourbets, des Hochoits, des Khoits, des Tchoros et des Oeleuths, dont les bandes voyageuses parcourent l'une et l'autre Mongolie ; elle dirige également, dans le Thibet antérieur et dans le Thibet postérieur, les affaires du grand lama, au moyen de deux ministres plénipotentiaires résidents.

A la quatrième division se rapporte le soin de régler les émoluments des lamas de la Mongolie extérieure, tandis que la cinquième est chargée des affaires des Pourouts, des Kassaks ou Kaïssaks, et des peuplades turcomanes de Khokand, de Badakclan, de Belour, de Tachkend, tribus mahométanes dépendantes de la Chine.

Enfin, la sixième division de l'office des colonies est spécialement chargée des affaires judiciaires de toutes les tribus de la Mongolie extérieure.

2° Le « palais des représentations », ou cour des référendaires, est chargé de transmettre au conseil privé toutes demandes, requêtes, pétitions, formules d'appel et de révision des procès, etc., que lui adresse le public, ainsi que les mémoires et autres pièces que les mandarins civils et militaires des provinces sollicitent de placer sous les yeux de l'Empereur. Le souverain de la Chine

INSTITUTIONS PUBLIQUES DES CHINOIS.   397

étant le père commun de ses sujets, un antique usage veut que tous puissent faire parvenir jusqu'à lui leurs prières ou leurs plaintes. On voit à la porte du palais impérial, comme à celle de la résidence des simples mandarins, un tambour sur lequel chacun peut venir frapper pour obtenir audience ou justice. Une charge des membres de la cour des référendaires les oblige à être tour à tour de service à la porte de la demeure impériale pour recevoir les placets de tous ceux qui se présentent, et de les porter à la connaissance du souverain.

§ II.

Tribunal des censeurs; son action morale sur tous les corps administratifs de l'empire; sa redoutable influence. — Vigilance des censeurs; étendue de leurs devoirs et efficacité de leurs remontrances. — Inspection des provinces. — Frayeur des mandarins. — Intégrité des censeurs attestée par l'histoire; iniquité de quelques-uns. — Admirables exemples de courage et de vertu. — Immense responsabilité des censeurs.

Le tribunal des censeurs, dont l'action toute morale exerce sur tous les autres corps de l'État, et jusque sur les marches mêmes du trône, une surveillance aussi salutaire que redoutée, est une institution particulière à la Chine et d'un caractère tellement exceptionnel, que celle même des censeurs de l'ancienne Rome ne pourrait lui être comparée. Ce redoutable tribunal, placé en dehors de tous les autres corps constitués de l'État, les surveille et les domine tous. Les ministres, les princes, l'empereur lui-même, tout le monde doit subir, quand il y a lieu, la sévérité de ses remontrances.

Les membres de ce tribunal, gardiens vigilants de l'ordre moral, se divisent en deux classes : celle des censeurs du titre de *kho* ou « examinateurs », et celle des censeurs du titre de *tao* ou « rapporteurs », lesquels se partagent, séparés ou réunis, les fonctions de leurs redoutables attributions. Placés, pour ainsi dire, entre le ciel et le prince, entre le prince et les mandarins, entre les mandarins et le peuple, l'unique soin de ces magistrats doit être de découvrir les crimes pour les faire punir, et de défendre la vérité, l'innocence, la justice et les antiques lois de l'empire contre tous ceux qui oseraient les violer. Leur droit de censure est souverain et leurs remontrances inattaquables, et quand celles-ci équivalent à un acte d'accusation pouvant entraîner un jugement et une peine, c'en est assez pour motiver les recherches et l'action de la justice. Une disposition de la loi, aussi sage que juste, veut cependant que, dans ce cas, les plaintes formulées par ces magistrats soient déférées aux divers corps administratifs dont ils inculpent certains membres. Mais, chose regrettable à dire, il est rare que les collègues des accusés (ceux-ci fussent-ils innocents) donnent tort aux censeurs : la crainte qu'ils ont pour eux-mêmes fait taire leur conscience et les rend muets.

La surveillance des censeurs s'exerce d'abord sur les grands corps de l'administration supérieure de l'État. Chaque cour souveraine a son censeur, qui assiste silencieux et attentif à toutes ses délibérations; il n'y a pas voix délibérative, mais il observe tout. L'assemblée commet-elle quelque erreur, quelque irrégularité, quelque faute, volontaires ou non, il se garde bien de faire aucune observation : il est l'œil qui voit tout, et la bouche qui se tait. Le droit du censeur est de tout entendre, et son devoir, de ne rien dire à personne, si ce n'est à l'empereur, qu'il doit sans retard informer de ce qu'il a observé de défectueux, de répréhensible, de contraire aux lois de l'empire et capable de nuire à sa bonne administration. Cette terrible surveillance des censeurs ne se borne pas aux actes de la vie publique des plus hauts dignitaires de l'État, elle s'étend à leur vie privée, scrute leur conduite particulière pour en connaître les fautes secrètes et les dénoncer au souverain.

Le tribunal des censeurs exerce son inspection dans toutes les provinces de l'empire par des surveillants et des correspondants qu'il y établit, ou bien par ceux de ses membres qu'il y envoie, quand le besoin l'exige. Il veille d'une manière particulière à ce que le peuple y soit promptement secouru dans ses calamités, à ce que les pauvres, les vieillards, les orphelins soient assistés en tout temps, suivant les lois et les règlements de l'empire; mais il a charge surtout de réprimer et de punir les abus que l'éloignement du pouvoir central rend toujours plus faciles et plus fréquents de la part des fonctionnaires publics.

Dans ces tournées d'inspection, les censeurs délégués par le tribunal prennent, dès qu'ils arrivent dans les provinces, la supériorité sur les vice-rois et tous les autres mandarins. L'effroi devient alors général parmi tous les fonctionnaires de l'État. Ceux dont la conscience n'est pas en paix s'empressent d'aller au plus vite leur offrir des présents, pour éviter d'être dénoncés à l'empereur : malheureusement, il n'est pas rare de voir les vrais coupables, à moins de vexations par trop criantes et trop publiques, échapper à un châtiment trop souvent mérité, et la pauvreté, quelquefois même la vertu, subir presque uniquement la peine du crime. C'est ainsi que parfois ces visites, faites pour découvrir et réprimer les abus, ne servent qu'à enrichir ignominieusement des magistrats dont la vigilance et l'intégrité devraient former les plus saints et les plus sacrés de leurs devoirs, et que, par le fait de la malice et de l'improbité de quelques-uns d'entre eux, une des meilleures institutions de la Chine devient une agence de honteuse iniquité.

Mais à côté de ces souillures, les annales de l'empire sont pleines d'exemples de haute dignité, d'éclatante vertu, d'héroïque courage, donnés par ces magistrats. On sait que leur plus grand privilége est d'exercer leur redoutable ministère à l'égard de l'empereur lui-même ; mais s'il arrive que le trône soit occupé par un mauvais prince, on comprend tous les dangers d'un pareil devoir ; cependant, plutôt que de trahir la vérité et de tolérer les abus, les censeurs chinois l'ont souvent accompli au mépris des tortures les plus atroces et de la mort la plus cruelle. On en a vu dans ces périlleuses circonstances faire porter leur cercueil à la porte du palais, bien persuadés qu'en réitérant leurs représentations, demeurées jusque-là sans effet, il y allait de leur vie; d'autres, frappés du glaive ou déchirés cruellement par les instruments de supplice, protestaient encore d'une voix mourante contre les abus d'un pouvoir tyrannique, ou bien écrivaient avec leur sang sur la terre ce qu'ils n'avaient plus la force d'articuler. La mort de l'un d'eux a souvent été le signal du combat pour les survivants, car tous, se succédant les uns aux autres, doivent ajouter les protestations aux protestations, et eussent-ils jonché de leurs cadavres les avenues du palais, celui qui reste doit les fouler aux pieds pour s'en approcher à son tour, élever la voix comme ceux qui l'ont précédé, et, dans l'accomplissement du même devoir, mourir, s'il le faut, de la même mort. Les plus belles pages de l'histoire de la Chine sont celles qui attestent les exemples d'un semblable courage, souvent donnés par ces illustres et vertueux magistrats, dont l'unique souci doit être de vivre et de mourir pour le bien public. On conçoit facilement combien une telle institution, jointe à la sagesse reconnue des lois de la Chine, a dû contribuer tout à la fois à la longue durée et à la gloire incontestable de cet antique empire.

Il ne faut pas croire toutefois que les priviléges dont jouissent ces sévères magistrats leur donnent le droit de manquer au souverain ; la même loi qui ouvre tant de chemins à leur zèle pour arriver jusqu'à lui et se faire entendre de son auguste personne, lève le glaive sur leur tête et les dévoue au dernier supplice, s'ils ont la témérité de se permettre un mot qui effleure seulement le respect dû au « père commun ». Autant elle leur fait un devoir rigoureux de lui dire la vérité avec candeur et aussi avec force et énergie, autant elle exige qu'ils évitent tout ce qui pourrait l'exprimer d'une manière offensante et blâmable. Un mot trop amer ou satirique, une parole équivoque ou trop peu respectueuse, seraient pour eux des crimes irrémissibles. Le monarque n'aurait qu'à révéler leur faute, pour soulever contre eux tout l'empire et les rendre l'objet de l'exécration publique ; il voudrait même pardonner au coupable, ce serait en vain : la nation tout entière demanderait son supplice. Elle se croit outragée quand on offense le père commun, et elle sent, avec raison, que ces excès de licence pourraient le faire déroger lui-même à cet auguste titre. Dans aucun cas, à moins qu'il ne s'agisse d'abus de notoriété tout à fait publique, le censeur que sa conscience a porté à remplir envers l'empereur les devoirs de sa charge, ne peut révéler à personne, pas même à ses collègues, les représentations qu'il a osé adresser au Fils du ciel. Une pareille indiscrétion serait punie de mort.

§ III.

Académie impériale des Han-lin; origine de la fondation de cette célèbre académie; ses prérogatives et ses obligations. — Les historiographes et les annalistes de l'empire. — Le tribunal de l'histoire. — Ancienneté de cette fameuse institution. — Caractère d'authenticité de l'histoire chinoise. — Garantie de la véracité des historiens. — Témoignage du P. de Mailla. — Curieux dialogue entre un empereur de la Chine et le président du tribunal de l'histoire. — Influence salutaire de l'histoire sur la conduite des empereurs chinois.

On connaît tout le prix que les Chinois attachent au mérite littéraire, qui est, à leurs yeux, le mérite par excellence. A ce titre, la célèbre académie des *han-lin*, entièrement composée des hommes les plus éminents en savoir littéraire et en connaissances scientifiques, est donc un des corps les plus importants de l'État. Ce que l'Institut est pour la France, la « forêt de pinceaux » (tel est le nom pompeux qu'on donne à cette savante assemblée) l'est bien davantage pour la Chine. C'est vers elle que convergent toutes les grandes ambitions, car elle est la voie qui conduit aux plus hautes dignités, soit dans l'État, soit près du souverain.

Cette fameuse académie, fondée au neuvième siècle de notre ère, sous la dynastie des Thang, « est composée, dit M. Huc, de gradués ès lettres; elle fournit les orateurs pour les fêtes publiques et les examinateurs des concours de province; elle doit encourager les études et favoriser le progrès de toutes les connaissances. Dans son sein, il y a une commission chargée de rédiger les documents officiels, et une autre de revoir les ouvrages tartares et chinois publiés aux frais du gouvernement. Leurs deux présidents habitent avec l'empereur et surveillent les études et les travaux des académiciens. Le collége des historiographes et le corps des annalistes dépendent de l'académie des *han-lin*. Les premiers sont occupés à rédiger l'histoire de tel règne ou de telle époque remarquable. Les annalistes, au nombre de vingt-deux, écrivent jour par jour les annales de la dynastie régnante, qui ne peuvent être publiées que lorsqu'une autre lui a succédé. Ils sont appelés à tour de rôle, quatre par quatre, à se tenir auprès de l'empereur et à l'accompagner dans tous ses voyages, pour tenir note de ses actions et de ses paroles [1]. »

Parmi les différentes branches du savoir humain cultivées en Chine depuis des siècles, on peut dire que l'histoire y a toujours tenu le premier rang. La Chine, en effet, est le seul pays au monde où le soin de transmettre à la postérité le souvenir des événements publics ait été regardé comme une fonction d'État. C'est la grande mission du célèbre « tribunal de l'histoire », composé des lettrés de l'académie des *han-lin*, connus sous le nom d'historiographes et d'annalistes, *ki-kiu-tcheou-kouan* et *koue-sse-kouan*.

Cette institution, grâce à laquelle l'histoire de la

---

[1] M. Huc, *l'Empire chinois*, t. I⁰ʳ, p. 103.

Chine, comparée aux annales des autres peuples, apparaît revêtue d'un caractère exceptionnel d'authenticité, remonte aux premiers âges de cette grande monarchie et est par conséquent bien antérieure à la fondation de la célèbre académie dont elle constitue aujourd'hui une des branches les plus renommées. On sait, à ne pouvoir en douter, que dès l'origine de leur empire les Chinois ont eu, à l'état de corps officiel et d'institution publique, un tribunal spécial pour l'histoire, composé d'hommes intègres et éclairés, dans le but de transmettre véridiquement à la postérité les événements mémorables concernant la nation, et d'enregistrer avec une égale impartialité les bonnes ou les mauvaises actions des empereurs. Aucune autre institution, nous semble-t-il, ne pouvait être, à l'égal de ce célèbre tribunal, plus à même de préserver la Chine de toute innovation dangereuse et de la protéger en même temps contre les abus du pouvoir. La justice posthume de l'histoire est souvent, en effet, plus redoutée des dépositaires de la puissance souveraine que le jugement des contemporains; et pour ceux qui sont vraiment jaloux de leur gloire, la responsabilité encourue devant la postérité paraît d'un poids plus lourd à porter que celui de leur couronne.

Tout concourt pour assurer la véracité des annales rédigées par ces écrivains, véritables magistrats de l'histoire. Voici, d'après le P. de Mailla, de quelle manière ils procèdent pour s'acquitter de leur haute mission. « Ces historiographes, dit-il, « animés du seul désir de dire la vérité, remar-

« quent avec soin et écrivent sur une feuille vo-
« lante, chacun en leur particulier et sans le com-
« muniquer à personne, toutes les choses à mesure
« qu'elles se passent; ils jettent cette feuille dans
« un bureau par une ouverture faite exprès, et afin
« que la crainte et l'espérance n'y influent en rien,
« ce bureau ne doit s'ouvrir que quand la famille
« régnante perd le trône ou s'éteint, et qu'une
« autre famille lui succède; alors on prend tous ces
« mémoires particuliers pour en composer l'histoire
« authentique de l'empire [1]. »

L'amour de la vérité est pour ces historiens un devoir si inviolable, qu'on les a vus plusieurs fois, ainsi que les censeurs, en face des Nérons de la Chine, aimer mieux perdre la vie que de sacrifier au mensonge ou à la flatterie envers les mauvais princes. Mais ce n'est pas seulement aux souverains indignes et cruels qu'ils sont redoutables; ils le sont encore aux bons princes, tant ceux-ci sont convaincus que leurs fautes même les plus légères seraient consignées sans ménagement dans les annales de l'empire! Nous citerons, parmi les faits nombreux qui témoignent de l'intégrité des historiens officiels de la Chine, l'exemple suivant :

Taï-tsong, un des meilleurs empereurs de la dynastie des Tcheou, s'entretenant un jour avec le président du tribunal de l'histoire, lui demanda s'il lui était permis de voir ce qu'il avait écrit de lui dans ses Mémoires.

---

[1] Préface de l'*Histoire générale de la Chine*, traduite par le P. de Mailla.

« Prince, lui répondit le président, les historiens
« du tribunal écrivent dans leurs annales les bonnes
« et les mauvaises actions des empereurs, leurs pa-
« roles louables ou répréhensibles, et tout ce qui
« se fait de bien et de mal sous leur administra-
« tion. Nous sommes exacts et irréprochables sur ce
« point; aucun de nous n'oserait y manquer. Cette
« impartiale sévérité doit être l'attribut de l'histoire,
« si l'on veut qu'elle serve de frein aux princes et
« aux grands, et qu'elle les empêche de commettre
« des fautes. Je ne sache pas qu'aucun empereur
« jusqu'ici ait jamais vu ce qu'on écrivait de lui.

« — Eh quoi! reprit l'empereur, si je ne faisais
« rien de bon, ou si je venais à commettre quelque
« mauvaise action, vous l'écririez aussi?

« — Prince, répondit le président, j'en serais
« pénétré de douleur; mais, chargé d'un emploi
« aussi important que celui de présider le tribunal
« de l'histoire, oserais-je m'en dispenser? »

Un autre membre du tribunal, présent, ajouta :

« — Le président, malgré sa dignité, ne saurait
« être le maître de substituer le mensonge à la vé-
« rité. S'il était coupable d'une telle faute, ses col-
« lègues eux-mêmes ne manqueraient pas de s'éle-
« ver contre lui, et de faire mention, dans leurs
« écrits, de la prévarication de leur président.

« — Il y a plus encore, reprit le président; la
« demande de Votre Majesté et la conversation
« que je viens d'avoir avec elle seront infaillible-
« ment consignées dans nos Mémoires. »

Ce curieux dialogue, à défaut des faits les plus

authentiques mentionnés dans l'histoire de la Chine, suffirait seul à faire comprendre combien, dans cet empire, un prince doit être attentif à se montrer toujours juste et toujours le « père et la mère de son peuple ».

Quel frein cette magistrature de l'histoire n'est-elle pas, en effet, capable de mettre aux passions mauvaises ou au despotisme des princes! Pour tous ceux en qui il reste encore quelques sentiments de vertu, l'impartiale véracité des membres du tribunal de l'histoire devient comme une insurmontable barrière opposée à leurs emportements, et souvent il arrive que l'influence morale de ce tribunal, dont la postérité seule pourtant doit connaître et ratifier les sentences, est aussi efficace pour le bien que la vigilante action du tribunal des censeurs. Ces deux belles institutions, dont la Chine a lieu de se glorifier, ont, du reste, entre elles un rapport identique de haute moralité : l'une, silencieuse pour les générations présentes auxquelles les annales mystérieuses qu'elle écrit profitent cependant, parle aux générations de l'avenir; l'autre, dont les actes sont avant tout manifestes pour les contemporains, instruit encore la postérité par la célébrité de ses remontrances.

CHAPITRE XIII.

FRANCHISES ET LIBERTÉS DU PEUPLE CHINOIS.

Liberté des manifestations populaires en faveur ou en défaveur des mandarins. — Le droit d'affiche. — Droit de séjour et liberté de la circulation. — La liberté de la presse et de l'imprimerie illimitée en Chine. — Droit de réunion et d'association, usage qu'en font les Chinois. — Conclusion au sujet des institutions publiques de la Chine. — Mission de la France.

Il résulte avec une claire évidence de l'examen des institutions publiques de la Chine que la monarchie de ce vaste empire n'est, à bien prendre, qu'une véritable démocratie autoritaire : il y a donc, en dehors des lois constitutives du gouvernement et malgré l'absolutisme de sa forme, des libertés réelles dont bénéficie la nation ; et de fait, nous en trouvons plusieurs dignes d'être remarquées.

Indépendamment du droit officiel des censeurs, dont la salutaire influence s'exerce vis-à-vis de la personne même du souverain, le peuple chinois jouit, de son côté, de certaines franchises qu'on est loin de soupçonner en Europe et que pourraient à bon droit lui envier, même parmi les plus libres, plusieurs peuples de l'Occident; mais ceux-ci, dont on se plaît tant à vanter la civilisation, sauraient-ils, à l'égal des Chinois, faire de ces mêmes libertés un usage utile, juste, modéré et tout dans l'intérêt du bien public? Il est permis d'en douter : chez les peuples comme chez les individus, le tempérament et le caractère ne sont point semblables, et, dans la vie publique comme dans la vie privée, l'activité humaine s'exprime par des manifestations diverses.

Quant aux Chinois, c'est une justice à leur rendre tout d'abord, qu'ils ont en général le plus grand respect pour l'autorité, à laquelle ils ne font ordinairement jamais aucune opposition systématique, ni sans motifs : c'est pourquoi, forts du respect même qu'ils lui témoignent et de leurs dispositions habituelles à lui obéir, ils savent, quand il y a lieu, se redresser devant elle avec une énergie irrésistible, et souvent même la faire plier; car, loin d'être, comme on se l'imagine en Europe, toujours passivement courbés sous la verge de leurs maîtres, ils n'hésitent pas, au contraire, quand un de leurs mandarins use de son pouvoir d'une manière par trop tyrannique ou simplement même tracassière, à montrer leur mécontentement, et ne se font pas faute d'infliger le blâme hautement et sans crainte à tout fonctionnaire qui l'a mérité ; il n'est donc pas rare de voir en Chine des manifestations populaires, persévérantes et énergiques, faire justice des plus hauts dépositaires de l'autorité, et forcer le gouvernement lui-même à sanctionner le verdict qui les condamne.

Un des moyens le plus souvent employés pour redresser les torts des mandarins, « c'est l'affiche, et on en use partout avec une habileté qui témoigne d'une longue habitude. Quand on veut critiquer une administration, rappeler un mandarin à l'ordre et lui faire savoir que le peuple est mécontent de lui, l'affiche chinoise est vive, railleuse, acerbe et pleine de spirituelles saillies ; la pasquinade romaine pâlirait à côté ; elle est placardée dans toutes les rues, et surtout aux portes du tribunal où réside le mandarin qu'on veut livrer aux malédictions et aux sarcasmes du public. On se rassemble autour de ces affiches, on les lit à haute voix et sur un ton déclamatoire, pendant que mille commentaires plus satiriques, plus impitoyables que le texte, se produisent de toutes parts au milieu des éclats de rire [1]. » On a vu souvent l'autorité supérieure obligée de rappeler les fonctionnaires devenus l'objet de semblables manifestations, accéder même aux désirs des populations refusant de recevoir quelque mandarin nouvellement nommé pour les régir, quand ses antécédents le leur avaient fait connaître déjà sous un jour défavorable. Les Chinois, par contre, ne se font pas faute de prodiguer, par des manifestations on ne peut plus élogieuses, les témoignages de leur reconnaissance à l'égard des hommes publics dont l'administration leur a été utile et bienfaisante.

Une erreur très-accréditée en Europe consiste encore à dire que les Chinois sont tenus d'exercer la profession paternelle, et que personne, s'il n'y est autorisé, ne peut abandonner sa résidence pour aller se fixer ailleurs : c'est tout le contraire

---

[1] *L'Empire chinois*, par M. Huc, t. II, p. 88.

qui a lieu. Il suffit de se rappeler ce que nous avons dit déjà de l'organisation sociale du peuple chinois pour demeurer convaincu qu'aucune loi de l'empire n'est restrictive de la liberté des professions : chacun peut choisir comme il l'entend, celle qui convient à ses goûts ou à ses aptitudes ; et pour l'exercer, il n'a besoin d'aucune patente, d'aucun permis, d'aucune autorisation de qui que ce soit. Il en est de même de la liberté des voyages et du droit de s'établir là où on le juge convenable, et de la manière dont on l'entend. Tout le monde est libre de circuler dans tout l'empire, sans avoir rien à démêler pour ce fait avec n'importe quel agent de l'autorité. L'obligation du passe-port est inconnue en Chine, et chacun peut à son gré se promener librement, aller et venir dans les dix-huit provinces, sans que personne s'occupe de lui : nulle part ailleurs il n'existe peut-être, sous ce rapport, autant de liberté et d'indépendance. On conçoit, du reste, tout ce que la moindre gêne, apportée à la liberté des voyages dans un empire dont le commerce intérieur est en quelque sorte l'âme et la vie, causerait de préjudice non-seulement aux intérêts privés, mais encore au bien général.

Les Chinois possèdent pleinement en outre, et sans réserve aucune, le droit d'association; ils s'en servent, en vue des intérêts les plus divers, pour former ce qu'ils appellent des *houi* ou corporations; et s'il est vrai de dire que « l'union fait la force », il est certain que les Chinois, plus qu'aucun autre peuple, ont compris ce vieil adage; ils paraissent, du reste, doués d'aptitudes toutes particulières pour le mettre en pratique. En Chine, personne ne demeure isolé dans sa sphère : il y a des *houi* pour tous les états, pour tous les genres d'industrie, pour toutes les entreprises et toutes les affaires. Tout le monde s'organise en associations plus ou moins nombreuses ; il n'est pas même jusqu'aux mendiants et aux voleurs qui n'obéissent à cet instinct national, et ne mettent en commun ce que chacun d'entre eux a d'habileté et d'imagination pour mieux exploiter le public et mieux voler autrui. Mais on voit aussi, par contre, les honnêtes gens s'organiser de leur côté, se concerter ensemble, veiller à l'observance des lois et venir ainsi, par le concours dont ils ont pris l'initiative, efficacement en aide à l'autorité, ou trop insouciante ou trop faible dans certaines localités pour maintenir l'ordre. Toutes les associations, en un mot, sont permises en Chine ; il n'y a d'exceptées que les sociétés secrètes organisées dans le but de renverser la dynastie mantchoue, et que le gouvernement actuel (cela se comprend) poursuit à outrance.

« La liberté de la presse est encore, comme dit l'abbé Huc, une de ces vieilles chinoiseries que les Occidentaux se figurent avoir inventée, bien qu'ils ne sachent trop comment s'y prendre pour lui faire jeter des racines sur leur sol. » Ne les voit-on pas, en effet, tantôt passionnés pour cette même liberté, qui les rend furieux jusqu'au délire, et tantôt n'en plus vouloir, ravis en quelque sorte de n'avoir plus le droit d'écrire et de faire imprimer ce qu'ils pensent? Rien, en vérité, autant que ces soubresauts de l'opinion et ces revirements de sentiments et d'idées chez les peuples de l'Europe, ne rappelle mieux, dans l'ordre des choses morales et intellectuelles, les convulsions intermittentes des volcans dont le globe terrestre est travaillé. De tels excès sont inconnus des Chinois; appliqués à se maintenir dans ce « milieu invariable » dont parle Confucius, ils se servent, le plus ordinairement, avec calme et modération de la liberté de la presse, quoiqu'ils la possèdent dans la plus large étendue. En Chine, tout citoyen est libre de faire imprimer ce qu'il veut, des livres, des brochures, des feuilles volantes, des placards pour afficher au coin des rues, sans qu'il soit nécessaire d'obtenir au préalable la moindre autorisation; chacun même, si cela lui plaît, et que ses moyens financiers le lui permettent, se fait imprimeur à volonté pour son usage personnel ou celui du public; on ne saurait dire le nombre incroyable de petites presses mobiles qui existent de la sorte chez les particuliers.

Les Chinois usent donc comme ils l'entendent de la liberté de la presse; mais il est juste de reconnaître qu'ils se font généralement un devoir de ne pas en abuser. Un de leurs plus fameux philosophes a prononcé cette sentence : « Malheureux les peuples qui ont un mauvais gouvernement; plus malheureux encore ceux qui, en ayant un passable, ne savent pas le garder. » Convaincus de cette vérité, et conséquemment persuadés que l'empire ne marcherait pas mieux si quatre cents millions d'individus prétendaient le faire aller chacun à son idée, les Chinois aiment fort peu à s'occuper des affaires du gouvernement ; ils évitent dans leurs publications de compromettre ce qu'ils appellent « les cinq vertus fondamentales » et « les trois rapports sociaux », et s'appliquent plutôt à récréer et à instruire le public qu'à détourner les citoyens de leurs devoirs. S'il arrive qu'on imprime des livres capables de porter atteinte, soit à la tranquillité ou à la morale publique, soit au respect dû à l'autorité, celle-ci ne demeure pas désarmée : l'auteur, s'il est découvert, est sévèrement puni ; mais la faute d'un mauvais citoyen n'entraîne pas une répression générale : la liberté de la presse demeure, comme aussi la responsabilité personnelle.

Il existe en Chine, comme conséquence tout à fait logique de la liberté illimitée de la presse, un autre genre de liberté inconnu en Europe : c'est l'usage des lectures publiques, qui jusqu'ici a pu s'y exercer sans inconvénient, disons même au profit moral des peuples, mais qui, s'il était exploité par des esprits agitateurs et en présence de multitudes turbulentes, pourrait devenir un moyen d'une irrésistible puissance pour exalter et fomenter les passions populaires.

Les lecteurs publics, connus sous le nom de *chouo-chou-ti,* forment en Chine une classe très-nombreuse qui n'a pour vivre d'autre moyen que ce genre d'industrie intellectuelle ; « ils parcourent les villes et les villages, lisant au peuple les passages les plus intéressants et les plus dramatiques de son histoire nationale, en les accompagnant toujours de commentaires et de réflexions. Ordinairement ces lecteurs publics sont diserts, beaux parleurs, et souvent très-éloquents. Les Chinois font leurs délices de les entendre discourir; ils se groupent autour d'eux sur les places publiques, dans les rues, à l'entrée des tribunaux et des pagodes, et il est facile de comprendre, au seul aspect de leur physionomie, combien est vif l'intérêt qu'ils apportent à ces récits historiques. Le lecteur public s'arrête quelquefois dans le cours de sa séance pour se reposer un peu, et il profite de ces interruptions pour faire une quête, car il n'a d'autre revenu que les sapèques librement octroyées par ses auditeurs bénévoles. Ainsi voilà en Chine, dans ce pays du despotisme et de la tyrannie, des clubs en plein vent et en permanence. Nous sommes persuadés que certains peuples très-avancés dans les idées libérales seraient effrayés de voir s'introduire chez eux une coutume semblable [1]. »

Telles sont dans leur ensemble les franchises et les libertés dont le peuple chinois est en possession depuis un temps immémorial, et telles aussi les institutions politiques, sociales et administratives que les siècles ont léguées à la Chine. A l'aide des développements donnés à nos considérations sur cet important sujet, et de ses propres réflexions, le lecteur, pensons-nous, a pu se faire une

---

[1] *L'Empire chinois*, t. II, p. 101.

idée exacte de la remarquable organisation du grand empire chinois, et, sous plus d'un rapport, admirer la sagesse de ses antiques législateurs. Considérée en elle-même et dans ses résultats, leur œuvre politique et sociale mérite tout à la fois l'attention de l'historien, du philosophe et de l'homme d'État : élaborées, pour la plupart, dans les âges les plus anciens, les institutions dues à leur génie ont subi l'épreuve du temps, résisté à des révolutions sans nombre : voilà leur force ; elles ont fait, durant des siècles, la prospérité du peuple qu'elles ont régi : c'est leur excellence. Nulle part ailleurs l'antiquité n'en a connu de supérieures ; la nation dont elles ont façonné les mœurs, et, pendant si longtemps, réglé les étonnantes destinées, a donc lieu d'en être fière. Accidentellement troublées aujourd'hui, ébranlées même, sous l'empire d'une domination étrangère en décadence, ces grandes institutions de la Chine paraissent chanceler sur leurs bases : nul ne peut cependant prévoir encore le terme de leur durée ; mais, disons-le, émanées de la seule sagesse humaine, elles sont, malgré leur incontestable mérite, nécessairement perfectibles, et, si belles qu'on les proclame, elles peuvent devenir meilleures. Les rapports déjà commencés et le contact désormais inévitable du peuple chinois avec les nations chrétiennes apparaissent comme les moyens nouveaux ménagés à leurs développements futurs. La France (qui pourrait en douter?) est appelée à contribuer, dans une large mesure, à cette grande œuvre de régénération. En Chine comme partout l'apostolat de ses missionnaires sera fécond, et là comme ailleurs la volonté généreuse et l'intelligence politique de ses hommes d'État seconderont les desseins de la Providence. Or, parmi tant de choses voulues de Dieu et accomplies par la « nation très-chrétienne », la fidélité à remplir la mission civilisatrice que l'avenir lui réserve chez les vieux peuples de l'extrême Orient ne sera pas la moindre de ses gloires.

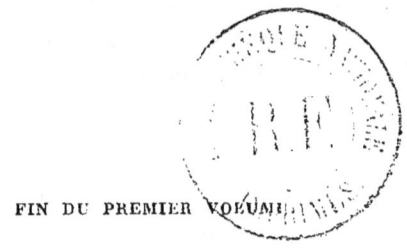

FIN DU PREMIER VOLUME.

TABLE DES MATIÈRES.

Préface . . . . Page 1

CHAPITRE PRÉLIMINAIRE.

CONSIDÉRATIONS GÉNÉRALES SUR LA CHINE.

I. Grandeur et ancienneté de l'empire chinois; obscurité de ses premières origines; civilisation précoce de la Chine; certitude de son histoire. — II. La Chine inconnue des anciens; ses premiers explorateurs; voyageurs arabes; voyageurs européens; Marco Polo; véracité de ses récits; incrédulité de ses contemporains. — III. Existence de la Chine définitivement connue de l'Europe; les missionnaires catholiques, véritables explorateurs de cet empire; leurs travaux; services rendus à la science, surtout par les missionnaires français; gloire qui en revient à la France; reconnaissance due à ces hommes apostoliques. — IV. Expédition militaire de la France en Chine; légitimité de son but; ses avantages politiques et ses résultats civilisateurs; glorieuse mission de la France en Chine; sujet de cet ouvrage. 1

CHAPITRE PREMIER.

LA CHINE ET SA CAPITALE.

§ Ier.

Noms divers donnés à la Chine par les peuples voisins de cet empire. — Véritable origine du mot *Chine*. — Noms que les Chinois donnent eux-mêmes à leur empire. — Explication de la dénomination d'« Empire du Milieu ». — Esquisse géographique de la Chine : son étendue, ses limites, sa division territoriale actuelle. — Les dix-huit provinces de l'empire chinois, d'après le *Recueil des statuts administratifs* de la dynastie régnante. . . 15

§ II.

Description de Péking, capitale de l'empire chinois. — Situation géographique de Péking, ses diverses dénominations, sa forme

et son étendue. — La ville tartare ou « ville intérieure », la ville chinoise ou « ville extérieure », la ville impériale ou « ville jaune », et la ville interdite ou « ville rouge ». — Portes et remparts de Péking. — Rues et faubourgs. — Les rues marchandes, leur encombrement. — Boutiques chinoises, étalages et enseignes. — Les marchands ambulants. — Un barbier en plein vent. — Charlatans chinois. — Les commissionnaires et l'« Indicateur de Péking ». — Les hôtelleries. — La police chinoise, sa parfaite organisation. — Le « général des neuf portes ». — Les corps de garde, les dizainiers. — Annonce des veilles. — Tranquillité et sécurité nocturnes de Péking. — Habitudes matinales des fonctionnaires et des habitants. 23

§ III.

Suite du précédent. — Le palais impérial ou la « ville interdite », son étendue, sa splendeur. — Plan général de la résidence impériale. — La « salle de la grande Union », la « salle de la moyenne Concorde », la « salle de la Concorde protectrice », de « la Concorde occidentale », etc. — Édifices européens de Péking : l'« Observatoire impérial » ou des Jésuites missionnaires; le *Peh-tang* ou « Mission du Nord ». — Le P. Verbiest. — Le *Nam-tang* ou « Mission du Sud ». — Ancienne chapelle du *Peh-tang* et ancienne cathédrale de Péking dans le *Nam-tang*. — Sa restauration par l'armée française. — Un premier *Te Deum* à Péking. — La nouvelle cathédrale.. 37

CHAPITRE II.

PHYSIONOMIE DES CHINOIS.

§ Ier.

Physionomie des hommes. — Traits caractéristiques de la race mongole communs aux Chinois et aux Tartares, et signes physiologiques distinctifs de ces deux peuples. — Idées fausses des Européens sur la vraie physionomie chinoise. — Idéal de la beauté selon le goût chinois. — Portrait d'un Adonis chinois. — Goût d'ornements particuliers et bizarres : la mode des ongles longs. — Le *pen-sse* ou « manière de porter les cheveux ». — Costume des hommes. — Vêtement principal, etc. — Usage des fourrures, bonnets, chaussures, etc. — Distinction des rangs indiquée par le

TABLE DES MATIERES. 421

costume; couleur des habits; la couleur impériale; le *mang* ou « dragon ». — Les lois somptuaires. — Fixité de la mode chez les Chinois. — Pourquoi l'Europe n'imiterait-elle pas la Chine?. . 50

§ II.

Physionomie des femmes. — Portrait d'une femme chinoise. — Costume. — Modestie et coquetterie des dames chinoises. — Ornements de tête. — Le *fong-hoan* ou « phénix » des Chinois, parure préférée. — Usage du fard. — Goût immodéré des Chinois pour les parfums. — Causes et excuses. — Exemples fameux. — L'impératrice Ou-heou. — Bains. — Luxe et somptuosité des bains des femmes de la cour sous certains empereurs. — Le sensualisme païen et ses conséquences chez les peuples. — Nécessité d'opposer au mal l'exemple du bien. — Préceptes évangéliques. — La mode des petits pieds des femmes chinoises. — Origine et but probables de ce bizarre usage. — Clôture des femmes chinoises. — Loi païenne et loi chrétienne. — Les femmes tartares. — Fierté de leur caractère et conservation de leur indépendance. 62

§ III.

Physionomie morale des Chinois. — Qualités et défauts. — Traits principaux du caractère individuel des Chinois. — Passions et caprices, vertus et qualités. — Caractère national des Chinois. — Leur attachement aux anciennes maximes. — Circonspection politique. — Astuce et défiance à l'égard des étrangers. — Amour du peuple chinois pour le travail. 77

CHAPITRE III.

INSTITUTIONS PUBLIQUES DES CHINOIS. — GOUVERNEMENT ET ADMINISTRATION.

§ Ier.

Coup d'œil général sur les institutions publiques des Chinois. — Leur longue durée; — leur stabilité : ses causes, ses avantages et ses inconvénients. — Grandeur propre du peuple chinois. — Espérance d'amélioration par le christianisme. 80

§ II.

Du gouvernement chinois. — Sa forme monarchique et son origine patriarcale. — L'autorité paternelle, principe permanent du gouvernement chinois. — La piété filiale, premier des devoirs sociaux en Chine. — Idées des Chinois sur l'origine du pouvoir : l'Empereur est le « Fils du Ciel ». — Noms particuliers et pompeux donnés aux lieux qu'il habite. — Principes et maximes des empereurs et des philosophes chinois sur l'exercice de l'autorité souveraine. — Paroles de l'empereur Hoang-ti. — Quelques maximes de Confucius. — Paroles touchantes d'Yao. — Force et douceur du gouvernement chinois. — Aperçu historique.. 86

§ III.

Étendue du pouvoir et devoirs des empereurs chinois. — Pouvoir absolu du souverain. — Garanties des sujets. — Respect des souverains chinois pour les institutions et coutumes nationales. — Droit de remontrances; son efficacité. — Ordre de succession au trône. — Droit à ce sujet du souverain régnant. — Modestie et magnificence des souverains chinois. — Cortége de l'empereur aux jours de solennité. — Description.. 98

§ IV.

Famille impériale. — Son organisation. — Le tribunal *tsoung-jin-fou* ou « ministère de la maison impériale ». — Sa composition, ses droits, ses attributions. — Les deux branches de la maison impériale : la maison impériale proprement dite et la « tribu d'or ». — Le livre jaune et le livre rouge. — Les titres honorifiques en Chine. — Les deux classes de privilégiés. — Première classe : titres et priviléges des princes. — Droit des femmes de la famille impériale aux titres honorifiques. — La ceinture jaune et la ceinture rouge. — Restrictions apportées aux priviléges des princes : amoindrissement du rang, dégradation. — Droit d'hérédité, privilége des familles tartares. 107

§ V.

De l'impératrice; élévation de son rang; marques distinctives de sa souveraineté. — Hommages qui lui sont dus. — Solennité de son couronnement. — Promulgation du *tchi-ly* ou « édit spécial »; le sacrifice au *Tien*. — Remise du contrat de mariage et des sceaux à l'impératrice élue. — Son royal esclavage. — Les concubines : les *fou-gin*, les *chi-fou*, les *yu-tsi*, etc. — Désordres scandaleux de certains empereurs chinois et modération relativement vertueuse de quelques autres. — Odieux tribut. — Les mystères du palais. — Les femmes de service, leur nombre et leur condition. . 116

CHAPITRE IV.

DES DIVERS ORDRES DE CITOYENS.

§ Ier.

Seconde classe de privilégiés. — Ses sept rangs. — Les diverses causes de mérite public. — Les huit « règles ou priviléges ». — Absence de noblesse proprement dite en Chine : le mérite personnel considéré comme supérieur à tout autre. — Ancienne organisation féodale de la Chine. — Droits nobiliaires des Tartares. — Le fonctionnarisme chinois : charges publiques accessibles à tous les citoyens. — Absolutisme et démocratie. — Causes principales de l'égalité des citoyens en Chine. — Instabilité des fortunes privées. 124

§ II.

Les sept ordres de citoyens. — Les mandarins : les mandarins de lettres et les mandarins d'armes. — Prééminence des mandarins de lettres; leurs prérogatives. — Ambition des Chinois pour le mandarinat de lettres. — Nombre et rangs divers des mandarins civils; emplois et attributions respectives. — Signes extérieurs du mandarinat et signes distinctifs des rangs : les boutons ou globules hiérarchiques et les autres signes honorifiques. — Dénominations pompeuses des mandarins chinois; nomenclature et originalité de ces titres. — Les grades littéraires et examens officiels des candidats; justice et faveur. — Mode d'avancement des mandarins; la liste de promotion. — Devoirs et responsabilité des mandarins; sévère surveillance exercée sur eux; la *confession* des mandarins. — Récompenses et châtiments personnels des mandarins; gloire ou déshonneur qui en revient à leurs ancêtres. — Prévarications nombreuses; leurs causes. — Optimisme et pessimisme au sujet des institutions chinoises. 130

§ III.

Mandarins d'armes. — Les neuf rangs du mandarinat d'armes, partagés en deux rangs et divisés en trois ordres. — Les bacheliers, les licenciés et les docteurs ès armes. — Qualités requises pour l'obtention de ces grades. — Le *joug-tchin-fou* ou « tribunal supérieur de la guerre ». — Les grades militaires; leur analogie avec les grades des armées européennes. 148

§ IV.

Les gens de guerre. — Honorabilité de la profession des armes en Chine. — La carrière militaire, apanage particulier des Tartares. — Caractère belliqueux de ce peuple. — Difficultés pour les Chinois d'avancement dans l'armée. — Les lettrés : les « rejetons éclatants », les « hommes élevés » et ceux « avancés dans les grades ». — La « forêt de pinceaux ». — Les « bonzes » et les *tao-ssé*. — Les laboureurs. — Estime des Chinois pour l'agriculture. — Honorabilité et priviléges des laboureurs. — Encouragement donné à l'agriculture par le gouvernement chinois. — Le laboureur mandarin. — Les ouvriers. — Goût utilitaire des Chinois. — Faibles encouragements donnés aux arts. — Les marchands; infériorité de leur condition. — Les esclaves et les eunuques en Chine. — Origine de ces deux plaies sociales. — Histoire des eunuques en Chine; leur longue et funeste influence. — Les eunuques volontaires. — Sages règlements de l'empereur Kang-hi. — Les *to-min* ou « gitanos » de la Chine. — Leur noble origine et injustice de leur dégradation. — Leur réhabilitation sous les Tartares. — Les *to-min* de l'Europe. 151

CHAPITRE V.

GOUVERNEMENT ET ADMINISTRATION.

§ Ier.

Considérations générales sur les grands corps administratifs de l'empire chinois. — Leur exacte dénomination. — Mécanisme du gouvernement chinois; sa parfaite organisation. — Le *lo-pou* et sa composition. — Sage politique de l'autorité souveraine.. . . . 166

§ II.

Le *neï-ko* ou « conseil de l'empereur ». — Sa composition et ses attributions. — Formes diverses et particulières des ordonnances impériales. — Séances du *neï-ko*. — Ordre et solennité des délibérations. — Prompte expédition des affaires. — Les sceaux de l'empereur. 170

§ III.

Le *kiun-kin-tchou* ou » conseil privé »; sa composition. — Fréquence de ses réunions. — Son action sur les grandes cours

TABLE DES MATIÈRES. 425

souveraines. — Étendue et variété de ses attributions. — Cérémonial de la séance présidée par l'empereur. — Mode des délibérations. — Le « pinceau de vermillon ». 174

CHAPITRE VI.

PREMIÈRE COUR SOUVERAINE OU GRAND TRIBUNAL DES FONCTIONNAIRES PUBLICS.

§ Ier.

Composition de ce grand tribunal; ses attributions. — Divisions administratives de l'empire chinois : les *seng* ou les dix-huit provinces ; le *king-khi* ou « territoire de la capitale », et le *ching-king* ou « territoire de Moukden ». — Subdivisions : les départements, les arrondissements, etc. — Classification des villes : villes du premier ordre ou les *foù*; du second ordre, ou les *tcheou*; du troisième ordre, ou les *hien*; — les *tching*, les *tchang* et les *chi*; les *tsun* et les *y*.. 178

§ II.

Mandarins civils administrateurs. — Leurs dénominations et leurs titres principaux : gouverneurs de provinces, ou les *thsoung-tou*, gouverneurs de villes, ou les *tchi-foù*, les *tchi-tcheou*, les *tchi-ting*, etc., etc. — Mandarins du second ordre et leurs dénominations. 182

§ III.

Tribunaux subalternes ou sections de la première cour souveraine : la « direction du mouvement du personnel »; — la « chambre des informations »; — la « chambre du personnel »; — le bureau des titres ». 185

CHAPITRE VII.

SECONDE COUR SOUVERAINE OU GRAND TRIBUNAL DES FINANCES.

§ Ier.

Attributions générales de ce grand tribunal, leur nombre et leur étendue. — Les quatorze cours subalternes de ce grand tribunal. 189

§ II.

Recensement de la population et dénombrement des terres. — 1º Mode de recensement, classement de la population. — Les « portes » ou « foyers ». — La tablette dite *men-paï-tse*. — Les « hommes robustes » ou contribuables et les « bouches ». — Les magistrats *pao-kia* ou « chefs de dix portes ». — Formation des rôles. — La « liste jaune ». — 2º Dénombrement des terres. — Leur classification : les *thien* et les *thi*, et leurs diverses appellations. 190

§ III.

Répartition des impôts. — Nature des impôts : l'impôt de la terre ou impôt foncier ; époque de son prélèvement, son objet, sa destination, ses avantages. — L'impôt personnel : les *thing* et les *thing-keou*. — Contributions diverses. — Revenus particuliers de l'empereur. — Abondance des ressources de l'empire chinois. 195

§ IV.

Budget des dépenses. — Les douze chapitres des dépenses. — Épargnes du trésor. — Remise des impôts. 201

§ V.

Monnaies de la Chine. — Monnaie de cuivre. — Absence d'effigie. — Inscriptions en mantchou et en chinois. — Le *mao*, le *tsien*, le *pou-eurh*. — Monnaie d'argent : lingots, le *liang* ou *taël*. — Le titre de l'argent et ses divisions. — L'argent de *ouen-in*. — Le *fen*. — Balance portative. — Inconvénients de la monnaie chinoise. — Objections des Chinois au sujet des monnaies de valeur fixe. — Les mines de la Chine. 204

§ VI.

De l'intérêt de l'argent. — Élévation exorbitante du taux. — La loi de l'intérêt en Chine. — Maximes des économistes chinois. 210

§ VII.

Le *souan-pan* ou machine arithmétique des Chinois. 212

TABLE DES MATIÈRES.

§ VIII.

Poids et mesures des Chinois. 216
  I. Mesures de longueur et de distance géographique. — 1° Pied chinois. Ses composés et ses subdivisions. 217
    2° Le *pas* et le *li* chinois. 218
    3° Le *mou* ou arpent chinois. 218
  II. Poids chinois. 220

§ IX.

Douanes de la Chine. 222

CHAPITRE VIII.
TROISIÈME COUR SOUVERAINE OU GRAND TRIBUNAL DES RITES.

§ Ier.

Importance des rites en Chine. — Fonctions générales du tribunal des rites. — Les différentes classes ou divisions des rites. 224

§ II.

Les tribunaux subalternes de la troisième cour souveraine. — « Direction de l'étiquette », ses attributions. — « Direction des sacrifices ». — Les « grands sacrifices et les « sacrifices moindres ». — Quelques usages superstitieux des Chinois. — Direction des hôtes. — Direction des repas et festins. — Ses attributions. — Ministère de la musique. 227

§ III.

Cérémonial relatif aux visiteurs et ambassadeurs étrangers. — 1° Cérémonial des tributs apportés à la cour. — 2° Présentation des lettres de créance et des productions du pays. — 3° Audience solennelle de l'empereur. — 4° Remise des présents par l'empereur. — Noms divers donnés aux Européens par les Chinois. . . . 232
  I. Cérémonial concernant les tributs apportés à la cour. . 232
  II. Présentation des lettres de créance, des tributs et des productions du pays. 234
  III. Audience solennelle de l'empereur. 237
  IV. Remise des présents par l'empereur. 242
  V. Reconduite de l'ambassade. 244

CHAPITRE IX.

QUATRIÈME COUR SOUVERAINE OU GRAND TRIBUNAL DES ARMES.

§ Ier.

Cause générale chez les peuples et nécessité particulière en Chine de l'organisation militaire. — Ancienneté de la science et de l'art de la guerre chez les Chinois. — Principaux écrivains militaires de la Chine. — Documents authentiques. — *Sun-tseu* et le *Sun-tseu-ping-fa*; curieux extraits. — Règles et principes de l'art militaire. — Portrait d'un bon général. — Mode de recrutement de l'armée chinoise. — Permanence du service militaire. — Exemptions. — Effectif des forces militaires de la Chine. 248

§ II.

Attributions générales du grand tribunal des armes. — Ses divisions en quatre directions principales ou tribunaux subalternes. — Tribunal du mouvement militaire. — Collation des grades. — Désignation de séjour et de campement des troupes. — Garnisons chinoises. 268

§ III.

Tribunal des positions militaires. — Ses attributions. — Étude et confection des cartes et plans stratégiques. — Places militaires et forteresses de la Chine. — La grande muraille. — Tenue des états de service militaire. — Moyens d'émulation; honneurs rendus aux soldats morts dans le combat. — Peines et châtiments. . . 271

§ IV.

Tribunal des chars et des chevaux. — Ses attributions. — Cavalerie militaire de la Chine. — Habileté des Tartares dans l'art de l'équitation. — Curieuses paroles de l'empereur Kang-hi. — Division de la cavalerie chinoise en deux catégories. — Ses moyens de remonte. — Les postes impériales. — Leur ancienneté. — Stations des postes. — Règlements de ce service. . . . 279

§ V.

Tribunal des provisions et fournitures militaires. — Ses attributions. — Paye du soldat. — Uniforme et fourniment militaire. — Armes du cavalier et du fantassin. 284

§ VI.

Artillerie ancienne et moderne des Chinois. — Diverses sortes d'armes à feu connues en Chine. — Instruments de musique militaire.. 289

§ VII.

Revues et inspections militaires. — Examens pour l'obtention du mandarinat d'armes et des grades militaires. — Description d'une de ces épreuves à Ning-po. — Héroïque dévouement des hommes de guerre en général. — Caractère particulier de l'armée chinoise. Belle défense des troupes tartares à la bataille de Pa-li-kiao. 295

§ VIII.

Marine chinoise. — Infériorité de la marine chinoise; ses causes. — Structure des navires chinois. — Divisions de la marine chinoise : marine fluviale de l'État et du commerce; son importance. — Les maisons flottantes. — Marine maritime et militaire. — Les diverses sortes de navires de guerre. — Adresse du matelot chinois. — Navigation sur les torrents. 301

CHAPITRE X.

CINQUIÈME COUR SOUVERAINE OU GRAND TRIBUNAL DE LA JUSTICE.

§ Ier.

Variété d'appréciation sur la justice chinoise. — Organisation de l'état judiciaire de la Chine. — Composition et attributions générales de la cinquième cour souveraine. — La cour des censeurs impériaux ou grands informateurs. — La haute cour judiciaire ou cour de cassation. — Droit d'appel. — Les dix-sept tribunaux subalternes ou directions du grand tribunal de la justice. — Les prétoires et les tribunaux inférieurs des provinces. 312

§ II.

Procédure civile et criminelle. — Ses défectuosités et ses avantages. — Absence d'avoués et d'avocats. — Droit de défense personnelle ou par ses proches. — Salutaire lenteur de la procédure chinoise. — Responsabilité des accusateurs et des témoins. — Sévérité et moralité de la loi chinoise relativement à certaines accusations. 317

§ III.

Le code chinois. — Divisions et titres principaux des lois chinoises; leur principe fondamental ou la piété filiale; leur sévérité dans les attentats contre la famille, et surtout contre l'empereur et la sécurité de l'État. — Recherche diligente des coupables de lèse-majesté. — Promptitude du jugement et du châtiment. — Fréquente et effrayante solidarité imposée aux parents du condamné. . . 321

§ IV.

Nature et indication des châtiments infligés aux crimes et délits réputés d'un ordre inférieur. — Régime des prisons. — Substitution d'une personne à une autre en matière de châtiment, autorisée par la loi. — Touchant exemple. 326

§ V.

Absence d'un corps de magistrature proprement dit en Chine. — Soin de rendre la justice généralement réservé aux mandarins administrateurs. — Aspect d'un tribunal chinois. — Description d'une séance judiciaire. — Avide curiosité du public chinois. — La bastonnade et autres tortures infligées à l'accusé. — Les soufflets. — La question ordinaire et extraordinaire. — Cynisme des spectateurs. 329

§ VI.

Principe de la pénalité en Chine. — Principaux châtiments et supplices en usage. — La bastonnade, son caractère de paternelle correction, abus qu'on en fait. — La cangue, dureté de cette peine; horrible position du patient. — La peine de mort. — La strangulation, par le lacet, — l'arc, — le collier de fer. — La décapitation, ignominie de ce supplice. — Habileté des bourreaux chinois. — Le supplice des couteaux ou la « mort lente ». — Spectacle affreux d'un pareil supplice. — Avénement désirable du christianisme en Chine. 336

TABLE DES MATIÈRES.

CHAPITRE XI.

SIXIÈME COUR SOUVERAINE OU GRAND TRIBUNAL DES TRAVAUX PUBLICS.

§ Ier.

Importance de ce grand tribunal; ses attributions générales, ses quatre tribunaux subalternes ou directions principales. — Le tribunal des bâtiments et édifices publics, ses attributions particulières. — Architecture des Chinois, son style propre et son originalité. — Beautés et défauts des édifices chinois. — Abondance d'ornements, goût exagéré de la symétrie. — Les « règles officielles ». — Cause de l'uniformité des villes de la Chine. — Attributions secondaires du tribunal des bâtiments et édifices publics. — Tribunal des « instruments et objets d'art »; ses attributions. 343

§ II.

Troisième direction de la sixième cour souveraine ou tribunal subalterne des ponts et chaussées. — Importance de cette direction. — Nature de ses attributions. — Les fleuves de la Chine. — Le « fleuve Bleu ». — Idées des poëtes et des philosophes chinois au sujet de ce fleuve. — Le « fleuve Jaune »; rapidité de son cours. — Le fléau des inondations en Chine. — Art merveilleux des Chinois dans l'endiguement des eaux. — Leurs travaux admirables en ce genre. 350

§ III.

Canaux et lacs de la Chine. — Le grand « canal impérial »; son importance et son étendue; difficultés vaincues et travaux exécutés pour le construire. — Principaux lacs de la Chine. — Le lac Sihou, son site, ses bords, ses îles, ses pêchers, ses nombreux visiteurs. — Iles flottantes des lacs, leur aspect pittoresque et leur utile destination. — Navigation des fleuves et des lacs. — Les barques impériales et les barques du commerce. — Les bateaux-transports. — Curieux spectacle. — Les jonques mandarines. — Arrosage des champs et des vergers riverains. — Roues hydrauliques. 356

§ IV.

Les ponts. — Art remarquable des Chinois dans ce genre de construction. — Quelques ponts fameux. — Le pont de Pa-li-kiao et celui de Siuen-tcheou. — Les ponts flottants et les ponts suspendus. — Le pont de la vallée de Pi-tsié. — Engouement de certains empereurs chinois pour la construction de ponts de fantaisie. — Curieuses remontrances des censeurs à ce sujet. . . 366

§ V.

Routes de la Chine, leur ancienne beauté. — Mauvais état actuel de ces routes. — Les tours ou postes militaires échelonnés sur leur parcours. — Le mont Cenis de la Chine. — Prodigieux ouvrages des Chinois. — La route de Chen-si et son viaduc. 371

§ VI.

Importance de la circulation sur les routes de la Chine. — Les corporations des porteurs. — Véhicules chinois; la chaise mandarine, litières des dames chinoises; chariots et grande variété de ce genre de véhicule; la brouette à voile. — Les hôtelleries chinoises; leur genre de confort et leurs enseignes. — Philanthropie du gouvernement chinois. — Les hangars de refuge. — Droit à l'hospitalité dans les pagodes. — Autres attributions et devoirs particuliers du troisième tribunal subalterne de la sixième cour souveraine. 375

§ VII.

Quatrième direction du grand tribunal des travaux publics, ou quatrième tribunal subalterne de la sixième cour souveraine, dit « tribunal des champs militaires »; ses attributions. — Entretien des champs militaires; entretien des sépultures impériales. — Magnificence de ces sépultures. — Attributions et bureaux secondaires du grand tribunal des travaux publics. 385

§ VIII.

Tours chinoises. — Nombre prodigieux d'édifices de ce genre en Chine; leur destination et leurs nombreuses variétés. —

TABLE DES MATIÈRES. 433

Les tours dites de « porcelaine ». — La célèbre tour de Nanking. — Les arcs de triomphe; leurs diverses destinations, leur forme architecturale. 388

CHAPITRE XII.

INSTITUTIONS COMPLÉMENTAIRES DE L'ADMINISTRATION SUPÉRIEURE DE L'EMPIRE.

§ Ier.

Office des colonies. — Ses six divisions et leurs attributions respectives. — La cour des référendaires, ses devoirs et ses attributions. 394

§ II.

Tribunal des censeurs; son action morale sur tous les corps administratifs de l'empire; sa redoutable influence. — Vigilance des censeurs; étendue de leurs devoirs et efficacité de leurs remontrances. — Inspection des provinces. — Frayeur des mandarins. — Intégrité des censeurs attestée par l'histoire; iniquité de quelques-uns. — Admirables exemples de courage et de vertu. — Immense responsabilité des censeurs. 397

§ III.

Académie impériale des *Han-lin;* origine de la fondation de cette célèbre académie; ses prérogatives et ses obligations. — Les historiographes et les annalistes de l'empire. — Le tribunal de l'histoire. — Ancienneté de cette fameuse institution. — Caractère d'authenticité de l'histoire chinoise. — Garantie de la véracité des historiens. — Témoignage du P. de Mailla. — Curieux dialogue entre un empereur de la Chine et le président du tribunal de l'histoire. — Influence salutaire de l'histoire sur la conduite des empereurs chinois. 403

CHAPITRE XIII.

FRANCHISES ET LIBERTÉS DU PEUPLE CHINOIS.

Liberté des manifestations populaires en faveur ou en défaveur des mandarins. — Le droit d'affiche. — Droit de séjour et liberté de la circulation. — Droit de réunion et d'association, usage qu'en font les Chinois. — La liberté de la presse et de l'imprimerie illimitée en Chine. — Les lecteurs publics. — Conclusion au sujet des institutions publiques de la Chine. — Mission de la France. 409

FIN DE LA TABLE DES MATIÈRES.

ERRATA.

Page. 86, ligne 14, au lieu de *qui formèrent*, lisez : que formèrent.
— 108, — 28, au lieu de *Les registres*, lisez : Des registres.
— 152, — 15, au lieu de ne suppléaient *pas*, lisez : ne suppléaient.
— 175, — 19, au lieu de *le* tribunal, lisez : ce même tribunal.
— 213, — 6, au lieu de *deux* dans le carré, lisez : cinq dans le carré.
— 273, — 27, au lieu de *de ses* frontières, lisez : des frontières.
— 276, — 13, au lieu de *gens de guerre*, lisez : hommes sous les drapeaux.
— 303, — 11, au lieu de *en possession* des Chinois, lisez : les Chinois en possession de.
— 303, — 23, au lieu de vaisseaux de guerre *même*, lisez : vaisseaux de guerre mêmes.
— 317, — 8, au lieu de *majorité* des cas, lisez : majeure partie des cas.
— 318, — 31, au lieu de *dans la majorité des cas*, lisez : presque toujours.
— 327, — 29, au lieu de *d'y* être doux, lisez : d'en être doux.
— 327, — 31, au lieu de *qui y est détenu*, lisez : qu'on y détient.
— 330, — 14, au lieu de *leurs distributions*, lisez : la distribution des lieux.
— 352, — 15, au lieu de *grands joncs*, lisez : roseaux.
— 352, — 26, au lieu de *ce grand fleuve*, lisez : ce beau fleuve.
— 353, — 1, au lieu de *sa grandeur*, lisez : son immensité.

www.ingramcontent.com/pod-product-compliance
Lightning Source LLC
Chambersburg PA
CBHW072215240426
43670CB00038B/1509